本书由天津师范大学马克思主义学院
“全国重点马克思主义学院建设经费”资助出版

天津师范大学马克思主义学院学术文库

创新性发展：中国式现代化目标的逻辑演进

刘慧 著

河南人民出版社

图书在版编目(CIP)数据

创新性发展 : 中国式现代化目标的逻辑演进 / 刘慧著. —郑州 : 河南人民出版社, 2022. 8(2024. 5 重印)
ISBN 978-7-215-13184-2

Ⅰ. ①创… Ⅱ. ①刘… Ⅲ. ①现代化建设-研究-中国 Ⅳ. ①D61

中国版本图书馆 CIP 数据核字(2022)第 141241 号

河南人民出版社出版发行
(地址:郑州市郑东新区祥盛街 27 号 编辑邮箱:313137877@qq.com 电话:65788050)

新华书店经销　　河南龙华印务有限公司印刷

开本 680 毫米×960 毫米 1/16 印张 19.5

字数 236 千字

2022 年 8 月第 1 版　　2024 年 5 月第 2 次印刷

定价: 50.00 元

目　录

前 言

“中国式现代化道路”新论断是习近平新时代中国特色社会主义思想的重要内容。2021 年 7 月 1 日，习近平总书记在庆祝中国共产党成立 100 周年大会的讲话中指出:“我们坚持和发展中国特色社会主义，推动物质文明、政治文明、精神文明、社会文明、生态文明协调发展，创造了中国式现代化新道路，创造了人类文明新形态。”2021 年 7 月 6 日，在中国共产党与世界政党领导人峰会上，习近平总书记再次强调:“中国共产党将团结带领中国人民深入推进中国式现代化，为人类对现代化道路的探索作出贡献。”2021 年 11 月，“中国式现代化道路”的论断正式写入《中共中央关于党的百年奋斗重大成就和历史经验的决议》。

要准确认识“中国式现代化道路”新论断的意涵及价值，就需要将其放置在中国共产党百年奋斗的重大意义的视域下加以阐释和分析。现代化是世界各国努力发展、共同追求的目标和方向。因各国具体国情、发展实践各有不同，其所设定的现代化目标、路径的选择便有所不同。中国共产党的百年奋斗就是团结和带领人民群众，在正确处理现代化发展普遍性和特殊性、世界性和民族性关系的基础上，不断追求、实现现代化的历史过程。中国式现代化是包括目标、动力、布局、特色等要素的有机整体，既是历史逻辑、理论逻辑和实践逻辑的有机统一,也是中国共产党丰富现代化理论和叙事、增强领导现代化本领和水平的彰显。概念本身既表征道路,也表征目标。其中,中国式现代化目标演进是准确理解和把握中国式现代化发展道路的重要载体,道路则是目标鲜明特色的根源。在一定程度上,目标演进的历史性、动态性、阶段性、时代性的特征,反映了中国式现代化道路探索的曲折性和前进性。

中国现代化的出场与救国救亡的时代任务相契合。为了改变国家蒙辱、人民蒙难、文明蒙尘的状态,各种阶级力量、各式救国方案相继登场。但由于主体力量自身的缺陷、科学理论指导的缺乏,各种方案均以失败告终。在马克思主义科学理论的指导下,中国共产党肩负起中华民族伟大复兴的历史使命,在团结带领中国人民开展革命、建设、改革和新时代的历史征程中,紧紧围绕不同历史时期的主要任务、社会主要矛盾,与时俱进更新、拓展现代化目标,不断赋予中国现代化道路鲜明的民族特色和世界意义。总的来看,中国现代化道路历经"效仿欧美""以俄为师""中国特色"的多次转化。中国式现代化目标演进呈现出了由单一向多元共融转变、由遵循既有现代化话语向构建现代化叙事转变、由世界普遍性向民族特色性转变、由民族发展性向世界贡献性转变的四重转变历程。

新民主主义革命时期,中国共产党把马克思主义基本原理同中国具体实际、同中华优秀传统文化相结合,走出了农村包围城市、武装夺取政权的新民主主义革命道路,为中国现代化探索奠定了重要的保障条件,奠定了其独特的逻辑起点。社会主义革命和建设时期,中国共产党在领导开展社会主义现代化建设的历史进程中,对现代化内涵的理解,逐渐从同义语的认知阶段转向丰富内涵的构建阶段,其有关现代化的叙事能力初步显示。从新中国成立之初的"工业化"到"三个现代化"、完整表述"四个现代化"的提出,反映了党对现代化内涵认知由单一向多元共融转变。这一阶段，由于党对社会主义本质认知的局限，在社会主义探索和建设进程中不可避免地出现了一些挫折，影响了社会主义现代化探索的连续性。但总体而言，这一时期的探索为中国式现代化道路夯实了基础。

进入改革开放和社会主义现代化建设新时期，随着党对社会主义建设规律探索的深入和发展，对社会主义现代化发展框架、路径和模式的认知也逐渐清晰。这一时期，党在推进中华优秀传统文化的现代化发展中，提出了极富民族特色的现代化发展目标和战略步骤。在坚持"四个现代化"战略目标的基础上，相继提出了"中国式的现代化""小康社会"等战略目标及具体实施步骤。党在这一阶段的现代化探索，为中国式现代化道路的形成和发展奠定了坚实的基础。

进入新时代，习近平总书记就"新时代坚持和发展什么样的中国特色社会主义、怎样坚持和发展中国特色社会主义，建设什么样的社会主义现代化强国、怎样建设社会主义现代化强国，建设什么样的长期执政的马克思主义政党、怎样建设长期执政的马克思主义政党"①等重大时代课题提出了一系列新论断新理念新思想，为中国式现代化的探索和发展提供了坚实的理论指导。在理论和实践的良性互动中，中国式现代化发展催生出新的特点。"人类文明新形态"的超越逻辑是中国式现代化发展的新的表现。为人类和世界发展作出贡献的思想一直激励着中华民族。在推进中华民族伟大复兴的历史进程中，习近平总书记十分重视和强调中国现代化和平发展的价值意蕴，多次传递了建设和谐世界的中国理念，强调，"人类只有一个地球，各国共处一个世界。共同发展是持续发展的重要

① 《中共中央关于党的百年奋斗重大成就和历史经验的决议》，人民出版社2021年版，第25—26页。

基础,符合各国人民长远利益和根本利益。我们生活在同一个地球村,应该牢固树立命运共同体意识,顺应时代潮流,把握正确方向,坚持同舟共济,推动亚洲和世界发展不断迈上新台阶"①。在这一理念的指引下,中国式现代化目标发展完成了从民族发展性向世界贡献性的转折。

回望中国共产党现代目标探索的历史进程,总结目标演进的基本特征、剖析其蕴藏的特色("中国式")内涵,提炼贯穿其中的历史经验,对于进一步深化和推进社会主义现代化国家建设具有十分重要而深远的意义。总体而言,中国式现代化发展目标演进呈现出目标认识和实践的历史统一性、前所未有的开放性、人的发展和社会发展的双向互动性、目标话语表达独具风格的民族性、目标调整变迁的时代性等特征。

中国式现代化目标演进是一个系统化的历史进程,中国共产党在其中发挥了关键性作用。党的指导思想、价值立场、执政能力,赋予中国式现代化目标演进鲜明的民族特色。坚持和发展马克思主义,是中国共产党领导中国式现代化发展的精神动力和思想保证;坚持马克思主义基本原理同中华优秀传统文化相结合是中国式现代化发展民族特性形成的主要路径;坚持以人民为中心的价值追求、协同推进社会革命和自我革命是中国共产党保持现代化主体先进性和纯洁性的有力抓手。

现代化目标的演进是中国共产党执政能力提升的表征。中国式现代化目标演进的历史进程,实质上反映了中国共产党对中国现代化探索的独特叙事和建构过程。党作为现代化的历史主体,引领中国现代化建设实现了从借鉴西方、学习苏联再到走自己路的历史

① 习近平:《共同创造亚洲和世界的美好未来——在博鳌亚洲论坛2013年年会上的主旨演讲》,载2013年4月8日《人民日报》。

转折，引领中国用几十年的时间走过了西方发达资本主义国家几百年的发展历程，创造了中国式现代化道路，推进中华民族实现了从站起来、富起来到强起来的伟大飞跃。这一实践进程不仅进一步丰富和发展了马克思主义现代化理论，而且为发展中国家实现现代化，提供了中国智慧和中国经验。

意大利学者艾伯特·马蒂内利在其著作《全球现代化——重思现代性事业》一书中认为，“中国通往现代性的旅程是我们这个时代最有意义的历史事件。这个旅程的形态、时序和结果对于世界上所有的国家和人民来说都是极为重要的，因为中国的和平发展不仅有益于中国人民（占全球人口的五分之一），而且有助于全球治理和全球福利”[①]。“胸怀天下”是中国共产党百年奋斗的重要经验之一。“胸怀天下”既需要我们在发展过程中吸收和借鉴其他优秀文化的成果，也需要我们树立世界眼光，在推动人类文明发展的历史进程中，不断贡献中国智慧、中国经验。而这也是本书研究中国式现代化目标演进的意义所在。

① ［意］艾伯特·马蒂内利著，李国武译：《全球现代化——重思现代性事业》，商务印书馆2010年版，第1页。

第一章　现代化概念及中国式现代化的理论渊源

尽管“现代化”成为学界研究的热点话题，但关于现代化概念的内涵并没有形成统一的认知。厘清现代化概念是开展现代化研究的先决条件，是增强现代化研究科学性的必要准备。中国现代化生发与救亡图存的历史任务紧密相连。鸦片战争之后，中国社会发展的正常进程被打断，逐渐沦为半殖民地半封建社会。马克思曾用“奇异的悲歌”形容中国由盛而衰的状态。在这“三千年未有之变局”的困境中，无数仁人志士前赴后继试图回答“中国向何处去”的时代之问。民族独立、人民解放成为时代的课题，也成为中国现代化起步面临的首要问题。

一、现代化概述

对任何历史活动、历史实践的梳理，都离不开对核心概念的把握。厘清概念本身是理论研究首要解决的问题，尤其对于现代化这样一个本身就已众说纷纭的概念。学界关于现代化的探讨和阐释，因其研究视角、学科、立场的不同，结论的差异也就显而易见。从抽象层面解读阐释有关现代化概念的已有研究，捋顺几组核心概念的关系是研究中国式现代化目标逻辑演进的必要条件。

（一）众说纷纭的现代化概念

自第二次世界大战以来，现代化逐渐成为国际社会研究的热点话题。要增强现代化研究的科学性，就需要对其基本概念、基本内容、核心要义给以准确的把握。关于现代化概念的探讨，因其视角和侧重点的不同，呈现出不同的结果。比如从不同学科（经济学、政治学、社会学、心理学等）展开的探讨。本书在综合已有概念探讨的基础上，着重从现代化所展现的特征的视角将现有关于现代化的概念大致分为以下几种类型，进行如下概述。

第一，“追赶说”。这种界定认为现代化是落后国家通过实现现代化完成追赶先进国家的实践过程，以西方资本主义国家作为标准的实践的过程。这种追赶蕴含着主动和被迫两重含义。沃德认为，现代化是一种“历史的相对性”的现象，是一个社会自愿或者不自愿发生的，减少与它认为更进步的、更强大的社会之间差距的现象。艾恺认为，资产阶级国家的现代化具有明显的侵略性，其他被侵略的国家为了避免再次遭受侵略，必然要选择现代化的途径作为自保的方式。这是从整体意义上对发达资本主义国家现代化的认知。另一重认知，凸显了西方社会对非西方社会的“科技同化”，更强调实现现代化的手段、工具等内容。比如，列维（M. J. Levy）认为，现代化是西方社会对非西方社会的“普遍性的社会溶解剂”。这种观点实质上是把现代化视为一种社会变迁，而工业化则被视为现代化的本质内容。其中，工业化的发展又必然会带来人类能源使用结构的变化。因此，他也主张从能源结构变化视角认识现代化，指出，“现代化的标准是非生物能源与生物能源的比率，比率越高，现代化的程度越高。当然,即使比率非常低,一个社会也绝不可能缺乏两种能源中的任何一种。同时,无论一个社会现代化水平如何高,也不可能完全不使用生物能源。就最低限度说,无论多么经济地使用能源,做决策总是运用人脑能源,除非达到机器主宰一切的地步"①。"现代化"突出国家发展的政治考量,"工业化"则更为强调的是经济的持续增长。"发展(development)和现代经济增长(moderm economic growth)就成为现代化研究的中心问题。"②

第二,"过程说"。C. E. 布莱克认为,现代化是伴随科学革命而发生的各种体制迅速变化的过程。在他看来,不能把这个过程仅仅视为从传统向现代的转变,而应将其放置在更为宽阔的视野中,"将其看成从远古时代到不尽未来的无限连续体的一部分"③。M. J. 利维认为现代化是人们利用工具实现成果迅速增加的过程。S. P. 亨廷顿认为,"现代化是一个多方面的变化过程,它涉及人类思想和活动的一切领域"④。G. 罗兹曼认为,现代化是"从一个以农业为基础的人均收入很低的社会,走向着重利用科学和技术的都市化和工业化社会的这样一种巨大转变"⑤。韦政通提出,"现代化是人类以混乱及痛苦为代价,来换取新机会及新希望的过程,此过程同时具有创造性和毁灭性"⑥。艾森斯塔特提出,"就历史的观点来看,

① [美]M. 列维著,吴荫译:《现代化的后来者与幸存者》,知识出版社 1990 年版,第 99 页。

② 罗荣渠:《现代化新论:中国的现代化之路》,华东师范大学出版社 2013 年版,第 10 页。

③ [美]C. E. 布莱克著,段小光译:《现代化的动力》,四川人民出版社 1988 年版,第 75 页。

④ [美]塞缪尔·亨廷顿著,李盛平、杨玉生等译:《变革社会中的政治秩序》,华夏出版社 1988 年版,第 32 页。

⑤ [美]吉尔伯特·罗兹曼著,国家社会科学基金"比较现代化"课题组译:《中国的现代化》,江苏人民出版社 1989 年版,第 4 页。

⑥ 姚蜀平:《现代化与文化的变迁》,陕西科技出版社 1988 年版,第 8 页。

现代化是社会、经济、政治体制向现代类型变迁的过程。它从 17 世纪至 19 世纪形成于西欧和北美,而后扩展至其他欧洲国家,并在 19 世纪和 20 世纪传入南美、亚洲和非洲大陆”[①]。金耀基认为,现代化是传统社会采用最新科技知识解决问题的过程。从上述概念中可以看出,学者们主要是将现代化视为一种转变为主要特征的过程性存在。它呈现出覆盖范围广、动态更新、持续变迁、替代等特点。在持有“过程说”的学者们看来,“现代化”就是一种对“转变”的“适应”过程,他们的研究更注重“转变”的内容。

第三,“特征说”。这种界定把现代化视为一种功能性变化。现代化涉及不同层面:经济发展的物质层面、政治发展的制度层面、思想与行为模式的社会层面等。主要包括经济领域的工业化、政治领域的民主化、价值观念领域的理性化和社会领域的城市化等内容。现代化的经济学方面的考察,在“追赶说”中得以充分展现。从政治学视角研究现代化的代表性人物是阿尔蒙德。他主张从政治结构的分化、功能的专门化角度去理解政治现代性,提出政治结构的分化就是专门结构和体系的出现。这种变化实质上呈现为功能性的变化,主要从宏观和微观两方面表现出来。一方面,从宏观变化来看,更为强调社会制度结构与工业化、经济发展的关系;另一方面,从微观变化来看,现代化引发了心理态度、价值观和生活方式等方面的变化。比如,C. E. 布莱克认为,现代化的变化最先反映在“理智方面”,其中人处于核心的位置,人的本质、生活等成为现代思想最为关注的内容。而人的发展在社会层面表现为“现代化的合理倾向”,即“机会均等,以便一个社会的所有成员都能找到最适合于自

① [以]S. N. 艾森斯塔特著,张旅平、沈原、陈育国、迟刚毅译:《现代化:抗拒与变迁》,中国人民大学出版社 1988 年版,第 1 页。

己能力和兴趣的角色”①。又比如，现代化在政治方面表现为“决策的强化”，其来源于“政府和私人企业中推行现代化的领导人为了获得更大的控制力、效率和生产而表现出来的动员社会资源并使之合理化的要求”②。值得注意的是，现代化在这些层面并非以均匀的速度或同样的方式展开。现代化的阶段性也突出表现为现代性的挑战、现代化领导的强固、经济和社会的转变、社会的整合等。尤其需要注意的是，塞缪尔·亨廷顿对现代化特征的概括极具代表性。他认为人类思想和行为所有领域的变革都可以视为现代化。他对现代化过程的系统性、长期性、复杂性、革命性等方面的概括得到了大多数学者的认同。

第四，“效果说”。“现代化”效果检验主要是社会学和心理学视角探讨的问题。社会学通过分类、制定标准、模式化等方式对现代化的效果加以界定。其中，塔尔科特·帕森斯的“系统—功能”理论被广泛采用。他认为，社会从传统向现代的过渡，就是不断调整结构满足系统功能的过程。斯梅尔瑟、艾森斯塔特都曾借鉴帕森斯的“系统—功能”理论，对现代化的特征给予界定。心理学则从价值观念、心理因素等视角对现代化的效果加以界定。比如，C. E. 布莱克认为，“现代化所伴随的却是人类业已看到的最大的灾难……现代性带来的问题与其所提供的机会一样大”③。“现代化是一个创造与毁灭并举的过程，它以人的错位和痛苦的高昂代价换来新的机

① ［美］C. E. 布莱克著，段小光译：《现代化的动力》，四川人民出版社 1988 年版，第 30 页。
② ［美］C. E. 布莱克著，段小光译：《现代化的动力》，四川人民出版社 1988 年版，第 19 页。
③ ［美］C. E. 布莱克著，段小光译：《现代化的动力》，四川人民出版社 1988 年版，第 37 页。

会和新的前景。”[①]麦克莱兰认为,对业绩的追求成为决定现代化的关键因素。因为“业绩卓著的恶人将使他们找到通往经济成功之路,给他带来各种机遇并使他获得社会升迁。……这就使社会科学家们的注意力不仅仅集中在历史的表面现象上,而是去注意那些决定历史事变的始终起作用的内在心理因素”[②]。正是因为有了对业绩的追求,才逐渐生成了企业家精神、创新精神等。美国心理学家丹尼尔·莱勒强调“情感移入”在现代社会形成中的作用,认为越是情感移入性突出的社会,越是现代化的社会。将现代化的效果聚焦到人本身的是英克尔斯。在他看来,现代化的关键是人的现代化,认为“在整个国家向现代化发展的进程中……只有当它的人民是现代人,它的国民从心理和行为上都转变为现代的人格,它的现代政治、经济和文化管理机构中的工作人员都获得了某种与现代化发展相适应的现代性,这样的国家才可真正称之为现代化的国家”[③]。在此基础上,英克尔斯进一步描绘了现代人的十二个基本特征。

(二)现代化概念辨析

对现代化概念不同视角的理解只是完成了概念界定的第一步。更为重要的是,要在各种与现代化相互交织、错综复杂的概念中,厘清现代化的特殊边界、含义,包括如何正确认识现代化与现代性、现代化与传统文化、现代化与世俗化、现代化与民族性的关系等。

1. 现代化与现代性的关系

现代化和现代性是开展现代化研究的两个重要概念。现代性

---

① [美]C. E. 布莱克著,段小光译:《现代化的动力》,四川人民出版社 1988 年版,第 38 页。

② D. C. 麦克莱兰:《业绩社会》,转引自:钱乘旦:《世界现代化历程》(总论卷),江苏人民出版社 2012 年版,第 10 页。

③ 殷陆君编译:《人的现代化》,四川人民出版社 1985 年版,第 8 页。

问题并非单纯的哲学问题，它本身就是现实问题。广义现代化概念本身就包含着现代化和现代性两个层面。从狭义来看，前者凸显过程，后者凸显特征。对现代化问题的探讨，离不开对现代性问题的分析和思考。概念的交融，导致不少学者混用二者，从而导致研究无法实现有效的聚焦。因此，有必要对二者进行辨析。

要对二者给予准确的把握，首先需要厘清概念内涵。现代性的内涵和现代化一样，呈现出纷杂性的特点。对现代性内涵的认知，中西方学者因其研究角度、视域的不同，得出了不同的认知。尤尔根·哈贝马斯从个体价值层面对现代性加以把握。米歇尔·福柯则将理性视为现代性的核心要素。马克斯·韦伯从理性化视角分析了资本主义社会，认为科学和理性在现代性中具有重要地位。安东尼·吉登斯认为现代性表现为一种历时性发展状态，并且在生活领域和世界范围内产生重大影响。让·弗朗索瓦·利奥塔认为，现代性是一种特殊的叙事方式——“元叙述（meta-narratives）”。舍勒认为，对现代性的把握不能仅仅停留于社会经济结构，还应考虑“人的体验”的结构。总体来看，西方学者对现代性的理解主要表现在将现代性视为一个特定的历史时期、一种叙述方式、一种独特的制度模式和生活模式、一个未完成的方案等。国内学者，有人将现代性视为一种价值观念。比如，将现代性视为一种主导价值的体现。有学者将现代性视为机制和规则，认为应从整体性角度把握现代性的多维度化。现代性是一种从传统社会演化而来的现代社会的理性存在方式，具有反思性或自觉性。一方面，它作为一种文化精神和价值取向渗透到了个体和群体活动之中；另一方面，它作为一种制度安排构成了社会运行的机理和图式。不难发现，人们对现代性内涵的认知如同对现代化的认知一样，都是处于模糊的、纷杂的状态，但总体上仍将现代性视为一种递嬗状态。这种状态本身增加了理解现代性和现代化二者的难度。基于上述梳理,我们应该从时间、价值、制度等方面对现代性的内涵给以规制,并准确理解现代性和现代化的关系。

第一,从整体来看,二者处于对立统一的状态。一方面,从存在状态来看,二者具有内在一致性,差异集中表现为动态和静态的区别。现代性从静态表征了现代化的结果;现代化则是实现现代性的方式和途径。另一方面,从动态发展来看,二者具有一定的排斥性。通常情况下,二者呈现正比发展。但是,在某种情况下,也容易出现反比。现代性的因素,并非全部都会对现代化起到积极的、正向的作用。在现代化进程中,过度夸大某种现代性,其结果只能适得其反。

第二,从性质来看,二者具有明显的区别。现代性是现代化的目标和价值取向,也对现代化具有规约作用。一般来说,现代化中的现代性越充分,现代化发展程度越高。因此,要通过现代性的价值要素不断推动、规约现代化的发展。对特定模式的现代化的考察,应以现代性为标准,判断其现代化是否实现了充分的现代性。资本主义现代化因其存在种种弊端,现代性并未得到充分的释放和展现。

第三,从时间顺序来看,现代性的形成时间要早于现代化。西方文明自 16 世纪以来发生的所有伟大变革都属于现代性发展的时间意义范畴。有学者认为,对落后国家和地区来说,现代化不仅仅是经济的增长,更体现在现代性的全方位生成,现代性是更深层次的现代化的目标。现代性可以被视为一项“未完成的计划”。现代化在追求现代性价值目标的过程中,逐渐被赋予了“解释历史社会的知识权力”。金耀基据此把现代化的理论品质描述为“理性的宗教”。

第四，从发展趋势来看，现代化和现代性都是无法自由作出取舍的问题。尤尔根·哈贝马斯强调现代性的必然性和不可抗拒性。从发展趋势来看，二者都有可能存在某种破坏性。现代性本身就存在内在的冲突，表现为现代性的悖论。比如，马克思、恩格斯在《共产党宣言》中充分肯定了“现代资本主义”的历史进步性，但又从生产资料所有制、异化等角度揭示了资本主义现代性的弊端。

2. 现代化与传统文化的关系

现代化理论家们用现代性和传统性来指代现代社会和传统社会。传统性和现代性二者的关系是现代化理论中分歧较大的问题。不同研究领域的学者给出了不同的定义。经济学家认为，现代性社会是以三大产业在国民经济中的占比衡量，现代性社会就是工业、服务业占绝对优势并起主导作用的社会。马里昂·列维把“非生命能源”作为区分传统社会和现代社会的标志。沃尔特·罗斯托把经济上自我持续增长能力的社会视为现代性社会。社会学家认为，现代社会和传统社会的区别在于社会分层化和整合的程度。政治学家从政治结构的分化和政治参与的扩大解释现代社会。心理学家从人的心理对现代社会的适应程度界定现代社会。C. E. 布莱克认为，不能将现代性和传统性二者对立起来，并不存在纯粹的现代性和纯粹的传统性。在他看来，现代化就是现代性和传统性二者张力的拉伸过程，是运用现代性的要素来改造传统性要素的过程。以毛泽东为主要代表的中国共产党人，在处理现代化与传统文化关系的过程中，既解决了文化难题，找到了一条发展传统文化的道路，也激发了传统文化的活力，为现代化道路的探索注入源源不断的动力。

第一，传统文化现代化是现代化的必然要求。对现代化的认识，需要有宽阔的视野。其一，现代化进程的启动会面临如何看待传统文化的问题。现代化作为世界历史性过程，在不同的国家会产生不同的文化反应。汤因比认为,不同的文化在面对新文化的冲击时,会呈现出不同的反应。其中,技术、手段、政治“技术光线”比宗教的光线穿越力量更强。他把这种现象称为“文化的放射律(law of cultural radiation)”。文化学者华莱士在吸收林顿文化“本土运动”观念的基础上,提出文化“本土运动”的对象即传统文化、外来文化、乌托邦式的理想文化。当然,华莱士的文化“本土运动”不可能穷尽所有文化现象,却为我们理解现代化和传统文化现代化提供了一个有益的视角。即,传统文化如何摒弃消极因素、主动吸收积极因素。其二,现代化的顺利推进要正确处理传统文化的发展问题。任何一种现代化进程,都不可避免地会面对传统与现代的关系问题。中国现代化的问题就是传统文化如何有效过渡的问题。现代化面临的重要的问题在于如何处理现代化与传统文化之间的关系。传统和现代之间并非绝对对立。人类社会的发展是一个连续体,并不存在绝对的传统和绝对的现代。阿尔蒙德主张对现代的认知应采取动态的、发展的方法加以把握。从文化视角来看,由于不同文化的碰撞、价值体系的扩张等因素的影响,要从深层次改变既有的价值观念,势必要借助革命等手段。毛泽东突出强调文化发展的连续性,认为新文化的发展必然需要从传统文化中汲取养分,这是提升民族自信心的必要条件。胡适也认为,旧文化当中某些因素的废除是其面对新文化自我调整的结果。这种调整不会对旧文化造成伤害,反而会为旧文化注入活力。

第二,正确认识现代化与西化的问题。现代化与西化的问题,是中国知识界探讨的重要问题。其一,从表面看,现代化与西化的问题似乎是一种方法选择的问题,实质上则是关乎道路的重大理论和实践问题。能否处理好二者的关系,关系着现代化道路的发展。现代化与西方资本主义的发展是历史的媾和。现代化是一种全球性的现象。因大多数发展中国家接触到的科学技术首先在西方社会发展起来，而且现代化在运动中生成和发展起来的现代性又同西方民族的民族性、资本主义的某种特性相糅合，似乎现代化的目标就是西方国家。西方现代化理论要实现客观性就需要经验理性提供实证支持。而价值取向则为经验理性的实证支持提供了必要的支撑。西方现代化理论将现代化等同于某种社会秩序，其背后的支撑理念则是自由民主。因而，西方现代化理论的输出，在一定程度上就是一种世界观的输出。华盛顿共识鼓吹西方化是发展中国家步入现代化的唯一道路。事实上，正如社会学家冷纳所强调的，西方模式从历史上来说是西方的，但是从社会学的角度来看，则是全球的。对于遭受侵略而被迫开启的非西方国家而言，"'历史的偶合'也沦为'不幸的偶合'"①。其二，要警惕文化虚无主义和文化复古主义。很长一段时间内，人们把西化等同于现代化，事实上，二者并不能直接画等号。只有科学地看待西方文化，才能消除精神上的抵触和心理上的屈辱感。要充分认识到，现代化是一个整体性的变革，涉及人类自身及其生活的各个领域，因而必然会涉及如何看待、学习、借鉴西方的问题。近代中国被迫开启现代化，在寻求国家和民族出路的进程中，如何对待传统文化是伴随西方资本主义的入侵而产生的民族危机的表现。全盘西化论者从文化落后角度解读清王朝的覆灭，遂以虚无主义的态度对待传统文化。但是，中国的特殊国情，使全盘西化的思想始终没有成为文化领域的重要潮流；而过分夸大二者的统一，又会陷入文化复古主义。

第三，从中国百年现代化进程来看，始终面临着如何正确处理传统文化现代化与马克思主义中国化的关系问题。其一，学界关于

① 姚蜀平：《现代化与文化的变迁》，陕西科技出版社 1988 年版，第 8 页。

这一问题的看法，大致可分为两种，即“一体说”和“分体说”。“一体说”认为，二者可以视为“马克思主义与中国传统文化的融通”①，二者的结合既是马克思主义中国化的过程，也是传统文化现代化的过程。“分体说”在承认二者关联的前提下，更突出强调二者在逻辑路径、发展脉络等方面的差异。其二，总体来看，传统文化的现代化和马克思主义中国化是同一问题的不同方面，二者既相互联系，又有明显区别。二者的区别具体表现在：(1)激发二者发展的原始驱动力有所不同。传统文化现代化肇始于鸦片战争之后，是传统文化面对现代化的一种被动文化反应；马克思主义中国化是中国共产党在推进现代化进程中主动作出的文化反应。(2)二者发生的时间顺序不同。传统文化现代化始于鸦片战争之后，而马克思主义中国化则是在六届六中全会上被明确提出，前者的发生时间早于后者。(3)二者的内容范畴不同。传统文化现代化范围更广。传统文化从先秦子学到宋明理学，一大批思想家留下了丰厚的历史文化遗产，为传统文化现代化奠定了坚实的基础。中国共产党对马克思主义中国化的认识经历了从把马克思主义基本原理与中国具体实际的“一个结合”到马克思主义基本原理与中国具体实际、中华优秀传统文化的“两个结合”的发展。

二者的联系具体表现在：一方面，传统文化现代化推动了马克思主义中国化的不断发展。马克思主义经典作家并不排斥传统文化。马克思、恩格斯强调工人阶级要继承德国的传统文化，认为德国工人阶级就是德国传统文化的继承者。同时，中国共产党人也始终重视处理传统文化和社会革命的关系。新民主主义革命时期，毛泽东在《中国革命和中国共产党》《新民主主义论》《改造我们的学

① 贾椏钊：《论马克思主义与中国传统文化的融通》，载《科学社会主义》2018 年第 5 期。

习》等多篇著作中论及了“如何对待传统文化”的问题。在《中国共产党在民族战争中的任务》中进一步强调，要坚持历史发展的统一性，不能隔断历史的发展。中国共产党要充分认识历史学习对革命运动发展的重要性，要从过往的历史中汲取经验，以此更好地指导当前的运动。

中国共产党对现代化的探索与承担民族复兴的历史使命高度契合，而民族复兴内含民族文化复兴。思想文化层面的变革是化解冲突的关键环节。中国现代化作为一种“外发型”现代化，通过文化交流、转化和创新实现外来文化和本土文化的整合是现代化探索的必要环节。中国近代仁人志士就如何处理中西文化之间的关系引发了一系列的论争。这些论争为马克思主义的传播提供了相对宽松的环境。另一方面，传统文化现代化，离不开马克思主义中国化理论成果中国化马克思主义的指导。

3. 现代化与世俗化的关系

现代化催生了世俗化的发展。传统社会一般都是“圣化的社会”。现代社会人们产生了世俗的态度。现代社会人们所有的行为建立在理性之上。世俗化社会人们相信进化主义和未来主义，相信通过科学的力量，人可以改变客观世界。马克思主义认为，国家关系、社会关系等都属于上层建筑的范畴。要准确把握和理解上层建筑的相关内容，就离不开对其存在的社会物质条件的掌握。世俗化是从传统社会向现代社会的转变过程中的必然产物。

第一，世俗化增强了人们生活世界的现实化程度。价值取向实现了从“以神为本”向“以人为本”的转变。现代化的过程逐渐把人还给了人自身。通过个人的努力满足生活需求，改变了过去过度依赖心理因素的状况。当然，伴随现代化的不断推进，世俗化已经从西方中世纪末期局限于宗教影响大小的概念，发展为一个影响现实生活的更大的问题,与之相伴的是宗教、超自然信仰逐渐淡化,人们更多地聚焦于此岸世界而非彼岸世界。“在高度发达的经济基础之上,在先进知识的广泛传播的条件下,人们愈来愈普遍地意识到,在现实的此岸世界中,可以创造一个适合于自己生存与发展的环境,理想在现实世界中便可兑现,而不必到彼岸世界中去寻找。人们的精神世界与物质世界在现实中便可以得到统一。”[①]一般来说,宗教倡导的禁欲主义(除印度教的性力派、古希腊宗教的狄奥尼索斯崇拜等)压制了人性的发展,阻碍了社会的进步。

第二,世俗化提升了人们生活实践的理性化程度。传统社会以自然经济为基础,成员对于既有规则无论是价值取向,还是行为实践上都呈现出鲜明的依附性。而伴随现代化进程的不断推进,以市场经济为基础的现代化,不断降低人的依附性,提升人们的理性化程度。世俗化就是社会成员的价值取向和行为取向逐渐理性化的过程。每个个体都可以实现对自身发展状况的有效把握和主导。

当然,世俗化对现代化既有积极的影响,也有消极的影响。如何发扬世俗化的积极因素,避免其消极因素对现代化造成的影响,也是推动现代化需要格外注意的内容。

4. 现代化与民族性的关系

现代化与民族性的关系问题是贯穿其他几组关系的核心关系。对二者关系的认知,本质上反映了如何理解现代化发展世界性与民族性的关系问题。

第一,从现代化视野来看,要把现代化置于世界历史进程中加以认识。马克思主义就是从生产力和生产关系、经济基础和上层建筑基本矛盾运动的民族性和世界性的辩证关系出发把握了人类社

① 吴忠民:《中国现代化论》,商务印书馆2019年版,第41页。

会发展的内在逻辑。马克思就是把德国的社会主义革命置于“法国的年代”“本世纪的历史”等宏大的历史背景中加以考察的。列宁同样也是把俄国发展置于“世界历史总进程”的宏大背景中加以考察的。现代化是世界性历史过程。在世界历史发展进程中，人们通过交往，推动了世界加速发展，也使得现代性的问题成为全球化的问题。中国的现代化是世界现代化进程的重要组成部分，中国的问题是世界问题的重要组成部分。因此，就需要从世界视野的角度去探索中国现代化这一特殊客体。

第二，从现代化方式来看，不同社会体制、历史背景孕育出对现代化的不同反应。现代化是各种体制如何适应新的变化的过程。对于内生型现代化的国家来说，社会体制对现代化的适应是一个逐渐展开的过程，对于外生性现代化的国家来说，这一过程表现得更为突出。但是，它们却有共同的特征，“它们实际上已构成了从历史中演进而成的特殊体制模式的背景，这种特殊的体制模式适应现代性的功能并且赋予每一现代化社会以自己的特性”①。民族文化的多样性是具体社会丰富性的集中表现。“民族多样性是文化多样性的载体，而文化多样性又是民族多样性的存在状态。”②正如 C. E. 布莱克所强调：“每一个社会的现代化必须根据其自身的传统遗产、资源和领导来理解。根据这些阶段来比较各种社会对于形象地描绘作为一种世界性过程的现代化是大有用处的，但是除非在一般意义上这并不意味着任何一个现存的社会都能根据那些前任已有的经验勘定自己的路程。”③值得注意的是，多元现代性是打破西方国

① ［美］C. E. 布莱克著，段小光译：《现代化的动力》，四川人民出版社 1988 年版，第 13 页。

② 陈先达：《马克思主义和中国传统文化》，人民出版社 2015 年版，第 24 页。

③ ［美］C. E. 布莱克著，段小光译：《现代化的动力》，四川人民出版社 1988 年版，第 122 页。

家占据现代性论据,强调现代性、现代化应依据不同文化呈现民族特色的一种表达。实质上,多元现代性预设并承认了西方现代性,在实践中再次陷入了普遍主义和多元主义的论争中。因此,在刘小枫看来,"'多元现代性'至多可以被说成现代性的多样性,即'一元'的多样性"[①]。现代化问题的解决有赖于新的文明形态。现代化的进程深刻改变了人与世界的关系、人与自然的关系、人与社会的关系、人与自我的关系等。对现代化的反省本身,就是对人与世界关系的反省,"解决'现代化'问题,应当是对人类文明新形态的寻求"[②]。

第三,从现代化的实现路径来看,民族价值目标因素发挥了至关重要的作用。一个国家现代化的实现路径,本质上是其解决生产力和生产关系、经济基础和上层建筑之间基本矛盾的方式呈现。现代化是世界历史发展的一种普遍现象。西方发达资本主义国家的现代化道路是其在资本主义视域下,对现代化的反映结果。制度直接关系现代化的价值选择。民族价值目标是文化的重要组成部分。民族价值目标对现代化发展的影响就是文化对社会发展的影响。韦伯就强调现代社会和传统社会的不同,很大原因在于价值取向上的不同;帕森斯关于"行动系统"的论述也突出了价值取向的决定性作用;弗朗索瓦·佩鲁认为社会发展不能仅仅局限于探讨经济发展,相反,应充分考虑文化在其中的关键性作用。可以说,价值目标、价值取向等问题与社会发展理论的探讨紧密相连。特定社会中人们的价值取向直接影响人们行为以及对社会发展的态度。传统社会和现代社会的差别一定程度上反映了不同社会的价值取向的差异。但要避免在社会发展中,陷入"文化决定论"的错误倾向。

---

① 刘小枫:《现代性社会理论绪论》,华东师范大学出版社 2018 年版,第 251 页。

② 孙正聿:《马克思主义哲学智慧》,中信出版集团、现代出版社 2019 年版,第 104 页。

二、中国早期现代化探索的几个问题

基于不同的研究范畴和研究目的，人们对中国早期现代化的时间范围的认知各有不同。笔者认为，中国早期现代化的时间可以指从19世纪60年代（洋务运动时期）到20世纪40年代末期（新中国成立之前）。关于这一阶段中国现代化的实践，也有学者将其称为近代化。任何历史实践都是在既定历史条件下的逻辑展开，中国现代化的探索也不例外。要准确把握和梳理中国式现代化目标的探索与演进，就要将其置于中国近现代历史的宏阔视野中加以考察。[①]只有在历史的长时段的考察中，才能准确把握阶段性目标生成的缘由与动力。也只有实现现代化研究延续性和阶段性的统一，才能阐释清楚中国共产党现代化探索与实践的整体性和阶段性。本书在写作中，为了避免概念的混淆，统一使用“早期现代化”标注这一历史阶段中国的现代化实践。要准确把握早期中国现代化探索，就需要从世界秩序观演变、民族解放运动的视角加以考察和把握。

（一）世界秩序观变迁与中国早期现代化探索

世界秩序观是国家发展的世界观，涉及国家对内自我发展定位和对外国际交往准则与规范的确定等方面。自秦汉以来，以“天下中心”为核心的世界秩序观以等级鲜明为其特色，并在这一世界秩序观的指引下国家实现了对内对外的和谐有序，成功地维持了政治

① 笔者曾于2013年撰文认为，中国早期现代化探索与近现代中国的世界秩序观密不可分。参见：刘慧：《世界秩序观变迁与我国现代化进程的发展》，载《郑州大学学报（哲学社会科学版）》，2013年第1期。

和文化的延续性。中华文明是世界历史发展进程中唯一不曾中断的文明。黑格尔认为:“只有黄河、长江流过的那个中华帝国是世界上唯一持久的国家,征服无从影响这样一个帝国。”①及至鸦片战争,西方以武力打开中国国门的同时,也冲垮了旧有的世界秩序观,随之开启了以民族主义为基石的对正义平等世界秩序的孜孜追求。在民族主义意识的催动下,为了实现正义平等的世界秩序,中国早期现代化探索作出了多方面的调整和转变。

1. 以等级鲜明为特色的世界秩序观的发展阻碍了现代化的自觉启动

以等级鲜明为特色的世界秩序观的核心是“天下中心”观。“天下”的概念源自古代中国人对方位的界定,是思想家们构建出的最大的空间单位,且他们认为,这种空间的运作模式是由内而外、由中心向边缘。因此,以中国作为世界的中心也就成为历代帝王的政治观念以及观察和解释世界的主要方式。“天下中心”实质是以中国为圆心,以国家实力为基础,以共同的文化认同为半径所画出的中国统治圈。朝贡体系成为维系这一统治圈延续性和完整性的有效手段。这一世界秩序观在保持中国社会的政治连续性和文化传承性、凝聚民众向心力等方面起到积极的推动作用。及至鸦片战争爆发之前,其弊端逐渐暴露,进而演化成为阻碍近代中国现代化自觉启动的因素。

第一,弱化了国家的发展意识。中国传统社会是以儒家文化作为意识形态的基础,家庭和宗族利益高于一切,人们终其一生努力追求的目的是光宗耀祖。统治阶级通过制定各种法律和制度以保证家庭和宗族对良好社会秩序的维护。王位作为“国家”的象征,并

① [德]黑格尔著,王造时译:《历史哲学》,上海书店出版社2001年版,第117页。

不具体代表某一社会组织或团体的利益，它的主要职能在于将民众的态度和行为引向统治所需要的轨道，更替的目的在于能够将这种统治更好地延续下去。因此，“维护”现有的统治秩序取代“发展”成为国家的主要目标。

在“天下中心”为核心的世界秩序观的影响下所建立起来的是一种自主发展的内陆体系。这一体系强调的是帝国对现有统治秩序向心力的维护，对内主要强调内亚大陆的国境和军事安全，对外主要是指周围“不太开化的野蛮人的国家”遵照某种礼仪和制度表现对中华帝国的臣服。所以，为了延续自认为的和谐有序的统治，帝国将军事安全置于首要位置，以期实现对四周边陲的扩张和朝廷对中国腹地的集权统治。这样，经济发展问题就成为帝国秩序中一个发展较慢的组成部分。比如，中国的制造业在世界制造业产量的相对份额的比率逐渐下降，“1800 年为 33.3%，1830 年为 29.8%，1860 年为 19.7%，1880 年为 12.5%，1900 年为 6.2%”[①]。而按人口计算的工业化水平来看，“中国 1800 年为 6，1830 年为 6，1860 年为 4，1880 年为 4，1900 年为 3，同期美国 1800 年为 9，1830 年为 14，1860 年为 21，1880 年为 38，1900 年 69”[②]。

但是，中西方之间的交流自古有之，由于各种因素的限制，交流多限于商业和文化方面，政治上始终没有接触和往来。由于缺乏同外界的频繁的双向交流，加之自身处于相对封闭的地理环境，不仅局限了人们对世界的整体认知，而且使国家的发展更易自满。正是基于这种观念，晚清帝国与西方国家的贸易制度和国际交往有很强

① ［美］保罗·肯尼迪著：《大国的兴衰：1500—2000 年的经济变迁与军事冲突》，求实出版社 1980 年版，第 181 页。

② ［美］保罗·肯尼迪著：《大国的兴衰：1500—2000 年的经济变迁与军事冲突》，求实出版社 1980 年版，第 182 页。

的单边主义色彩。在中国人看来,无论在文化领域还是经济领域,数千年从未有一个国家能够与中国平起平坐。“在中国与他国之间的任何交往中不可能有丝毫真正的平等,因为平等都将使中国人构建的一统乾坤之最的根本前提成了问题。”[①]正是在与邻国的不平等关系中,中国形成了天朝大国的外交观,导致其在与其他早期文明中心的联系中,带有明确目的性的借鉴并不存在,加之文化引进意识淡薄,致使进入中国的文化也被更多地看作对中国固有文化的隶属。只是在与分属异质文化的西方资本主义接触后,才受到严重的挑战。在与西方的交往中,清王朝仍以同质文化圈的外交观对待因国家实力所形成的国际秩序中的异质文化,其导致的后果便是近代中国血泪史的开端。

第二,影响了现代化的启动形式。16 世纪世界开始发生变化之际,中国仍在经济、政治、文化等领域领先于欧洲世界。航海家恩波利说:“我们发现了中国,并在那里逗留了一段时间。这是世界上拥有最富裕财产的国家,很多美丽、伟大的情景,使我们大吃一惊!所以,我假如不死的话,真希望再到广州时,能带领我的同伴们到北京去见中国的皇帝!”[②]在很长的一段时期内,中国对自身历史发展的方向有着自主选择权。从 16 世纪中叶到 19 世纪中叶,尽管西方世界想尽办法与中国相抗衡,但是都没能成功。西方势力席卷了东南亚和南亚,但是始终无法越过广州将其势力渗入中国内陆。但是,受鲜明等级秩序观的影响,中国对这一时期西方商人热衷于东方贸易并没有足够的认识,帝国认为与西洋人在广州一地的贸易本身便是西洋国沐浴帝国恩泽的途径,断然没有意识到此时在东西方

① [美]吉尔伯特·罗兹曼著,国家社会科学基金比较现代化课题组译:《中国的现代化》,江苏人民出版社 2010 年版,第 19 页。

② 朱培初:《明清陶器和世界文化交流》,轻工业出版社 1984 年版,第 35 页。

贸易方面握有的主动权和选择权。于是,帝国闭关自守日甚,终于错失良机。亚当·斯密在《国民财富的性质和原因的研究》中曾预言:“假设能在国内市场之外,再加上世界其余各地的国外市场,那么更广大的国外贸易,必能大大增加中国制造品,大大改进其制造业的生产力。如果这种国外贸易,有大部分由中国经营,则尤有这种结果。通过更广泛地航行,中国人自会学得外国所用各种机械的使用术与建造术。”①日后,严复也指出,中国在中西贸易问题上的不当处置,对中国的经济发展和西方国家的关系之间造成不可弥补的大失误。这种转变导致在世界的发展由大陆转向海洋之际,中国贻误了发展机会,其自主选择权便大打折扣。

鸦片战争是中西方军事文明在近代的首次正面撞击和全面较量,也是中国传统朝贡制度与西方自由贸易制度的对抗。在这场对抗中,西方通过赤裸裸的炮舰政策与强权政治,强迫中国接受他们的贸易制度和国际法,并通过一系列的不平等条约强制中国市场的自由开放。统治者对严峻的西方挑战毫无认识,从西方的侵略中并未嗅到世界的发展潮流。在面对西方入侵和内患迭起的双重压力下,中国外交原则完成了对中国国内政治和社会秩序的“完美”反映,统治者将注意力集中到内患,认为内患的解决自然会使外患消弭。清王朝对现代世界认识的严重滞后成为阻碍中国现代化变革的重要因素。这一时期世界秩序观的影响导致中国现代化进程的启动由自主走向被迫,一段本可以内发的现代化启动逐渐被依靠外来力量启动的现代化所取代,其间充斥着民族的危亡、主权的丧失,成为中国从19世纪50年代到20世纪50年代,用将近一个世纪的实践来完成的历史任务。这一个世纪的发展,使中国等级鲜明的世

① [英]亚当·斯密著,郭大力、王亚南译:《国民财富的性质和原因的研究》,商务印书馆1972年版,第247页。

界秩序观受到了挑战,一种新的世界秩序观的构想必然随着国家重建而展开。

2. 以正义平等为目标的世界秩序观的建立促进了近代中国现代化的探索

以等级鲜明为特色的世界秩序观是中国借助自身文明优势实现对其统治地位的肯定和维护。自中国被迫卷入世界潮流,在民族主义的激发下,在对以西方为轴心的世界秩序的认同与怀疑交织的、螺旋式的发展过程中,华夏文明与西方文明展开较量进而逐步明确自身定位的历史过程,便是对正义平等世界秩序构想的追求与实现过程。以等级鲜明为特色的世界秩序观依靠强烈的文化优越感使民族自豪感和民族意识的产生具备心理基础。但是,这一世界秩序观所产生的民族情感与现代的民族主义存在很大区别。

近代中国自鸦片战争之后的惨败,以一系列丧权辱国的条约作为对欧洲中心体系的默认与服从。外来的帝国主义的刺激和西方列强侵华所带来的严重的民族危机感,激发了中国人改造自己的"天下观"而接受西方的"民族观"。平等世界秩序观的建立要求近代国家概念的明朗化,近代国家的诞生首先需要成熟民族观的出现。由民族概念的发展衍生出国家概念的产生,弥补了"天下中心"观中空间概念的模糊性,使国家的范围清晰化。民族主义精神随之依附产生,"历史的事实是,具有逆反作用的民族主义——即反抗更先进的国家的入侵——素来是从传统社会转变为现代社会的最重要的和最强大的推动力,其重要性至少与利润动因等量齐观"①。民族主义的发展促进了对正义平等世界秩序观的建构与追求,现代化在其促动下逐渐演化成为国家发展的战略目标,进而开始影响中

① [英]杰拉尔德·M. 迈耶著,谭崇台等译:《发展经济学的先驱》,经济科学出版社 1988 年版,第 243 页。

国社会发展的历史进程。

第一,推进了近代中国现代化探索方式的调整与转变。以“天下中心”为核心的世界秩序观,在西方坚船利炮的冲击下,随着国家主权、民族文化所遭到的破坏和怀疑而逐渐瓦解,一场旨在获得与西方平等政治话语权的现代化探索被迫展开。可以说,西方的入侵是国民帝国优越感的腐蚀剂,在“经世致用”思想的影响下,出于挽救民族危亡的社会责任感,地主士绅发起的洋务运动掀开了近代现代化追求的帷幕。但是,受到强烈的民族优越感的影响,对西方技艺的最大限度的接受也仅在于将其视作修复中华帝国统治地位的工具,而不是一种自我认可的先进文明。以洋务运动为代表的御侮图强式的现代化随着西方入侵的加深宣告失败,变法图强的现代化随之产生。一系列条约制度所划定的现实的国家地理空间日渐清晰,在与西方文化的碰撞中,现代国家意识逐步确立,它推进了国家民族主义的发展,实现了有效的政治动员,为中国的现代化发展指明了新的方向。国家发展日趋明朗的目的性,促进了达尔文主义社会进化观取代了中国传统的变异观,成为中国知识界认识世界、观察世界新的思想武器。在这一新的思想武器的指导下,近代中国进入了革命图强式现代化的探索阶段。总的来说,在现代化探索方式的调整与转变时期,尚不存在明确世界秩序观的有效指导。旧有世界秩序观被打破,一种新的关于世界秩序的认识是在逐渐认同、接受、吸收西方异质文化的过程中,伴随着国家重建而展开的。民族主义是这一探索的催化剂和诱发力,在某种意义上,也是这一探索的直接产物。正是国家民族意识的确立,才使得前进中的中国民众开始明确国家的国际地位和准确的国际定位,开始谋求一种新的世界秩序。一个旨在获得民族独立、民族解放的世界秩序构想的诞生,消除了盲目的自我中心主义,注入了对正义和平等的追求,为现代化的发展提供了一个新的起点。

第二,促进有效政府在近代中国现代化进程中的形成及其主导作用的发挥。政府在维护现代化秩序,推进现代化进程中的作用是举足轻重的。失去了政府的主导作用,现代化进程就等于失去了导向标和保障系统。一个苟且偷安的中央政府并没有尝试利用广泛的国内资源来谋求朝廷和国家的发展,没能肩负起对现代化发展特别重要的领导作用。并且随着条约口岸的发展,中国政府的权威被破坏,新型文化生活使人们对政府的批评日益增多,进而引发了民众的民族主义反应,使民众逐渐意识到中国需要的是一个能控制和分配资源的有效中央政府。

始于19世纪60年代的洋务运动率先将民族主义的价值取向置于宗族主义之上,并希冀通过接触、吸收西方的文明来实现忠君匡国的目的。西方入侵的深入、民族危机的日益加重,促使中国人的民族意识呈现出明显的种族和政治色彩。辛亥革命结束了反满的种族问题,但国家被分割成为以短期生存为目标的大小军阀政权,并没有一个真正的"中国政府"。20世纪初,民众已经意识到一个良好政府在改善经济和社会状况、推进现代化方面的重要性,要求中国统一和民族强盛的呼声压倒了其他的社会目标。民族主义作为一种产生于下层的新的世界观一旦形成,公众的情绪就成为之后历史发展的强大动力之一。对正义世界秩序、平等国际地位的追求,激发了民众自下而上形成一种新的世界秩序构想,并在此促动下开始形成民族共识以及参与感和全面的紧迫感。同时,在现代化的影响下,家庭和宗族形式受到了冲击。这种情势,迫使一个强有力的政府把儒家的忠君转变为民族主义推动下的爱国主义情绪,进而激发民智、凝聚民力实现中国的民族独立和国家富强。最终,20世纪20年代国民在民族目标方面达成了明确的共识,国家统一成为头等大事，民众指望随着民族的统一能够摆脱列强干涉，进而恢复民族权利。

（二）民族解放运动与中国早期现代化探索

现代化与西方资本主义历史的耦合，一方面助推了西方现代化理论主导地位的形成，另一方面加速了西方资本主义现代化道路和模式的输出。其结果是后发现代化国家或是主动选择或是被动卷入西方资本主义现代化的历史进程。作为人类文明新形态，中国式现代化逐渐破解了“发展性与独立性非此即彼”的悖论，突破了西方资本主义现代化理论两极对立和零和博弈思维，在现代化道路的探索进程中，演绎出独特的文明新形态。

1. 现代化与民族独立

民族独立是中国现代化探索面临的首要问题。自近代以来，现代化的追求和民族复兴的梦想一直相伴而行。现代化探索和民族复兴梦想之间“变”与“不变”的辩证运动，在一定程度上赋予了中国现代化发展的独特基因。

马克思主义经典作家强调国家主权对于东方国家现代化进程的重要意义，认为民族独立先于现代化存在。如何实现现代化是后发国家面临的重要问题。从西欧早期现代化的初始条件来看，统一的国家发挥了积极作用。国家作为民族国家主权的体现，在保障社会政治稳定、凝聚民心、汇集民意、唤起民族自觉方面发挥着至关重要的作用。马克思在《不列颠在印度统治的未来结果》一文中认为，英国在印度的殖民统治要完成“破坏”和“重建”的双重使命。英国殖民者虽然将现代工业带到了印度，冲击了阻碍印度发展的种姓制度，但是，英国在印度的统治并不会根本改善印度人民的社会状况，“在大不列颠本国现在的统治阶级还没有被工业无产阶级取代以前,或者在印度人自己还没有强大到能够完全摆脱英国的枷锁以前,印度人是不会收获到不列颠资产阶级在他们中间播下的新的社会因素所结的果实的"[①]。因为"排除民族压迫是一切健康而自由的发展的基本条件"[②]。列宁在《论民族自决》一文中认为,资产阶级就是依靠民族运动彻底战胜了封建主义,他反对卢森堡用西方资本主义的总体性否定非西方国家发展的自觉性,主张非西方国家要通过社会主义革命,获取发展的自决权。

帝国主义的入侵,阻断了中国独立发展的进程。近代以来,中国国家主权遭受侵犯,西方列强控制了中国的海关、通商口岸、对外贸易等,打断了中国社会的正常发展进程。正如陈独秀在《向导》中所说:中国"在名义上虽然是一个独立的共和国,在实质上几乎是列强的公共殖民地"[③]。推翻帝国主义的殖民统治,改变"落后就要挨打"的局面,成为中国社会革命首要解决的问题。近代中国独特的社会性质决定了现代化面临的特殊问题,并赋予其探索不同的发展使命和路径。

追求民族独立的过程赋能了现代化主体的道路自觉。西方工业化、现代化的发展使中国被迫卷入世界历史,面临着千年未有之大变局。在大变局中,道路选择是民族独立的本质规定之一。能否正确处理普遍性和特殊性的关系,能否突破现代化的西方叙事和价值逻辑,直接关乎现代化主体道路选择的自觉性。在追求民族独立的过程中,中国现代化在对西方化的省思中重构了现代化的叙事结构。中国共产党在时代提供的"古今中西"的场域中、在马克思主义提供的认识世界和改变世界的思想语境中,完成了认知中国的目

① 《马克思恩格斯选集》第1卷,人民出版社2012年版,第861页。
② 《马克思恩格斯文集》第10卷,人民出版社2009年版,第472页。
③ 《陈独秀文集》第2卷,人民出版社2013年版,第279—280页。

的,探寻改变"国家蒙辱、人民蒙难、文明蒙尘"境遇的路径,并在这一进程中将自身锻造成为中国式现代化的领导核心。

社会革命运动的特殊性决定了现代化的不同道路选择。马克思主义的社会主义革命理论为中国现代化道路探索提供了理论支撑。马克思主义的社会主义革命理论建立在对发达资本主义国家考察的基础之上,但其研究却并未陷入西方中心论。相反,在考察东方国家的过程中,马克思试图发现历史必然性中的偶然性。马克思、恩格斯探讨了以德国为代表的资本主义国家和以俄国为代表的落后国家的社会主义革命。德国成为人民大众与封建主义、无产阶级与资产阶级矛盾的焦点,而俄国却因其处于历史发展的特殊转折点,其未来发展道路或是沿着西欧资本主义道路,或是跨过资本主义"卡夫丁峡谷",直接进入社会主义。强调选择哪一种道路,应以它自身所处的历史条件为依据。

现代化道路是革命道路选择的题中应有之义。鸦片战争以后,西方列强入侵,无数仁人志士为挽救民族危亡,登上历史舞台,提出了不同方案。尽管很多人受到欧风美雨的影响,但是它们提出的方案都没有触动封建君主制度。20 世纪初,"中国人越来越清晰地意识到,中国的问题不是要不要民族国家的问题,而是应该建立一个什么样的民族国家的问题。这个问题决定了中国人对自身现代化道路的选择"①。以毛泽东为主要代表的中国共产党人在历史必然性和民族价值目标之间的张力中选择社会主义作为通往现代化的新路。而社会主义与现代化结合这条道路,是"用与西欧其他一切国家不同的方法来创造发展文明的根本前提"②。

---

① 何萍:《罗莎·卢森堡的〈资本积累论〉与中国》,载《马克思主义研究》2005 年第 6 期。

② 《列宁选集》第 4 卷,人民出版社 1995 年版,第 777 页。

2. 社会革命运动推动了中国早期现代化的发展

革命性是马克思主义理论的鲜明特色。社会革命理论贯通了马克思主义其他理论的发展过程,在整个马克思主义理论体系中具有举足轻重的地位。社会形态是人类文明形态的载体,社会革命是社会形态形成和发展的具体路径。社会形态和社会革命的良性互动,是文明形态发展的前提和保障。

生产力和生产关系、经济基础和上层建筑的矛盾是社会革命发生的逻辑起点。马克思、恩格斯虽然高度肯定了资本主义发展带来的成就,却也指出资本主义制度的矛盾性和不道德性,强调资本主义经济危机的周期性爆发,最终不可避免会引发一场社会革命。社会革命是解决矛盾冲突的必然选择,意味着对旧事物的否定、扬弃,集中表现为暴力革命。恩格斯进一步肯定了暴力革命的意义,指出:"暴力在历史中还起着另一种作用,革命的作用;暴力,用马克思的话说,是每一个孕育着新社会的旧社会的助产婆。"①虽然先进生产力的发展很难一蹴而就,但先进生产关系却能借助革命手段迅速实现。因而,社会经济形态非直线式的演进路径,内蕴着"巨大的社会变革即社会革命过程"②。

马克思在《论犹太人问题》中对资产阶级革命和共产主义革命进行了区分,高度肯定了无产阶级社会革命对非人生活的对抗,强调了无产阶级社会革命对全部人获得解放的意义。虽然其论述仍带有人本主义色彩,但是,他高度肯定了无产阶级在社会革命中的地位。在《共产党宣言》中明确提出资产阶级的灭亡和无产阶级胜利的不可避免,强调共产主义是现代文明发展的必然结果,从理论

① 《马克思恩格斯选集》第3卷,人民出版社2012年版,第564页。

② 罗荣渠:《现代化新路——中国的现代化之路》,华东师范大学出版社2013年版,第55页。

和实践上展现了社会主义文明发展的可能性和必然性。在《〈黑格尔法哲学批判〉导言》中针对德国革命的问题，强调社会革命实践和社会革命理论的辩证统一，认为社会革命实践离不开社会革命理论的指导，社会革命理论作用的发挥也离不开社会革命实践发展所奠定的基础。

马克思主义经典作家认为社会革命除了暴力形式之外，还包括其他的实践形式。任何“使现存世界革命化”的实践都属于社会革命的范畴。非暴力的社会革命也是人类文明形态的演进的重要动力。社会学家和人类学家把有史以来的人类文明大致划分为原始农业文明、古典农业文明、原始工业文明、发达工业文明四大阶段。在文明演进的过程中，生产力的发展是推动各个文明社会财富增长的根本动力。在生产力诸多要素中，技术的改进是重要的因素。恩格斯在《英国状况·十八世纪》一文中，分析了法国的政治革命、德国的哲学革命后，高度肯定了英国的社会革命，认为英国正是借助科学发展带动了整个社会运动的活跃，助力工业革命的发生，推动了社会的整体变革，继而建立了现代文明社会。因而，可以说生产力的革命性变革是文明进步的重要标志。

通过社会革命实现的社会形态局部跨越本身就是对既有主导文明形态的一种超越。而对这种超越的认知，离不开对既有主导文明形态弊端的透视和分析，更离不开对社会革命延展性的认知和把握。

西方现代化理论是一种单线的社会历史发展理论，马克思主义社会发展理论则从生产方式角度提供了一种新的考察视角，回答了现代社会的发展问题。马克思把人类社会看成一个从低级向高级发展的过程，但并没有将其固化为一种逻辑公式。他坚决反对把社会阶段看成简单经济关系的线性运动。在《哲学贫困》一文中，他就对蒲鲁东的政治经济学的形而上学提出了尖锐的批评,认为单从时间、顺序等因素并不能构建一个相互依存的社会机体。马克思提出各个社会阶段发展的多样性。一是因社会结构的不同,同一社会阶段也会呈现不同的发展状态;二是因社会发展具体历史条件等因素的变化,并不存在适应于所有社会的模式。他明确反对把西欧资本主义发展道路普遍化的做法,强调西欧资本主义发展的必然性仅限于西欧各国。正如英国著名历史学家霍布斯鲍姆所言:“马克思对历史发展的观点从来就不是单线式的,他也从来没有把它视为一种单纯的进步记录。”[①]民族多样性是文化多样性的具体展开。现代化路径的确立,需要充分考虑和把握既有的资源、文化等因素。这是准确把握现代化发展道路整体性与局部性、一般性与特殊性的关键所在。

同时,人类文明形态价值指向的向上跃迁必然需要社会革命的不断延展。文明形态的变迁,引发了人的存在方式的变革。只有充分观照人的存在的文明形态才是真正有意义和值得追求的文明。人的存在方式伴随着文明形态的发展,经历了“人的依赖”“物的依赖”和“自由全面发展”三个阶段。在“自由全面发展”阶段,人的本真状态才得以充分展现,真正个体化状态得以实现。但这种个体化是处于充分联系状态的个体化。真正个体化状态的存在,必然要求特定社会形态能够提供完善的制度支撑。在完善制度所提供的社会空间中,“个人就会有最大程度的自由选择的空间,即使这个社会里最弱小的存在也可以活得尊严、幸福。毫无疑问,人能够给自己做主,当然是人的自由的最高体现”[②]。而通过社会革命,对社会制度的不断完善,才能真正宣告人的存在方式变革的完成,文明形态

① 郝镇华编:《外国学者论亚细亚生产方式》下册,中国社会科学出版社 1981 年版,第 431 页。

② 王庆丰:《文明社会的四个本质性特征》,载《天津社会科学》2018 年第 6 期。

的特征才得以真正保有。

(三)中国共产党与中国式现代化探索

能否形成一个强有力的政党是解决现代化主体的关键问题。辛亥革命的胜利,结束了几千年的封建君主专制制度,打乱了原有的统治秩序。但是,革命没有形成一个强有力的革命政党,没能将反帝反封建的斗争进行到底,也就无法有效开启现代化的进程。解决现代化的主体问题,成为中国现代化探索必须要解决的问题。中国共产党的诞生,为这一问题的解决提供了新的可能。

第一,强调党的领导干部要提高领导现代化建设的本领。政治领导者的能力与社会现代化的发展密切相关。政治领导者的素质、价值取向决定了现代化的发展。中国共产党对现代化使命的承担,不仅体现在静态文本,比如,党纲将现代化视为党要实现的三大历史任务,而且体现在党的百年历程之中。更为重要的是,党百年发展进程中,始终将是否具备领导现代化的能力作为政党建设的重要内容。在革命时期,党要求领导干部具备扫除国家现代化障碍的能力。比如,在延安在职干部教育动员大会上,毛泽东曾用“本领恐慌”的概念强调领导干部要抓紧学习。学习内容包括开展生产运动和开展经济建设。在七届二中全会上,毛泽东再次强调要善于打破旧世界和建设新世界等等。建设时期,党要求领导干部着力提升建设现代化的能力。1955 年 3 月,党的全国代表大会上,毛泽东强调经过一段时间的学习,党的领导水平有所提高。但是,要真正成为社会主义工业化、社会主义改造和社会主义建设的“内行”,除了学习好马克思主义基本理论,还需要真正学懂经济。随后,在 1957 年西安干部会上,邓小平也明确谈道,搞革命和搞建设不同,要提高搞建设的本领。进入改革开放和社会主义现代化建设新时期,邓小平提出领导干部只有钻研好、学习好经济建设,才能领导好高水平、高速度的社会主义现代化经济建设。党的十四大确立了社会主义经济体制改革目标之后,党要求党员领导干部要提高建立社会主义市场经济体制的全局驾驭能力,并将其上升为党的建设的新的伟大工程的重要内容。江泽民在建党80周年大会上的讲话中明确把提高党的执政能力和领导水平作为两大历史性课题之一。党的十六届四中全会通过的《中共中央关于加强党的执政能力建设的决定》中提出的党的执政能力建设明确包括"建设社会主义现代化国家的本领",涵盖"不断提高驾驭社会主义市场经济的能力、发展社会主义民主政治的能力、建设社会主义先进文化的能力、构建社会主义和谐社会的能力、应对国际局势和处理国际事务的能力"①。党的十八大以来,习近平总书记多次将领导干部的能力与社会主义现代化建设联系起来,强调领导干部不断提升和增强社会主义现代化建设的本领和水平的迫切性。习近平总书记从党的执政能力建设出发,相继又强调了党的抵御风险和拒腐防变的能力,科学执政、民主执政、依法执政的水平以及提升国家治理体系和治理能力现代化的水平,加强党的长期执政能力建设等一系列问题。这些问题从现代化领导主体的视角出发,充分展现了党领导现代化建设的高度自觉。

第二,中国共产党对现代化探索的规律性把握。作为马克思主义的使命型政党,中国共产党要完成使命,离不开对社会发展历史规律的准确把握。对历史规律的探索熔铸在马克思主义经典作家的血液里。恩格斯在马克思墓前的讲话中提出,马克思发现了人类历史的发展规律和现代资本主义生产方式和资产阶级社会的特殊运动规律。毛泽东在《中国革命战争的战略问题》中也强调,只有了

① 《十六大以来重要文献选编》(中),中央文献出版社2011年版,第276页。

解客观对象的特殊性及其与其他事物的联系，才能提升对客观对象的认识和把握程度。对规律的探求，是中国共产党作为马克思主义政党的内在要求，增强了对中国现代化道路的把握，深化了对中国特色社会主义发展的认知。而正是源自对规律性的探求，中国共产党日益展现出强大的战略规划思维和顶层设计的能力。

第三，中国共产党能够调动人民群众的积极性，形成现代化发展强大合力。中国共产党承担现代化的使命，但实现现代化的梦想，需要紧紧依靠人民群众的力量。这是党从现代化内生动力视角出发，提振现代化发展质量的必然选择。中国共产党作为马克思主义政党，除了人民的利益之外别无其他。因此，它可以和人民形成一种内在的契约关系。这种契约关系的建立和维系主要依靠中国共产党自身的先进性。党始终坚持以人民为中心的价值立场，突出了人民群众的主体地位，尊重人民的首创精神，在革命、建设和改革的各个历史时期，围绕人民需求，充分发挥人民群众的历史主动性，为中国现代化建设凝聚起强大的力量。

三、中国式现代化探索的理论渊源

任何实践创新都离不开理论创造和理论创新的发展。中国式现代化理论的生成是在马克思主义社会发展理论的指引下的拓新和发展。对中国式现代化探索理论的阐释，旨在从根源上探究中国式现代化目标的形成。马克思、恩格斯是英国现代化进程的亲历者，他们既对西欧资本主义国家现代化发展进行了审视，也探讨了其殖民地国家（比如，印度）现代化的条件等。这些思想在其著作《共产党宣言》《资本论》《不列颠在印度统治的未来结果》中得到了充分的展现。同时,西方现代化理论发展及研究也为中国式现代化发展提供了理论借鉴。深入挖掘这些思想,对于深入研究中国式现代化发展、目标演进的规律和各种问题,具有重要的理论指导意义。

(一)马克思主义现代化理论为中国式现代化理论生成提供了理论语境

马克思并未使用过“现代化”一词,但在历史唯物主义形成的过程中,有关社会发展的理论正是现代社会的发展问题。对现代化的探讨,离不开对人类历史发展的分析。关于现代化的研究,有不同的流派,比如工业化理论、经济增长阶段等。无论是西方的现代化理论还是马克思主义观点,都是建立在进化论的基础之上。其不同在于,西方现代化理论过分强调理论的超时空性,缺乏对理论发展具体历史条件、历史内涵的分析和探讨。而马克思主义社会发展理论对西方现代化理论的超越,则是从生产方式的角度提供了一种新的考察视角。

马克思对现代化的考察内契于社会经济形态的演化。马克思讨论的现代社会,就是指资本主义社会。在其著作中,现代社会和资本主义社会是同位阶的存在。一方面,在大致考察西欧资本主义发展情况的基础上,强调了资本主义进步性和矛盾性的统一。19世纪40年代,马克思、恩格斯在《德意志意识形态》中,就提出世界历史进入了“历史发展的一个新阶段”,伴随各民族的交往,民族之间的依赖性逐渐增强,民族发展的片面性、局限性日益被打破。在《〈政治经济学批判〉序言》中谈到社会形态的发展时,提到“现代资产阶级的生产方式”;在《共产党宣言》中,使用到“现代资产阶级社会”“现代资本家阶级”“现代国家政权”等概念;在《资本论》的序言中,明确提出,《资本论》的目的在于揭示“现代经济”的规律。由此可以看出，马克思把19世纪的社会称为“现代”，并非时间范畴的概念，而是基于生产方式变化所使用的概念。但在当时的语境中，马克思、恩格斯是将其视为“资本主义社会”的同义语。这种生产方式不仅蕴藏着巨大的工业力量和科学力量，而且其所蕴藏的规律和发展趋势，促使马克思意识到，它会激发愈多的工业较不发达的国家向其看齐。那就是“工业较发达的国家向工业较不发达的国家所显示的，只是后者未来的景象”①。但马克思在看到资本主义所展示景象的同时，也看到了其潜藏的衰败的征兆。资本主义生产方式不可避免地出现的衰败，又蕴藏了更高社会形态的发展。

马克思、恩格斯关于市民社会与现代化关系的认知。马克思、恩格斯充分肯定了工业革命、技术变革对欧洲现代化发展的作用，但没有将其视为决定性条件。马克思、恩格斯认为技术变革是社会制度、风俗等一系列条件演进的结果。市民社会的建立是现代化得以开展的必要条件。市民社会的发展是一个逐渐和政治国家分离的过程。黑格尔区分了现代意义上的市民社会概念。马克思承续了黑格尔的市民社会思想，并在此基础上进一步提出了市民社会理论。广义市民社会指的是私人特殊利益和普遍共同利益之间的关系，主要是一种发生在工商业生活领域中的私人的物质交往关系。市民社会的存在建立了一套新的价值、文化体系，改变了欧洲封建社会的发展局面。马克思、恩格斯认为最初的资产阶级正是从中世纪农奴中形成的城关市民中产生。资产阶级的诞生使现代资本主义生产方式兴起的阶级力量具备条件。因此，马克思、恩格斯把市民社会视为西欧现代化发展的必要条件。

马克思、恩格斯关于落后国家实现现代化另一种路径的论述。

① 《马克思恩格斯全集》第42卷，人民出版社2016年版，第15页。

马克思、恩格斯关于西欧以外国家现代化的探讨主要是基于西欧殖民扩张的影响。马克思、恩格斯主要以印度为例阐明其现代化启动的思想。他们认为印度并不具备内部启动现代化的动力,因此,无论印度的政治上发生多大的变化,它的社会状况并不会因此而发生彻底的改变。内部驱动力的缺乏促使外部的刺激变得极为迫切和重要。基于此,他们认为英国的殖民扩张和殖民统治就成为印度社会向现代社会转变的重要因素。在论及英国在印度殖民扩张和统治的“双重使命理论”(破坏和建设)时,马克思深刻痛斥了英国对印度的破坏,认为英国的殖民扩张不仅破坏了印度工业发展的基础,而且对印度文明造成了毁灭性的打击。与此同时,马克思也提出了英国在印度的建设性使命,认为从现代化的角度来看,破坏本身就为建设提供了一定程度的准备,英国在印度的殖民扩张和殖民统治,产生了“社会革命”的冲击力和影响力。但是,这种“社会革命”的影响正是一种客观的结果,而不是英国本身的主观目的,马克思将其称为“未来的后果”。在深刻探讨英国在印度的殖民统治之后,马克思、恩格斯明确提到民族独立对印度发展的重要性。只有成为独立的民族,才有可能讨论其他发展的问题。对非西方国家的现代化,马克思、恩格斯也进行了探讨。其一,马克思对社会阶段的认知并不是提供一种逻辑公式。马克思把人类社会看成一个从低级向高级发展的过程,在《德意志意识形态》一文中,马克思提出了原始的、古代的、封建的和现代资产阶级几种社会形式。但马克思关于社会发展阶段的认知,并没有将其固化为一种逻辑公式。马克思坚决反对把社会阶段看成简单经济关系的线性运动。在《哲学贫困》一文中,他对蒲鲁东的政治经济学的形而上学提出了尖锐的批评,认为单纯依靠顺序、时间这样的逻辑并不能准确地把握社会有机体的发展。其二,马克思提出各个社会阶段发展的多样性。一方面，马克思认为，即使是在同一社会阶段，也会因社会结构的不同，呈现不同的发展阶段。比如，即便在原始社会，原始公社也不是按照同一的形式建立起来，而是因其时间、类型的不同而有所差异。并基于上述的差异，标识了不同的发展阶段。另一方面，在同一社会阶段，也会产生多样性。比如，马克思认为，同是亚细亚社会的印度和中国就大不相同。受认识条件的局限，马克思并未能获取对东方社会的更为详尽的认知。但即便如此，他也从未将东方社会和西方社会的发展混为一谈，而是始终强调二者发展的差异性。并且，在关于西欧从封建社会向资本主义社会的发展中，马克思明确反对把西欧资本主义发展道路视为“一切民族，不管它们所处的历史环境如何，都注定要走这条道路”①，并指出，“我明确地把这一运动的‘历史必然性’限于西欧各国”②。

（二）科学社会主义与中国式现代化发展的互动与共进

中国式现代化的发展是科学社会主义理论逻辑和中国社会历史逻辑、实践逻辑辩证统一的结果。中国共产党对现代化的探索进程，也是不断推动科学社会主义从理论形态转向实践形态、从实践形态转向制度形态的过程。伴随中国式现代化的发展，党不断赋予科学社会主义新的表现形态，推进其不断发展。中国共产党在领导现代化的过程中，就是坚持科学社会主义基本原则，不断探寻“什么是社会主义，怎样建设社会主义”问题的过程。

新民主主义革命时期，党追寻社会主义、共产主义理想信念，探寻救国救民的出路。资本主义必然灭亡、社会主义必然胜利，这是马克思、恩格斯在《共产党宣言》中作出的科学预言。社会主义发展

① 《马克思恩格斯选集》第3卷，人民出版社2012年版，第730页。
② 《马克思恩格斯全集》第25卷，人民出版社2001年版，第455页。

的必然,建立在对资本主义的结构和认识基础之上,不是“纯粹的应然”,而是一种自身不断拓展基础上的必然趋势。社会主义提供了人们在资本主义发展中无法实现和获取的价值。马克思、恩格斯既充分肯定了资本主义生产力发展的进步性,也明确指出资本主义因生产资料私有制和社会化大生产之间的矛盾而不断陷入危机的转台。而资产阶级生存下去的唯一路径就是不断进行彻底的革命,包括对生产工具的革命和生产关系的革命等。尽管资本主义通过各种方式试图缓和矛盾,实际却是资本主义基本矛盾的不断加深。因此,正如海尔布隆纳所说:“只要资本主义存在着,我就不相信我们能在任何时候宣布他(马克思)关于资本主义内在本性的分析有任何错误。”[①]近代以来,中国人在探索救国救亡出路中,以陈独秀为代表的早期中国共产党人,在运用马克思主义分析资本主义弊端的情况下,充分认识到资本主义在欧美发展中所表现出的种种弊端,认为资本主义的“罪恶”只能用新的生产发展才能彻底消除,采用社会主义生产方式、走社会主义道路是历史必然的选择。强调中国的发展亟须发展工业,但是生产关系性质的变更为关键。只有改变西方资本主义工业所有制的性质,借鉴西方的发展才有意义,否则只能陷入资本主义经济危机的泥潭。

社会主义革命和建设时期,建立人民民主政权和社会主义基本制度,推动科学社会主义从理论形态走向实践新样态,开启现代化探索和建设的新起点,丰富了马克思主义过渡理论和无产阶级专政理论。新中国成立后,面对新的革命形势,中国共产党不断加强对政治、经济各领域的领导,使人民民主政权得以进一步巩固。党在这一阶段,开创性地回答了如何从新民主主义社会向社会主义社会

① [美]海尔布隆纳著,易克信、杜章智译:《马克思主义:赞成和反对》,中国社会科学院情报研究所1982年版,第62页。

过渡的重大问题。通过社会主义改造，实现了从新民主主义社会向社会主义社会的和平过渡，完成了几千年来中华民族最广泛而深刻的社会变革，确立了社会主义制度。同时，在坚持科学社会主义基本原则的前提下，借鉴吸收苏联社会主义现代化建设的经验和教训，拉开了中国式现代化的序幕，并建立起一套独立完整的工业体系，取得了重大成就。

改革开放和社会主义现代化建设新时期，党进一步丰富和发展了社会主义本质理论和社会主义发展阶段理论，为稳步推进中国式现代化发展奠定了理论基础。进入改革开放新时期，党紧紧围绕着“什么是社会主义，怎样建设社会主义”这一关键问题，阐释了市场和社会主义的关系问题，把政府和有效市场结合起来，确立了社会主义市场经济体制，为中国式现代化的发展奠定了新的叙事解构，突破了西方现代化理论的话语束缚。与此同时，党也深化了有关社会主义发展阶段的认知。马克思、恩格斯把从资本主义到共产主义的发展划分为过渡阶段、共产主义第一阶段、共产主义高级阶段三个阶段。列宁则进一步把共产主义第一阶段明确为社会主义阶段。毛泽东则把社会主义发展分为不发达的社会主义社会、比较发达的社会主义社会、共产主义社会。由于客观实践和主观认知的限制等因素的影响，这一认知并未得到彻底的贯彻。进入改革开放新时期，邓小平进一步拓展了有关社会主义阶段的认识，明确指出，“党的十三大要阐述中国社会主义是处在一个什么阶段，就是处在初级阶段……就是不发达的阶段。一切都要从这个实际出发，根据这个实际来制定规划”①，并进一步明确了社会主义初级阶段的内涵，从而为中国式现代化的发展确定了正确的历史方位，提供了基本的

① 《邓小平文选》第3卷，人民出版社1993年版，第252页。

遵循。

进入中国特色社会主义新时代,党在推进中国式现代化的探索与发展中,坚持科学社会主义基本原则,进一步丰富、发展和创新了马克思主义国家学说、马克思主义建党学说、马克思主义世界历史理论等内容,实现了中国式现代化与科学社会主义的深层次、创新性互动。

(三)对西方现代化理论的反思与借鉴

西方现代化理论通过梳理世界现代化历程或聚焦个别国家现代化发展,回答了包括如何界定、判断、评价现代化的一系列问题。西方现代化理论有广义和狭义之分。广义的西方现代化理论主要关注自17世纪以来西方社会工业化和民主化的进程。狭义现代化理论主要是20世纪50—60年代关注发展中国家转型的理论。本文阐释中国共产党现代化理论生成中对西方现代化理论的借鉴,主要聚焦于广义的西方现代化理论。

西方现代化理论形成了一系列重要的论著,比如滕尼斯的社会变迁理论、孔多塞的社会单线式进步历史观等,都是广义现代化理论的重要代表。理论发展是对实践问题的折射。西方现代化理论研究与西方政治发展密切相关,既是西方资本主义政治发展需求在理论合理性和正当性方面的表达,也是西方资本主义发展现实的“晴雨表”,更是西方意识形态的重要载体。

20世纪50年代后,在西方现代化理论的研究中,塔尔科特·帕森斯结构功能主义的发展,为其现代化理论的发展奠定了坚实的方法论基础。结构功能主义认为,一定的社会结构执行一定的功能。为了弥补西方自由主义和功利主义的破产,帕森斯通过结构功能主义为自由主义和功利主义的发展夯实了社会基础,强调社会规范的巨大作用。将社会规范视为社会结构的功能，并据此提出对社会行为结构分析的三个重要组成部分，即人格系统、社会系统和文化系统。在分析三个系统时，又增加了一些模式变量。更为重要的是将美国社会的某些特征抽象为社会发展趋势的标准。随后，包括马里恩·列维、丹尼尔·勒纳在内的很多人，都在实践中探讨发展中国家如何向美国社会发展靠拢的问题。

可以说，20 世纪 50 年代，现代化理论的关注点在经济发展领域和社会发展领域。经济发展领域集中表现为对发展中国家经济发展的关注。阿瑟·刘易斯提出“二元经济模型”理论，认为发展中国家经济发展的目的就是打破“二元经济模型”的过程（笔者注：“二元”指现代资本主义部分和传统农业部门），其方式就是采用西方资本主义工业化发展模式，走西方资本主义道路。另外，还有罗斯托著名的“经济成长阶段论”，本质上也是主张采用西方资本主义国家经济发展模式。

20 世纪 60 年代，现代化理论研究呈现多学科化的发展势头，各个领域一大批有影响力的著作问世。经济学领域有库兹涅兹《经济增长与结构》，社会学领域有列维的《现代化与社会结构》、艾森斯塔特的《现代化：抗拒与变迁》，政治学领域有阿尔蒙德的《比较政治学：体系、过程和政策》、阿普特的《现代化的政治学》、塞缪尔·亨廷顿的《变化社会中的政治秩序》，心理学领域有英克尔斯的《人的现代化》、丹尼尔·莱勒的《传统社会的消逝》，历史学领域有布莱克的《现代化的动力》等。在各个学科开展不同视角研究的同时，比较研究也日益突出，主要集中于对日本、中国、俄国等国家的比较研究。比如，哈佛东亚问题研究专家（赖肖尔、费正清、阿尔伯特·克雷格等）的《东亚：伟大的转变》就主张中国、日本等国的现代化是在传统领域中孕育而生，体现的是其自身理念和价值。20 世纪

70 年代,随着社会变迁新特点的出现,学者们的研究转向了后现代、后工业等领域,最具代表性的是丹尼尔·贝尔的《后工业社会的来临》。20 世纪 80 年代,随着西方现代化模式在拉美国家的受挫,西方现代化研究也在逐渐减弱。

从 20 世纪 50 年代开始,在新中国现代化探索的起步阶段,考察同时期西方现代化理论发展及其研究状况,对于准确把握中国式现代化道路的生成和发展具有重要的意义。总体而言,西方现代化理论"大致经历了三个主要阶段:与典型的西方现代化历史进程相适应,产生了经典的原生现代化理论;与第二次世界大战后发展中国家的现代化进程相适应,出现了后发的现代化理论……与本世纪(注:20 世纪)后期全球化、后工业化、后现代化的发展实践相适应,形成了形式多样的当代社会发展理论"①。西方现代化理论在推进世界现代化进程中发挥了重要的作用,既总结了发达国家现代化进程中的规律,也为发展中国家现代化提供了丰富的经验和素材。西方现代化理论的发展呈现出单一维度向多维度、内部审视和外部传播相结合的特点,总体呈现出两个维度的特点:其一,主张西方现代化理论的主导和模式(道路)的输出;其二,主张各个国家的现代化应充分考虑传统、价值理念等因素的影响,比如,布莱克在《比较现代化》中就曾指出:"从长期来看,使本国的传统制度适应新的功能比或多或少照搬西方的制度更为有效。"②由于现代化与西方资本主义历史耦合的存在,中国式现代化探索与发展始终面临着冲破既有现代化理论与解释框架,重构符合自身发展路径、反映自身价值

① 周穗明:《现代化:历史、理论与反思——兼论西方左翼的现代化批判》,中国广播电视出版社 2002 年版,第 196 页。

② [美]C. E. 布莱克编,杨豫、陈祖洲译:《比较现代化》,上海译文出版社 1996 年版,第 5 页。

理念承续性的问题。在这一进程中,简单地全盘否定或全盘肯定西方现代化理论及其研究都不是可取的研究路径。如何合理吸收、充分利用西方现代化理论及其研究在视角、观点、研究基础方面的积极成果,是中国式现代化发展中极为注意的问题。

第二章　中国式现代化目标演进的历史进程

中国共产党的百年奋斗史就是中国共产党现代化探索的发展史。历史地考察中国式现代化目标的发展,是准确把握其内在逻辑的关键所在。中国式现代化目标演进的历史逻辑与实践逻辑紧密相连。通过梳理和总结党在革命、建设、改革和新时代不同历史时期的现代化实践,完成对现代化目标演进内在逻辑的把握。本书认为,现代化目标的演进与不同历史时期社会主要矛盾的变迁、时代主题调整紧密相连。总体而言,中国式现代化目标经历了"工业化""三个现代化""四个现代化""中国式的现代化""中国式现代化"的发展脉络,形成了既相互区别又一脉相承的现代化目标话语表达。各个目标紧密相连、环环相扣,共同演绎了中国社会主义现代化独具特色的探索与发展路径,充分彰显了中国共产党对现代化发展的叙事能力。

一、现代化目标新起点:工业化与现代化叙事的交织

鸦片战争之后,人们对现代化的追求多是在西方现代化话语框

架内展开。新中国成立后,现代化探索的条件、环境发生了根本转变。政治前提的确立、制度基础的建立为现代化探索提供了新的可能性。这一时期,党对如何进行社会主义建设尚没有形成完整、清晰的认识,对我国现代化的认知,尤其是对现代化内涵的理解集中于工业化建设。关于现代化目标的探索也与工业化发展程度紧密相连。因而,二者的同义使用和相互交织有其历史必然性和强烈的现实意义。

(一)实施国家工业化战略的必然性

工业化是伴随资本主义生产关系的发展而出现的社会经济发展的一个特定阶段,其目的是促进生产力的快速发展。英国工业革命后,迅速成为世界上第一个成功工业化的国家。伴随世界历史的发展,工业化的浪潮席卷全球。中国受世界工业化浪潮的影响,工业化进程的启动要远早于亚洲其他国家。在汉阳铁厂建成之际,在亚洲,其他国家都还没有铁厂出现。但是,近代中国工业化建设却遭遇了先天不足。作为非独立的民族国家,不仅帝国主义挤占了民族工业的生存空间,控制了民族企业,而且工业分布不均衡,“到20世纪初,现代工业总产值只占工农业总产值不到5%”①,且多集中于轻工业。因此,虽然工业化起步早,但成效并不理想。

新民主主义革命时期,毛泽东在中国共产党第七次全国代表大会上所作的《论联合政府》的报告中就曾提出,要打败日本必须发展工业,要稳步建立重工业和轻工业,使中国由农业国变为工业国,号召中国工人阶级要为工业化和农业近代化而努力。这就为我国的发展指明了目标,即实现工业化。

① 罗荣渠:《现代化新论——中国的现代化之路》,华东师范大学出版社2013年版,第255页。

马克思主义经典作家所设想的社会主义建立在资本主义社会高度发展的基础之上。资本主义工业化的发展为社会主义形成和发展奠定了基础。十月革命后,列宁充分肯定了工业化对社会主义社会发展的重要性,认为无产阶级政权要建立广泛的群众基础,必然要经过工业化的发展,并特别强调工业化发展对农业生产的影响。新中国成立之后,受苏联社会主义建设实践的影响,国家的发展与建设也就紧紧围绕着工业化的目标展开。

工业化是新民主主义社会向社会主义社会过渡的基本条件。毛泽东在《新民主主义论》一文中指出,中国革命的"两步走",新民主主义社会是第一个阶段,社会主义社会是第二个阶段。中共七大上,毛泽东进一步指出,经过民主革命阶段,进入社会主义阶段,是"天经地义"的,并通过 1948 年 9 月的中央政治局会议、七届二中全会和《共同纲领》的制定,全党统一了由新民主主义过渡到社会主义社会的认识。

毛泽东、周恩来等中共领导人在民主革命时期就强调,在获得政治条件之后,要通过有计划地开展工业化建设,推动国家由农业国进入工业国。将"工业化"视为重要手段、途径的原因在于,从经济上来看,利用工业化可以有效解决土地问题,进而促进经济健康发展;从政治发展来看,这一时期将工业化视为实现政治民主的前提性条件,强调工业化发展对新民主主义社会的先决意义。周恩来在 1946 年 1 月 31 日和美国驻华特使马歇尔会谈时指出,我们"要使中国能进行农业改革、工业化,从而建成一个独立自由富强的国家"①。在 1949 年 4 月 17 日《关于和平谈判问题的报告》中又指出现代性工业在整个国民经济发展中的占比问题,强调实现国家现代

① 《周恩来年谱(1949—1976)》(修订版),中央文献出版社 1998 年版,第 657—659 页。

化的艰巨性。工业是社会主义的经济的重要基础,建立工业化的中国成为新民主主义时期向社会主义时期过渡的基本条件之一。要成功实现向社会主义社会的过渡,则应选择工业化作为社会建设的中心任务。因此,在新民主主义政治条件获取之后,关于国家工业化的问题便顺势提上日程。

工业化是巩固新民主主义政权的有力保障。近代以来,工业发展的缺位是我国遭受欺凌的重要原因之一。新中国成立之后,党和国家领导人从巩固政权的角度,明确强调工业化发展的重要意义。毛泽东认为,新中国工业化的发展任重道远,不仅关乎群众对党的拥护程度,而且关乎政权的稳定程度,要彻底改变国家发展面貌,就必须建立新式的工业体系。周恩来从经济基础和上层建筑的关系角度阐明了工业化建设对政权的重大意义,强调要实现真正的、持久的独立,就要推动实现工业化的发展,且认为工业发展是巩固国防建设、抵御外来侵略的重要基础。

(二)实施国家工业化战略的可能性

对这一时期实施工业化战略可能性的分析,主要从内部发展环境和外部环境两方面加以把握。从国内发展来看,近代以来,由于我国近代化机器工业发展较为落后,国民经济百分之九十依靠手工业和个体农业,导致生产力低下,劳动力耗费颇高,不能生产大量的物质资产供人民享用。此外,外国帝国主义和本国封建主、官僚、买办资产阶级的长期统治以及战争影响都在一定程度上阻碍了中国工业的发展。

经济发展的落后状态亟须通过工业化发展加以改变。国民经济的恢复为工业化的发展奠定了基础。新中国成立之初,中国共产党从国民党手中接收的是一个满目疮痍的烂摊子。“工业年产值

140亿元,只有抗日战争前1937年的一半;产业工人只有306万人,占全国人口的0.56%;钢产量比新中国成立前的最高年产量90多万吨下降了83%,人均只有58市斤;粮食产量只及战前的3/4,全国人均粮食占有量为418市斤,有3亿人挣扎在饥饿死亡线上;人均国民收入66元;1949年物价比战前上涨85000亿倍……”[①]以国民经济的恢复为中心的经济工作就成为压倒一切的重要任务。

如果国民经济状况得不到迅速恢复和发展,根本谈不上从事大规模建设。1950年七届三中全会上,周恩来提出“为争取国家财政经济状况的基本好转而斗争”的口号和总任务。毛泽东也要求,国家建设的出发点,要放在现代工业只占10%,分散的个体的农业经济和手工业经济占90%这一基本国情上。在国民经济的恢复过程中,农业的恢复是国民经济其他部门恢复的基础。只有通过农业的恢复,才能提高对工业品的需要和对工业原料的供应,从而在此基础上恢复和发展农业生产。《共同纲领》中关于经济政策规定,“土地改革为发展生产力和国家工业化的必要条件”[②]。将土地改革视作巩固人民民主专政的重要任务,是因为这既是保障农民基本生存权利的重要途径,也是为工业化发展奠定基础的重要前提。

虽然国民经济以恢复为主但不排斥可能而且必要的发展。新中国成立之初,考虑到我国经济发展的现实条件,诸如工业化启动资金的欠缺、人才的不足、经验的匮乏等多方面的因素,党认为应该集中三到五年的时间来恢复经济,之后再转入系统的发展。虽然经济发展的条件已大有改观,经济建设在财政支出中所占比率远远超过了历史上的其他时期,但是,仍然无法满足整个国家发展的需求。基于此,在国民经济的恢复时期,国家工业化建设着力聚焦解决工

① 李东朗、任桂祥:《细说周恩来》,河南人民出版社2001年版,第378页。

② 《建国以来重要文件选编》第1册,中央文献出版社1992年版,第7页。

业化建设的资金、技术和市场问题，集中于工农业发展急需的产业（比如，水利、交通、铁路、纺织、钢铁、化学等），并且强调，恢复和发展同时并举，最大限度实现人尽其才、物尽其用。

从外部发展环境来看，工业化发展是改善国家间关系的重要途径。周恩来在接见日本拥护和平委员会主席大山郁夫时，就中日关系问题交换意见时提出，中国只有实现工业化才能彻底改变在同日本交往时的不平等的贸易关系和经济关系。

（三）工业化视域下的现代化叙事

要准确理解新中国成立之初，中国共产党工业化的探索与实践，就离不开对现代化在中国传播的梳理。罗荣渠教授认为，“现代化”一词，最早出现在1922年3月严既澄提出的“近代化的孔家思想”。学者黄兴涛、陈鹏则认为，“现代化”一词要比罗荣渠教授考证到的时间更早，他们提出是在1921年9月，《申报》刊登的上海泰东图书局的一则广告中就已使用“近代化”的表述。但总体上，学者们普遍认为20世纪20年代末至30年代是“现代化”一词在中国的重要传播期。这一时间的传播，已经赋予“现代化”较之于时间概念更为实质性的发展内容。“现代化”已经涉及更深层次的内涵，比如，政治现代化、企业现代化、生活现代化等复合词已经开始传播和使用。学界关于“现代化”的传播有不同的看法，一是认为对“现代化”的认知经历了一个从重文化向重社会经济的转变；二是认为对“现代化”的认知从开始就具备整体性的内涵。

如何认识现代化在20世纪20年代末、30年代初的传播，实际上是如何认识现代化传播的影响因素的问题。对这一时期现代化的传播，并不能把它简单地归咎于文化视角的争论，而应放置于更大的时代背景中加以把握。九一八事变之后，日本以中国不是近代的国家,即不是统一的现代民族国家掩饰自身的侵略行径。为此,国内从不同角度、不同方面作出了回应。历史学家钱实甫曾感慨这一时期从青年学生到官僚学者都试图在模仿中探寻道路,人们或是谈论“现代化”,或是谈论“摩登”。钱实甫的论述虽然是批评,却真实地反映了当时人们对现代化的关注。

在现代化传播的过程中,人们对现代化的概念的认知本身是比较模糊的,甚至有人(比如,胡适、孟森)因为这一概念范围太过笼统,而主张放弃这一词汇,但不同的学者却从不同的视角尝试对其进行概念的界定。比如,经济学家张素民认为,现代化就是工业化,只涉及经济领域,并不涉及政治领域等其他方面。这一时期,人们对现代化的认知呈现出多维视角。但是,人们在谈及现代化时,多是赋予其工业化或机械化的含义,这构成了人们理解现代化的基础。这一认知是从 20 世纪 30—40 年代中国社会实际情况出发的必然结果。整体来看,20 世纪 40 年代,学者们在讨论现代化概念的时候,由于对“传统与现代”关系的认知并未能形成一种自觉命题,因而不可避免地影响到了对现代化认知的深度。

中国共产党对现代化目标、道路的探索,蕴含着理解和认清“什么是现代化”这一基本问题。尽管“现代化”一词的使用很早就散见于早期革命家的著作中,比如,早在中国共产党成立之前,张太雷就曾提及妇女被迫到“现代工厂”打工。陈独秀也曾从政治觉悟的视角提到“现代工人”更关注自身生活状况和自由,政治觉悟具有明显的局限性。瞿秋白在中共五大召开时散发的传单中也提到了“现代化”。可以看出,从一开始“现代化”已经进入中国共产党人的话语体系。抗日战争后期,毛泽东从工业化对民族独立的重要意义角度,提出要实现工业化,增强民族独立的保障。并且,在中共七大、七届二中全会上,也多次提到了“工业化”的建设问题。中国共产党在"工业化"的视域中认知现代化与马克思主义现代化理论的指导密不可分。马克思、恩格斯认为,工业化在封建生产方式向资本主义生产方式过渡的过程中发挥着重要作用。资本主义正是凭借工业化创造了比过去一切世代都要多的生产力。新中国成立之后,中国共产党在领导现代化发展的进程中呈现出明显的概念同义使用的特点。

二、现代化目标的进阶:"四个现代化"构想雏形的提出

在领导国民经济恢复的过程中,中国共产党对现代化的认知从单一的工业化逐渐延伸到了行业现代化。进入"一五"计划时期,随着过渡时期总路线的提出,在延续社会主义工业化战略选择的前提下,中央领导集体顺应时代发展潮流,顺势提出现代化的新主张——"四个现代化",开启了从"一化"向"四化"的历史进程。这一时期的"四个现代化"只是雏形,与后期真正意义上的"四个现代化"还有所不同。但它的提出,却为我国社会主义现代化发展设定了基本框架。历史地考察"四个现代化"雏形的形成,对于更好地把握和理解新中国成立初期对于社会主义道路的探索具有重要的意义。

(一)国民经济恢复时期"四个现代化"构想雏形的萌芽

伴随国民经济有计划、有重点的恢复,党进一步深化了对现代化的认知,逐渐萌发了对工业、农业、国防、交通、科学和技术等行业现代化的构想。新中国成立之后,国家建设的重心从农村转入城

市。城乡关系是一种十分重要的关系。尽管新中国国民经济的构成中,现代工业只占到10%左右,但是并不能因此就否定城市对农村的领导。大力发展城市工业是刺激农业生产的重要途径。城市消费品和生产资料的有效、充足的供应为促进农业生产提供了保障。因而,首先应该确定并肯定城市对农村的领导,并依据我国工业发展的具体现状,加快基本工业(化学工业、电力工业、燃料工业、钢铁工业等)的恢复和发展,只有建立起我国基本的工业,才能逐渐摆脱对进口产品的依赖,提升民族企业的竞争力。

18世纪的工业革命,极大地推动了世界发达国家工业的发展,并促进了其进一步向其他行业的渗透。农业领域大量的农业机械被生产出来,并逐渐取代了手工劳动。进入20世纪初,农用拖拉机的发明和使用,大大提高了资本主义国家农业生产的科技含量,从根本上改变了几千年来农业的落后状态。对照我国农业发展,却是另一番景象。直到新中国成立之初,农业生产的主力仍是手工劳动,几乎没有机械用于农业生产,导致我国的农业发展远远落后于世界先进水平。中国共产党人倡导在农业生产中逐渐用机器生产代替手工劳动,认为这是提高我国农业生产率的主要途径。这一时期,党十分强调对国外先进机械设备构成、性能的研究以及进一步仿制。

党关于农业现代化认识的萌芽是建立在对农业和工业关系的辩证分析基础之上,强调农业恢复和发展是其他部门恢复和发展的基础和前提,工业发展对农业生产的促进作用。毛泽东将土地改革的完成作为获得财政经济情况根本好转所需的首要条件。周恩来也特别强调土改对整个中国经济发展的意义。在国民经济恢复时期,党通过实施土地改革,使新生的人民政权得到占中国人口绝大多数的农民的支持,3亿多无地或少地的农民通过土地改革获得耕地和大量的生产资料。农民的生产积极性被充分调动起来,有力地推动了农业生产的恢复和发展。在实践方面,党先后采取了一系列措施为农业发展开路。比如,周恩来亲自督促农业水利、化肥的发展和生产,将兴修水利视为农业发展的开路工作之一,先后主持了治淮工程、荆江分洪工程等。1951 年,全部水利投资和贷款共达 1 亿美元,仅次于铁路投资,居于经济建设投资第二位。这一方面促进了我国水利事业的发展,另一方面也拓展了农业现代化的内涵。在重视农业机械化、农业水利发展的同时,党极为重视我国化肥的生产,并倡导化工部门要贯彻服务农业的方针,把发展化肥工业放在了重要地位。这也成为其日后将化肥纳入农业现代化内涵的主要原因。要实现农业机械化生产,首先必须结束农业生产的零散现状,促进农业集体化的实现。通过农业集体化,可以降低农业生产成本,分摊农业生产风险,因此党积极实践着将农业集体化、社会化视为实现农业现代化的短期目标。同时,只有城市工业发展起来,才能促使几百万人转入企业生产,提升我国工业自我生产能力,改变我国农业长期以来依靠畜力、人力的现状,扩大农业机械化的使用规模,提高农业生产率,进而推进工业更高、更快的发展。当然,在此过程中,要积极调动城市工业组织的领导作用,更好地推动农业现代化的发展。

国民经济恢复时期,党虽没有明确提出交通运输现代化的概念,却从以下几个方面肯定了交通运输发展的必要性和迫切性。其一,交通运输直接影响工农业生产生活资料的供应。一方面,这一时期,中国的铁路里程数只有两万多公里,与发达国家相比,差距十分明显。另一方面,落后的铁路交通无法实现粮食的调剂。国民经济恢复时期,要广泛调动人民群众的建设积极性,就必须首先满足其基本的物资供应。交通运输的畅通,可以促进城乡交流、内外交流的发展,而这正是我国社会主义工业化发展的基础。其二,交通运输直接影响工业化程度。铁路的建设与工业的发展紧密相关。比如,新中国成立之时,“东北铁路占全国铁路百分之四十弱一点,全国铁路三万多公里,东北就有一万四千多公里。而关内的铁路比例太小了,这样多的人口,除去四千一百万,还有四万万三千四百万人口的地区,铁路只有一万六千多公里。这连欧洲任何一个小国也比不上,所以我们工业化的程度也就更小了”①。所以,要提升工业化的程度必然要大力发展铁路。其三,交通运输业对改善人民生活具有重要意义。新中国成立之初,我国有些省份地处山区,人民所需基本物资难以及时送达,人民基本生活不能及时得以改善。只有构建起畅通的交通运输,才能帮助偏远的老根据地尽快恢复和发展起来。因此,在国民经济三年恢复时期,“批准用于交通运输建设的经费约 17.7 亿元,占基投资总额的 26.7%。到 1950 年修复铁路 14089 公里,桥梁 94.5 公里,使原有的铁路基本畅通”②。

新中国成立之初,人民解放军相继攻克了西南地区、东南沿海诸岛及中国第二大岛屿海南岛,歼灭了几十万国民党残余部队和上百万武装土匪,保证了新生人民政权的稳定。新政权的建立使得人民解放军的任务随之发生了变化。除了肃清大陆残留的国民党反动军队、解放一部分尚未解放的领土,肃清一切反革命匪徒外,捍卫国家主权和领土完整成为重要的任务。因此,建立一支正规化、现代化的国防军队成为我国国防建设的首要任务。

新中国成立之初,我国的陆军经过多年的战争磨炼已经有了较强的战斗力,但是空军、海军和尖端国防方面仍处于空白状态。1947 年,周恩来特别关心我国空军建立的准备条件及发展的可能。

① 《周恩来经济文选》,中央文献出版社 1993 年版,第 59 页。

② 徐行:《周恩来与中国现代化的奠基》,天津人民出版社 2008 年版,第 59 页。

1949 年新中国成立前夕，毛泽东专门让周恩来召集相关人士开会研究相关的空军建设。经过几个月的时间，到 1949 年 11 月中国人民解放军空军成立。1950 年，中国海军领导机构正式成立。在短短的几年时间之内，军队迅速发展成为一支多兵种的合成军队，在抗美援朝和边海战斗中发挥了积极作用。

20 世纪 40 年代末 50 年代初，我国的武装力量在数量和作战经验上达到了鼎盛时期。这一时期，我国军队的现代化建设主要是学习苏联经验，由苏联提供装备和技术。但是，即便在这种情况之下，党仍强调要立足我国实际，既要重视新式武器的引入，也要充分利用原有物资装备，要先学技术，再引进装备。这一时期，周恩来积极推进我国国防尖端科学技术的发展。比如，“早在 1949 年春季，他批准了钱三强从法国订购中型回旋加速器的电磁铁和其他一些仪器、图书、资料。新中国成立后，从 1950 年到 1954 年，在周恩来的支持和关心下，中国科学院近代物理研究所利用钱三强订购回来的这批仪器、资料和中国自己制造的实验设备，在 20 多个学科领域开展研究，培养骨干，为创建中国核事业作了基础准备”①。

与此同时，新中国成立之后，1950 年我国人民解放军的总人数达到 540 万人，且军队构成单一，军费支出占到国家财政支出的 40% 以上，这一比重并不能适应恢复和发展国民经济的需要。因此，减少军队人数、丰富军队构成，就成为军队建设的首要任务。七届三中全会后，有步骤地压缩军队人数的工作开展起来，强调要充分调动积极因素，把复员军人作为新政权建设和恢复国民经济的一支基本依靠力量。在这一思想的指导下，复员军人大都成为基层政权建设、工农业生产的骨干。

① 徐行：《周恩来与中国现代化的奠基》，天津人民出版社 2008 年版，第 24 页。

可以看出,新中国成立之后,党关于近代化国防概念的提出是建立在加强国防建设,增强军工生产的独立性认识的基础之上。首先,从巩固政权的角度提出了加强国防建设的必要性。国防建设是有效防御和抵抗帝国主义侵略的保障。其次,强调国防建设和经济建设同等重要。尤其是帝国主义的侵略事实让我们认识到,帝国主义不会给中国和平稳定的环境来开展经济建设,这就迫使我们要把国防建设和经济建设放在同等重要的位置加以考量。在此基础上强调,军工生产的近代化方向及其对国家武器装备的影响。并且认为,国防力量的增长要综合考虑经济基础、生产能力、技术条件等因素,要与实际发展水平相适应。与此同时,党逐步提出了现代化军事院校、现代化装备、现代化的国防军等内容,充实了国防建设的内容。

(二)工业化建设起步阶段党对"四个现代化"认识的深化

新中国成立前夕,在关于我国向社会主义过渡的构想中,毛泽东认为向社会主义社会发展的必要条件是工业化的完成,时间预估是"大概二三十年"。1950 年,毛泽东在政治协商会议上再次强调,实行私营工商业的国有化和农业的社会化,要稳步前进,要在各种条件具备之后才可以从容地、稳定地进入社会主义。在社会主义社会的描述当中,虽然这一时期有"落后农业国"向"先进工业国"转变的说法,但总的来说,毛泽东认为,私营工商业的国有化和农业的社会化的转变应该是在工业化建成之后再着手进行。但是,随着国民经济恢复工作的完成,毛泽东关于步入社会主义的战略思想发生重大的转变。毛泽东提出过渡时期总路线,为我国国民经济的发展重新绘图。这一转变,直接影响到我国"一五"计划的制定与实施,影响到国家发展的整体布局。党在积极维护国民经济的稳定性的前提下，保证过渡性的有效发展。所以，这一阶段，关于主要行业现代化的认识与实践是在前一基础上的延续和深化。

1. 社会主义革命战略思想的调整和转变

毛泽东关于国家发展战略思想的重大转变，其中包括由新民主主义向社会主义社会的过渡。具体表现在，首先是过渡时机的选择。1952 年 9 月 24 日在中央书记处会议上，在听取周恩来关于“一五”计划轮廓问题后，毛泽东提出，“我们现在就要开始用十年到十五年的时间基本上完成到社会主义的过渡，而不是十年或者以后才开始过渡”①。尽管毛泽东关于进入社会主义社会的时间预估已经完全不同于早期的设想，但总体来说，客观条件的改变也在催生过渡思想的形成，过渡设想符合当时的客观实际。土改、镇压反革命、“三反”和“五反”运动的开展，为巩固人民民主专政进行社会主义建设奠定了政治基础。截至 1952 年年底，国营工业的比重已经达到了 50%，国营经济占据了国民经济的主导地位，为有计划地开展工业化和社会主义改造奠定了物质基础；国民经济恢复过程中，通过统购、包销、加工、订货等办法，加强了管理与监督，使私营工商业的发展纳入国家资本主义轨道，尽快对私营工商业进行社会主义改造，势在必行；农业和手工业各种形式的生产互助合作组织的发展，需要进一步加强领导和扶持。第二次世界大战以及抗美援朝战争的胜利，使我国有了发展的相对和平的环境。因此，毛泽东审时度势、借鉴苏联经验，提出从“一五”计划开始进行社会主义工业化建设以及对农业、手工业、资本主义工商业的社会主义改造是合乎时宜的。

但是，毛泽东关于我国社会主义改造时间的预估却是建立在生

① 《毛泽东年谱(1949—1976)》第 1 卷，中央文献出版社 2013 年版，第 603 页。

搬硬套苏联经验的基础上的。“按《联共(布)党史简明教程》的介绍,1925 年年底苏联国民经济恢复时期结束,从 1926 年开始国家的社会主义工业化建设,到 1933 年年底取得决定性胜利,共花了八年时间。按斯大林 1936 年 11 月 25 日所作的关于苏联宪法草案的报告所讲的情况,苏联 1924 年开始社会主义改造,到 1936 年资本主义在国民经济所有部门中被完全消灭,时间则为 13 年。”①所以,毛泽东预估我国需要的时间大致在 10—15 年之间,这一认识为后期加速国民经济发展步伐留下了隐患。1953 年夏,过渡时期总路线的提出,标志着向社会主义革命转变的战略思想发生了重大调整和转折。过渡时期总路线的提出,是将原先设定进入社会主义的两个步骤合并为“过渡时期”一个步骤,实际上加速了我国进入社会主义的进程。

对于毛泽东提出的过渡时期总路线,周恩来力图跟上。他曾指出,“毛主席指导工作有一个原则,当一个任务完成了的时候,就要赶快提出新的任务,以免松懈下来”②。周恩来认为,从新中国成立之初,党就明确了要向社会主义过渡的任务。《共同纲领》中没有写社会主义前途,主要是考虑到对民众的宣传教育还不十分到位,时机并不成熟。“现在提出这个问题,是为了把它更加明确起来,使它具体化。”③但是,在坚持过渡时期总路线的前提下,周恩来关于我国国民经济发展的思考却与毛泽东有着截然不同的侧重点,而正是这种不同导致了两人日后在国民经济建设很多方面不同的主导思想。其一,工业化和三大改造的相互关系。国家工业化是实现经济

① 薄一波:《若干重大决策与历史事件的回顾》(上),中央文献出版社 2011 年版,第 154 页。

② 《周恩来选集》下卷,人民出版社 1984 年版,第 106 页。

③ 《周恩来选集》下卷,人民出版社 1984 年版,第 104 页。

改造的关键。过渡时期总路线提出后，关于“一化”和“三改”的相互关系上，毛泽东虽然也强调工业化是主体，但是，他更为强调三大改造对国家工业化的反作用，认为社会主义改造的速度远不适应工业化的要求。因此，将更多的注意力放在了三大改造，尤其是农业的改造方面。农业社会主义改造承载了更多的价值意义。比如，农业社会主义改造不仅能够有效防止两极分化，而且能够进一步巩固工农联盟，为农业的发展奠定良好的基础。他坚持加强合作社经营管理制度的观点，加速推动合作社的并社升级。且认为，在工业尚未能提供农业所必需的物质技术装备的情况下，可以率先实行合作化。在把握生产力和生产关系的过程中，毛泽东因为片面地强调了生产关系对生产力的反作用，试图借助群众运动、政治工作推动社会主义三大改造，认为只要建立了社会主义经济制度，生产力就会大幅提升，其结果造成了工业化发展与社会主义改造的脱节。

周恩来更为强调的是国家工业化对三大改造的决定性作用。20 世纪 20 年代，周恩来留学期间，对英法等国的发展感同身受，认为国家发展最大的问题在于产业发展、教育发展的支撑作用并未充分发挥。强调工业化发展对经济改造、经济建设的关键性作用，认为要以工业化的发展来保障三大改造的完成，而不能颠倒。1955 年下半年，农业社会主义改造速度加快，带动资本主义工商业和手工业的改造也加快。针对这种情况，周恩来强调经济建设要尊重其客观规律，不能人为去加速或者减缓经济建设的进程。

因此，对于社会主义改造的时间，他一直坚持要用比较长的时间（大约在 15 年左右）。即使进入社会主义改造高潮后，他仍然坚持要以工业化为基础，认为工业化是巩固农业、手工业和资本主义工商业改造成果的重要保障。周恩来坚持工业化对三大改造的影响，实质是肯定生产力对生产关系的决定性作用，这对于维护我国国民经济的正常发展起到了积极的作用。

工业化的实现速度关乎如何认识新民主主义社会的性质、如何认识从新民主主义向社会主义的过渡等一系列问题。党内对这一系列问题的认知过程也是党不断探索社会主义建设的过程。关于如何看待从新民主主义社会向社会主义社会过渡的问题,周恩来从维护经济发展的连续性的角度出发,强调“一化”和“三改”的一致性,提出新民主主义社会从属于社会主义体系的观点。对新民主主义社会性质认识的不确定,成为毛泽东坚持过渡时期总路线过渡性,而不强调其稳定性的重要原因之一。1955 年夏,毛泽东更加片面强调过渡时期的过渡性,导致社会主义改造出现急速发展的势头。

过渡时期总路线提出之后,党内外仍然存在着步入社会主义的急躁冒进的情绪。周恩来主张维护新民主主义经济的科学性和稳定性,过渡的和平性,但对于过渡的时间则突出要从实际情况出发。周恩来仍将继续沿袭新民主主义的经济政策,确立新民主主义的经济秩序作为国民经济发展的主要任务。在主持《中国经济状况和五年建设任务》工作时,他仍强调党和国家的工作重心是经济建设。这都表明,在国民经济恢复之后,周恩来仍将我国经济的发展置于新民主主义经济的范围内进行考量。可以说,1952 年 9 月毛泽东提出过渡时期总路线的设想后,周恩来在相当长的一段时期内曾坚持建立新民主主义的经济秩序,但是,在毛泽东否定这种说法后,周恩来便放弃这种提法,转而努力跟上毛泽东的思想。在周恩来看来,即使提出了过渡时期的构想,但是,这种过渡性也是在维护新民主主义的稳定性的前提下进行的。周恩来明确提出要反对工作中的急躁情绪,为此,他对毛泽东过渡时期总路线当中的“一个相当长的时期”作了解释,认为相当长的时期可以作多种时间维度的解释。

可以说,周恩来关于工业化的建设速度,在1955年农村社会主义改造高潮之前,是同毛泽东关于社会主义工业化时间的预估相适应的。1954年6月,毛泽东关于社会主义工业化目标的建成时间估计是很充分的,仍强调要用50年或者更长的时间。并且,要保持谦虚谨慎的态度,积极借鉴苏联和其他国家的先进经验。

1953年过渡时期总路线的提出,国家工业化建设进入起步阶段。关于工业化的标准问题,也日益显现出来。按照苏联的标准,工业产值占到工农业总产值的70%左右,便标志着工业化的完成。斯大林认为工业国和农业国的区分在于二者的比重大小。农业比重超过工业是农业国,工业比重超过农业是工业国,二者比重差不多就是工业农业国。实际上,这种单纯依靠工业总产值所占比重并不能完整准确地反映经济建设的实际情况。这一时期,党对工业化标准的探索有了新的突破,即把工业化和完整的工业体系结合起来,把完整的工业体系视为实现工业化的主要要求。完整的工业体系包括生产能够满足我国扩大再生产、技术改造等需求的机器设备和原材料以及满足人们生活提高的需要。这一认知将我国工业化建设的标准更加具体化,使其具有可操作性。

2. 对"四个现代化"构想雏形内涵的扩展

1953—1954年是我国"一五"计划的实施之年,也是我国现代化探索由新民主主义现代化向苏式经典社会主义现代化转变之时。在此基础上,党对工业化有了新的认识,并进一步深化了对行业现代化的认识,对"四个现代化"目标初步进行了积极的探索。

从工业化转向建设现代化工业国。经过三年国民经济恢复的实践,党逐渐认识到工业化并不能完全概括过渡时期的目标,单纯的工业化提法无法涵盖过渡时期对农业集体化发展和资本主义工商业的改造。为此,1954年9月,周恩来在一届全国人大一次会议上作《政府工作报告》时指出,“我们一定可以经过几个五年计划,把中国建设成为一个强大的社会主义的现代化的工业国家”①。这一转变,既充分体现了党对国民经济发展整体性认知的发展,也表明党对新中国经济发展战略目标提出了新的更高的要求。

过渡时期总路线提出之后,我国社会主义现代化的探索进入了仿照苏联模式的阶段。重工业的发展成为国家工业化的重头戏。党在领导国民经济的发展过程中,在仿照苏联模式的同时,也提出了一些独到的见解。

集中力量发展重工业的原因是多方面的。其一,借鉴苏联经验,有助于缩短工业化进程。斯大林强调重工业建设对本国制造业发展的重要意义,把重工业视为苏联工业化的基础,认为工业化就是重工业的高度发展。西方大多数国家的工业化是从轻工业开始的,用了大概 50 年到 100 年的时间完成。这一时期,党和国家主要领导人,也谈到重工业在西方资本主义国家工业化进程中的地位,认为我国工业化的发展应该吸取各种有益经验。尤其是针对苏联工业化的发展经验,强调重工业发展在其中的重要作用。因为重工业的发展推动了机器制造业和现代国防工业的产生,使农业获得了各种新式机器和化学肥料,迅速实现农业集体化。苏联采用的发展重工业和国防工业的道路,用十多年的时间便完成了工业化。同苏联第一个五年计划时期相比,我们的工业基础更薄弱,更需要集中力量发展重工业。集中力量发展重工业因此也就成为仿照苏联经验开展工业化建设的必然结果。其二,重工业的发展是人民物质和文化生活提升的保障。其三,发展重工业,是巩固国民经济的独立性的迫切要求。

① 《周恩来经济文选》,中央文献出版社 1993 年版,第 181 页。

在集中主要力量发展重工业的同时，党十分注重国民经济发展的比例性，强调国民经济发展的整体性和平衡性。强调“集中”并不等于“绝对”。在这一阶段，党十分重视粮食问题，明确强调粮食问题，尤其是农业生产对我们国家的重要作用，要求正确处理发展重工业与维护人民利益的关系。

集中力量发展重工业的同时，党也不断推进农业机械化的探索。我国农业发展的现状是农业耕地面积有限，要解决人民粮食需求、工矿业和经济作物区粮食需求和耕地面积有限之间的矛盾，农业的机械化成为一个不可回避的问题。这既关乎粮食问题，也关乎农业的现代化问题。国民经济恢复时期，党就认识到了我国工业化的特殊性。作为内生现代化的国家，我国工业化发展所需要的大规模的资本原始积累，只能依靠国内资本。对农业的社会主义改造中，党依托互助合作道路，增加了资金积累，推动了工业化的迅速发展。

但是，农业的发展是一个漫长的过程。尤其对农业机械化的发展，更需考虑各地农业发展的具体情况。农业机械化的实现必须首先通过农业的社会主义改造达到农业的集体化的目的。要有步骤地促进农业、手工业的合作化，使农民能够切实从合作化中体会到集体合作的好处，形成对合作化的认同。这样，就能形成大规模机械化生产的可能性。为了发展我国的农业机械化，党多次召开会议讨论农具的发展问题。包括从新中国成立初期对生产新式步犁，半机械化的马拉农具，到后来生产拖拉机，机具配套、备用零件等。当党内部分领导人否定新式农具，认为双轮双铧犁是农业上的“一害”时，周恩来针锋相对，积极扶植，亲自批拨 40 万吨钢材制造半机械化农具。同时，党也十分注重对农业技术人才的培养，新中国成立初期就关注高等农业院校的调整。为了培养农业机械化技术人才，成立农业机械化学院。

这一时期党关于交通运输业现代化的认识沿袭了国民经济恢复时期的看法。从国家经济发展的整体性角度来看,尽管交通运输业的投资不断增大,但是交通远远不能满足发展的需求。国民经济发展对交通运输能力的需求日益提升。因而,这一时期党仍然不断加大对交通运输业的投入。

社会主义工业化建设起步之年,虽然国防力量经过抗美援朝战争之后有所增强,但由于重工业的基础尚不十分牢固,飞机、坦克等仍无法实现自给。也正是在此意义上,重工业对于国防现代化的意义尤为凸显。党进一步强化了对重工业与国防现代化的关系,将国防现代化视作社会主义工业化实现的目标之一。

(三)“四个现代化”构想雏形的提出

从新中国成立之初,我国即把工业化列为国家发展的重要目标。随着过渡时期总路线的提出,关于国家发展的战略目标随之转变,“四个现代化”目标逐渐浮出水面。在社会主义工业化建设起步阶段,“四个现代化”战略目标的提出有其深刻的历史必然性。

四大行业都是关系国家发展和人民生活改善的重要领域。新生的人民政权从国民党手中接手的是一个满目疮痍的烂摊子,要在这样一个基础上,建立一个新生的政权,国民经济的恢复,必须是有重点的突破。国民经济是一个系统性工程。有限的资源要优先保障工业化建设的基本条件。以重工业为中心的工业化建设,多集中在私人资本不会涉及的领域和行业,这些领域和行业一般资金投资大、见效慢(比如,铁路、能源等),但对国民经济的发展却是必不可少、至关重要的。“四个现代化”雏形内容的选择中就包括工业、交通运输业、国防工业等部门。

"四个现代化"构想雏形是工业化建设目标的深化。工业化建设的奠基阶段提出的国民经济的现代化构想,反映了毛泽东、周恩来等领导人试图将中国经济和社会的发展汇入世界潮流的迫切愿望。自第二次世界大战后,逐渐掀起了全球性的现代化浪潮,西方发达国家已经完成了一般的工业化进程,机器大生产在国民经济中占据了主导地位,因此这一时期的现代化表现为对原有工业化的一种提升。从一般意义上来说,工业化是现代化发展的应有之义。二者在发展目标、价值取向上高度重合。但是,对中国现代化发展而言,除了要顺应世界现代化历史潮流,赶上世界发展,也面临着利用现代化实现自我超越,即从农业国变为工业国的迫切要求。因此,在工业化和现代化二者形成合力的同时,也会导致某种张力的生成。国民经济现代化的提出正是党和国家主要领导人考虑解决二者张力问题的必然结果。

关于工业化与国民经济现代化的关系,党主张优先发展重工业,把建立独立的工业体系当作通往国民经济全面现代化的必由之路。这实质上是一种赶超型现代化战略,特点在于工业化的过程在一定程度上就是一个国民经济现代化的过程。重工业属于技术密集型产业,可以为其他工业部门和国民经济部门提供现代化的装备。"四个现代化"目标与工业化目标之间并非相斥的关系。相反,工业化的发展是"四个现代化"发展的必要准备。"四个现代化"目标的提出本身就蕴藏着浓厚的政治意义,是中国共产党摆脱西方资本主义现代化话语,摆脱话语依附的重要步骤。

经过三年国民经济恢复的实践和社会主义工业化起步阶段对四个主要行业现代化认识的深化,党在编制国家"一五"计划的基本任务中提出,在集中力量发展重工业的同时,也要发展交通运输业、轻工业、农业和商业。1953 年 12 月,中共中央宣传部制发的《关于党在过渡时期总路线的学习和宣传提纲》中也突出强调了工业化建设对工业、交通运输业和现代化国防建设的重要意义。

随着国家大规模建设帷幕的拉开,党关于工业、农业、国防、交通运输业的现代化的认识逐渐明晰。关于国家现代化建设的新构想的雏形呼之欲出。毛泽东在1954年全国人大一次会议的开幕词中提出,要用几个五年计划的时间,建设一个具有高度现代文化程度的国家。周恩来在一届全国人大一次会议的《政府工作报告》中指出:“我国的经济原来是很落后的。如果我们不建设起强大的现代化的工业、现代化的农业、现代化的交通运输业和现代化的国防,我们就不能摆脱落后和贫困,我们的革命就不能达到目的。”[①]这是党第一次提出“四个现代化”目标的雏形,虽然其内容与之后的“四个现代化”并不完全一致,但是,却预示着国家发展一个新阶段的到来。

纵观国民经济恢复时期和社会主义工业化建设起步阶段党对“四个现代化”雏形内容现代化认识的萌芽和深化过程,不难发现,这一阶段党对“四个现代化”目标雏形的探索具有以下三个特点:

第一,从属性。国民经济恢复时期和社会主义工业化起步阶段,虽然较早使用“现代化”一词,但是,这一时期党关于现代化的认识,或是解释工业化,或是从属工业化,或是工业化的同义语。对现代化的理解,多是在工业化的视域下展开,尚未对二者形成泾渭分明的认知。因此,现代化话语体系的构建也呈现出“交织”的局面。有关行业现代化探索的发展,主要是为了更好地完成工业化建设的目标,并不成为单独的一个奋斗目标。

第二,服务性。基于这一时期国民经济恢复和发展的特殊性,

① 《周恩来年谱(1949—1976)》上卷,中央文献出版社1997年版,第413页。

党虽然提出现代化的概念，但是在具体的实践中，更多地思考通过何种方式更好地完成工业化的目的，从而更好地实现现代化。比如，在国民经济恢复时期，周恩来便指出要通过城市工业组织推动农业的现代化、机械化的目标，并把机械化的实现作为达到现代化的必要条件，积极领导实施农业的合作化、社会化、集体化的建设。可以看出，这一阶段的努力，主要是服务于国民经济的恢复和起步的需要，并不侧重于行业自身现代化的建设，所以关于行业现代化的提出，也只是将其视为工业化实现的有效途径，对行业现代化的探索也是基于手段的探索，而缺乏行业现代化理论自成体系的研究。

第三，依存性。虽然对行业现代化的探索的重点放在了实现手段的探索方面，但是，党在探索和实践的过程中，仍不忘对行业现代化相互关系的探讨。以工业、农业的相互关系为着手点，探讨轻重工业与农业的相互关系，周恩来关于农业、工业、国防、交通运输业现代化认识的萌芽和深化过程中，可以看出，他十分强调四大行业彼此间的相互依存。从"农业是工业的基础""工业领导农业""交通运输是建设中的一种先行部门"以及"有了重工业以后才能使国防现代化"等论述中，不难发现，周恩来十分注重建立在依存关系基础之上的国民经济发展的兼顾性、统筹性。并且在确立了主要力量用在重工业发展的大方向之后，强调要兼顾轻工业和农业的发展，注重国民经济发展的比例性、平衡性。

可以说，在工业化的背景下，提出"四个现代化"的奋斗目标雏形，实质上体现了毛泽东、周恩来等领导人试图探索具有中国特色的现代化建设道路。"四个现代化"目标雏形只是"四个现代化"目标探索的开始，之后长达20年的时间里，党对"四个现代化"的具体内容、实施步骤做出了有益的探索，为中国特色社会主义现代化的发展奠定了坚实的理论基础。基于过渡时期总路线方面不同的发展思路,党关于我国社会主义工业化的发展思路在1955年之后呈现出不同的实践探索,而正是这种探索导致了我国现代化探索起伏跌宕的发展历程。

三、现代化目标的调整:从“四个现代化”构想到“三个现代化”目标的过渡

随着过渡时期总路线的提出和“一五”计划的开展,我国社会主义建设进入了新的历史时期。从一届全国人大一次会议(1954年9月23日)到中共八大二次会议(1958年5月5—23日),党的现代化探索处于徘徊阶段,主要表现在受国际国内两方面因素的影响,对社会主义工业化发展速度、标准的探索进入新的阶段。与此同时,对前一阶段提出的行业现代化的认识也发生了新的变化。受客观局势变化的影响,这一时期“国防现代化”未被继续列入“四个现代化”雏形内容,而“科学文化现代化”则被纳入其中。值得注意的是,中国共产党人对科学文化现代化发展的独到见解,为我国日后“科学技术是第一生产力”论断的提出奠定了理论基础。“三个现代化”的提出具有承上启下的历史作用,系统分析“三个现代化”的发展,对于理解“四个现代化”战略目标的正式提出具有重要意义。

(一)工业化探索的新发展

新中国成立以后,我国工业化的模式基本上是一种“自觉选择的强制型”模式。它“以权力高度集中的国家作为推动社会经济改造与发展的强大杠杆,通过计划经济而不是通过自由市场(至少不

是完全通过市场),来加速自己的社会变革与经济发展的。选择这条发展道路有其历史必然性与合理性。一般说来,凡是经历的革命或革命战争时间持久而又幅员辽阔的国家,对政权的集中程度的需求更高;而革命前经济愈落后的国家,在工业化进程中就愈需要强有力的政治权威与统治”①。鉴于国家道路的选择等多方面的原因,新中国成立初期,我国现代化的发展更多的是在模仿苏联的模式。但是,斯大林去世之后,苏联反思自身的发展道路、东欧和南斯拉夫等国的转向发展以及匈牙利、波兰国内社会矛盾的不断激化等客观情况的变化,促使新生的人民政权开始重新思考本国的发展道路,开启探索一条更加适合我国国情的社会主义现代化发展道路。1955 年年底,毛泽东在提出要“以苏为鉴”,探索适合中国国情的社会主义建设道路。党从我国国情出发,对我国社会主义工业化建设展开了积极的思考与探索。

经过三年国民经济的恢复,我国社会主义工业化建设的客观条件发展了重大的转变。在过渡时期总路线提出之后,党将其理论和实践探索重点放在了工业化的发展方面,为我国工业化发展提供了有益的探索。和平的建设环境为工业化建设提供了基本保障。抗美援朝的胜利以及日内瓦会议的召开,使得发生大规模世界战争的危险系数大为降低。和平的发展环境,使国家能够加强各方面的力量来保障建设的成功,有条件彰显社会主义工业化的优势。社会主义建设的全面开展、工业化的健康发展离不开与别国的交流与合作,这是我国工业化发展的动力之一。

随着“一五”计划的顺利实施,人民的社会主义建设热情高涨,整个国家呈现生机勃勃的景象。从 1955 年下半年开始,毛泽东认

① 罗荣渠:《现代化新论——世界与中国的现代化进程》,商务印书馆 2009 年版,第 512 页。

为应该大大加快社会主义改造和经济建设的速度,批评农业合作化上的“右倾保守”,把农业合作化运动推上了急速发展的轨道,并先后为《怎样办农业生产合作社》和《中国农村的社会主义高潮》写序。前者主要是批判农业合作化运动中的右倾保守思想,后者虽仍以对右倾保守思想的批判为主,但却将范围扩展至其他方面,提出了各项建设事业要大大加快速度。1956 年 2 月,在苏共二十大后,毛泽东提出了“以苏为鉴”,给这一时期的社会主义探索和建设提供了一个良好的契机。但是,“以苏为鉴”本身也给毛泽东带来一些负面影响。比如,在考虑避开苏联存在问题的同时,也从速度和质量方面提出了比苏联更高的要求。薄一波在《若干重大决策与事件的回顾》中指出:“由于《高潮》序言肯定‘右倾保守’思想在许多等方面作怪,号召其他战线也反对‘右倾保守’;扩大建设规模和加快建设步伐,因此它一出版,就为正在召开或即将召开的全国计划会议、财政会议、基本建设会议等加了温,使 1956 年的经济建设中出现了冒进的偏向。”①

在反冒进进程中党对社会主义工业化发展速度的认知发生转折。从 1955 年下半年开始,毛泽东掀起加速社会主义改造和经济建设的高潮,参照苏联工业化建设时间对我国工业化完成期限的预估越来越短。1955 年毛泽东在《怎样办农业生产合作社》的序言中指出:“在从资本主义到社会主义的过渡时期内,中国共产党的总路线是:基本上完成国家的工业化,同时对于农业、手工业和资本主义工商业基本上完成社会主义的改造。这个过渡时期大约需要十八年,即恢复时期的三年,加上三个五年计划。”②周恩来是同意毛泽东对社会主义工业化实现时间的估计的。在 1955 年 11 月 15 日,接

① 《建国以来毛泽东文稿》第 5 册,中央文献出版社 1991 年版,第 487 页。
② 《建国以来重要文献选编》第 7 册,中央文献出版社 1993 年版,第 194 页。

见日本前首相片山哲、日本工会总评议会主席藤田藤太郎为正副团长的日本拥护宪法国民联合会访华时他明确表达了自己的看法，指出，“中国现在还很落后，但是我们要发展经济，要工业化，目的是使人民富强起来。相信有三个五年计划就可以基本上实现工业化——社会主义工业化，以后再逐渐提高，赶上近代化工业发达国家”①。但是，在领导经济建设的过程中，周恩来及时提出，右倾保守和“左”倾冒进对国民经济的发展都是存在危害的，明确提出社会主义工业化的建设也要注意这两种倾向。

1955 年年底，毛泽东将农业社会主义改造速度提升的要求扩展至社会生活的各个领域。1955 年 12 月在《中国农村的社会主义高潮》一书序言中提出，要加快手工业和资本主义工商业的社会主义改造速度，使其适应农业发展的需要。并认为，利用国际和平时期，加快发展，提早完成社会主义工业化和社会主义改造。周恩来同意了“加速”建设的主张，并积极检查自身工作问题。这一时期，党内关于社会主义工业化建设速度的认知转折，与党内历史决策经验、1943 年党关于党内决定权的决定和对国际形势的认知密切相关。

1955 年冬，毛泽东提出加快社会主义改造和经济建设速度之后，1956 年前半年在反对右倾保守之后，各部门、各个系统都争先恐后地用过高的标准布置工作，希望自身的工作很快做出成绩。在领导国民经济建设的过程中，周恩来在社会主义建设加速的高潮中，思考“加速”与“提早”的问题。对工业化建设速度态度的转变，从对《关于知识分子问题的报告》的起草工作中可见一斑。该报告的初稿、修改稿和正式报告稿，都有“提早完成社会主义工业化”的提法。1956 年 1 月 14 日以后至 1 月 30 日刊登在《人民日报》之前，周

① 《毛泽东年谱(1949—1976)》第 2 卷，中央文献出版社 2013 年版，第 437 页。

恩来对报告稿再次进行了多处修改,其中把"提早完成"工业化和加速进行国民经济技术改造,改为"提早完成社会主义改造,超额完成国家工业发展计划和加速进行国民经济的技术改造"。

针对有人提出《政治报告》中为什么没有提提早完成社会主义工业化的问题,周恩来强调工业化比三大改造的难度更大、困难更多,因此不建议使用"提早"的表述,建议使用"加快"的提法。1956年2月6日,周恩来出席政协全国委员会常务委员会第十七次会议,在讲话中再次强调,对于不能把社会主义工业化规模和速度上的扩大、加快等同于提早完成,"提早完成"的提法要谨慎对待。

这一时期,党对社会主义工业化建设速度降温的实践,直接影响到国民经济其他方面的发展。从工业化与三大改造的相互关系出发,以工业化的降速达到社会主义改造的巩固与稳定,更好地保护了社会主义探索和建设的积极性和科学性,提升了国民经济计划制定的合理性。周恩来召集李富春、李先念、张玺和金明开会,听取李富春介绍莫斯科之行的情况,研究解决计划会议和财政会议存在的冒进问题,明确提出既要保护社会主义的积极性,也要坚持实事求是的原则制订计划。

1956年年初,周恩来指导起草关于1956年的基建预算、1955年的国家决算中,指出在反对保守主义的时候,必须同时反对急躁冒进的倾向,并在1956年6月4日讨论《关于1955年国家决算和1956年国家预算的报告(初稿)》的会议上,提出削减财政支出、压缩基本建设投资的意见。会议制定了既反保守又反冒进,在综合平衡中稳步前进的经济建设方针。

中共八大具体分析了保守和冒进的表现和原因,明确提出要积极稳妥、可靠地发展国民经济的发展。周恩来在中共八届二中全会上作《关于1957年国民经济计划的报告》时,再次强调1977年国民经济的发展在保证重点的情况下可以适当收缩。总的来说，在反冒进运动中，党关于现代化的认知主要聚焦在工业化建设的速度方面。这种对速度认知的曲折、反复正是党探索社会主义现代化建设进程中不断追求现代化发展民族性、增强现代化独立性的具体表现。

在探索社会主义工业化发展速度的同时，党也在反冒进的进程中不断思考工业化的要求。关于我国工业化的发展标准，最初是完全借鉴苏联经验进行衡量。党在反冒进的进程中，对社会主义工业化的标准有了新的认识。毛泽东关于中国工业化标准的认知，着重强调了"有无"。可以看出，毛泽东是将数量的达到与否作为工业化的重要参照指标。周恩来的思考却不同。他认为，我国的工业化标准固然需要以苏联的为参照，但是并不是唯一的参照，苏联的标准只是我国工业化标准的最基本的指标，要根据我国的具体情况确定工业化发展的指标。除此之外，关于工业化的生产中钢产量的数字衡量上，周恩来并不主张以工业生产中的某一方面作为超越资本主义工业化，显示社会主义工业化优越性的指标，更为注重的是本国实际的工业生产能力。

这些探索与见解为我国社会主义建设注入了民族特色，注重国情，实事求是，一定程度上扭转了我国冒进势头，就像薄一波所指出的那样，如果不采取这些行动，"1958 年'大跃进'那样的大灾难，就有可能提前来"。

中共八大提出要建立完整的工业体系，完整工业体系的建立实质上是把过去的为社会主义工业化而奋斗的提法更加具体化了。虽然以苏联为首的社会主义各国的经济日益发展，社会主义各国之间出现了经济和技术的广泛合作的可能性，但我国仍有必要建立完整的工业体系。这种完整性是建立在独立性的基础之上的，当然，这种独立自主的经济，离不开各国之间的交流合作。必要的国际间的交流、合作以及相互之间的借鉴性发展，体现了国民经济发展的包容性和我国现代化进程中的开放性。

关于中国社会主义工业化的建设途径，党进行了宝贵的探索，积累了丰富的历史经验。现代化作为一种世界历史进程，是落后国家追赶发达国家的重要途径，是其获取国际政治地位的重要方式，也是充分展示社会主义制度优越性的重要路径。工业化的探索具有鲜明的开放性，具体表现在与不同制度国家的交流与合作，特别是与西方资本主义国家的合作与交流。周恩来在 1955 年 6 月 9 日，接见日本学术界知名人士南原繁、大内卫兵，就中日关系、和平运动等问题发表意见时，从中国具体国情出发，明确提出工业化的发展要与其他国家互通有无，日本可以提供给中国机器、设备等来帮助中国进行社会主义建设。

针对有人担心中国实现国家工业化后会威胁周边国家的发展，党从世界历史发展和全人类发展的角度，明确强调中国与其他国家之间的交流与合作，并非仅为实现国家工业化而选择的权宜之计，而是国家发展的长久之计。中国工业化的发展，不仅是为了实现自身的发展、壮大，也是着眼整个人类的发展，要帮助其他落后国家提高工业和科学发展水平。

从国内发展来看，社会主义现代化的发展是民族团结的重要基础。1957 年 8 月 4 日，周恩来在全国人民代表大会民族委员会在青岛召开的民族座谈会上作《关于我国民族政策的几个问题》的报告时提出，要在建设社会主义现代化国家的基础上，运用解决人民内部矛盾的原则来解决民族问题，进一步推动民族团结，而要实现社会主义现代化必须进行社会改革，要去掉不利于民族繁荣的条件。这种社会改革主要是指经济的改革，就是通过土地改革和社会主义改造，消除民族发展的差距。并且，在实现社会主义工业化的进程中，需要尽可能动员一切可以动员的力量，发扬艰苦奋斗的精神。综合社会主义工业化国际和国内两方面途径，可以看出我国社会主义工业化是开放的、全面的工业化。国家工业化不应成为国家霸权的助推手，而应将其成果惠及每个民族，惠及每个国民。

（二）科学文化现代化的提出

马克思十分重视科学技术的作用，认为科学技术能够推动历史的巨大进步，是一种革命力量，是推动历史发展的杠杆。科学技术的变革引起了社会的巨大变革。马克思、恩格斯关于科学技术的认知，为中国共产党的现代化建设提供了直接的理论指导。

1954 年，一届全国人大一次会议上提出“四个现代化”的雏形内容中并没有专门涉及科学技术或科学文化现代化的内容。但是，随着“一五”计划的实施，我国进入了社会主义建设时期，党更加深切地认识到国家文化水平提升、科学技术进步在国家建设中的重要性。对此，党对科学文化现代化展开了深入的探索。关于科学、技术、文化三者的提法，经历了一个逐渐完善的过程。

20 世纪 50 年代，正值世界范围内的“第二次工业革命”，科学技术对社会生活的影响渗透到了社会生活的各个方面。科学和技术的发展对国家建设的重要性显而易见。世界范围内科学技术的发展，加之社会主义建设的大规模开展，对科学技术和人才提出了迫切要求。这一时期，尽管很多科学家和文学艺术家回到了国内，但知识分子的数量仍然无法满足经济建设的需要。同时，党内一些领导干部对科学技术和科技工作人员的重要性认识不足，党内存在严重的宗派主义倾向。

周恩来积极推动了知识分子问题的解决。周恩来对科学技术的关注可以上溯至他的青年时期。五四运动中的“科学”这一概念是相对于封建迷信和一切愚昧落后思想，它主要是指一种科学精神和科学思想。周恩来在南开求学期间，由他主编的《敬业》学报和参与编辑的南开《校风》报，都重视有关自然科学和学术讨论消息的报道。在关于国家发展问题的探讨上，他非常赞同赫胥黎的《进化论与伦理学》一书中所阐释的“物竞天择，优胜劣汰”的观点并从积极的方面吸取进化论的思想，由此认识到中华民族只有奋发图强，“与英美德日同列于富强之境”才有出路。周恩来并不同意因为国民的“奢靡”习性而导致“国匮民贫”的看法，在《试论奢靡二说》一文中他分析了我国科学技术不发达的原因，认为我国可以通过发展科学技术进而实现与英美德日等国共列富强之境。并且认为，随着时代的发展，科学技术不仅在国家发展中的地位和作用愈发凸显，而且与人民生活水平的提升也紧密相连。在对科学技术作用的认知中，他在国家发展的横向空间中，对比其他发达国家的发展道路，提出一个国家的发展水平、文明程度与其对科学技术的重视程度、工业化程度密切相关，并据此将国家的发展分为四种类型。第一种是英国，依托其强大的工业发展水平，工商业的发展程度和国民生活水平都遥遥领先；第二种是德国、美国，它们因采取工业化发展策略，奋起直追，发展程度仅次于英国；第三种和第四种是东方国家，日本经历明治维新之后，虽发展程度不如英国、美国和德国，但明显高于其他东方国家；第四种是除日本以外的其他东方国家。这类国家由于落后的科学技术，不仅工业化发展程度非常落后，而且人民生活水平也非常低。

基于此，周恩来认为，我国科学技术不发达，长期贫穷落后的原因在于封建统治阶级的奢靡和封建思想的束缚，加之帝国主义列强的侵略。并且我国科学技术与世界先进资本主义国家存在很大差距，要发展我国科学技术事业，只有“增进文化”。在学习西方科学技术时，不仅要有勤勉的作风，而且要有积极进取的精神，勇于创立新的学说。可以说，周恩来这种科技兴国的思想是难能可贵的，且他意识到学习西方、发展科学技术事业对于改变中华民族贫穷落后面貌的重要意义。新中国成立之后，在领导国民经济恢复和发展的实践中，周恩来十分强调我国社会主义建设亟须提高科学技术水平，培养相应的建设人才，以促进其成为社会主义现代化建设有力的保障队伍。

针对新中国成立后，党内存在的不尊重知识分子的宗派主义倾向，1955 年 11 月，周恩来向毛泽东提议在政协全国委员会会议上讨论知识分子的问题。毛泽东同意并采纳了周恩来的建议，成立了由周恩来负责，彭真、陈毅、李维汉、周扬、胡乔木等参加的中共中央研究知识分子问题的十人领导小组。周恩来指示各地先行召开了知识分子问题会议，并主持起草了《中共中央关于知识分子问题的指示(草案)》和 11 个有关知识分子问题的专题报告。周恩来认为，知识分子不是多，而是不够，要充分信任、尊重知识分子。

1956 年 1 月，中共中央召开了知识分子问题会议。周恩来代表中共中央作《关于知识分子问题的报告》时提出，知识分子问题是完成过渡时期总任务的一个重要条件。毛泽东也强调要技术革命、文化革命，要革除愚昧和无知。社会主义建设要依靠体力劳动和脑力劳动的合作。同时，党明确提出在知识分子中发展党员。对知识分子阶级属性、社会作用的判断，为社会主义时期党对知识分子采取的正确政策奠定了坚实基础。

新中国成立之初，科学和技术对国民经济恢复的重要作用逐渐显现。新的历史环境和条件给科学事业和科学家的发展带来了新的机遇。一方面，新中国的建设和发展为科学和科学家的发展提供了新的平台和奋斗目标。国家建设目标和科学家个人发展目标实现了有机互动。前者规定了后者的奋斗方向,后者为前者的发展提供了动力。另一方面,社会主义社会的根本任务要求科学技术的迅猛发展。制度和技术的发展对生产力的发展都具有至关重要的意义,制度是根本,技术是关键。社会主义制度要满足物质、文化等方面的需求,就要使科学技术最大限度地激发生产力的活力。

国家发展也需要科学的积极参与,国家的建设者们也需要有科学的态度和精神。周恩来在参加全国农业会议、钢铁会议、航务会议上发表的《当前财经形势和新中国经济的几种关系》讲话中也强调,科学对国家建设和发展生产至关重要。科学既包括技术层面的力量,也包括发展的态度。在一定意义上,对科学的理解就是对发展规律性、对社会主义建设规律的探讨。同期,党编制了《一九五六—一九六七年科学技术发展的远景规划纲要(修正草案)》,为向现代科学技术进军提供了行动纲领。经过这一时期的努力,党和知识分子的关系得到了有效改善,知识分子迅速投身社会主义建设的热情被调动起来,“向现代科学进军”的热潮迅速兴起。

新中国成立前夕,党就已经认识到技术的发展和技术人才的培养是经济建设的重要因素以及人才对于国家建设的重要性。苏联在革命胜利十年之后,强调技术决定一切。党借鉴苏联经验,充分认识到科技、人才的重要性,并把培养人才视为国家建设的一个中心问题。在 1954 年一届全国人大一次会议的《政府工作报告》中,虽然没有将科学技术列入“四个现代化”的雏形内容,却肯定了科学技术及科技人才在工业化进程中的重要作用;既强调普通建设者要加强对技术和科学的学习,也从国家建设层面强调要给人民群众提供学习的机会。毛泽东认为,要在短时间内造就一批高级知识分子,也要造就一批普通知识分子,要同党外知识分子团结起来,向赶上世界科学技术水平奋斗。可以看出,科学技术普及的发展理念已经开始萌芽。

在经济建设逐渐走上轨道的同时,国家对文化提升的要求日渐迫切。创造与新政权建设与发展相适应的文化是巩固政权的一种有效方式,经济的发展必然要求上层建筑的调整。并且,新的文化氛围可以促使民众更好地理解新的政权建设,并自觉维护建设的有序环境。其一,文化的发展是建成社会主义的必要条件。列宁指出,只要“还存在文盲现象,那就很难谈得上政治教育。这并不是政治任务,这是先决条件,没有这个条件就谈不上政治。文盲是处在政治之外的,必须先教他们识字。不识字就不可能有政治,不识字只能有流言蜚语、谎话偏见,而没有政治”①。其二,改善文化的落后状况,更好地赶上世界先进水平。新中国成立之初,经济发展水平、文化发展程度都和发达国家有较大差距。通过工业化建设迎头赶上,是中国共产党人开展社会主义现代化艰辛探索的实践逻辑的出发点。在开展工业化建设的进程中,党和国家主要领导人充分认识到文化发展对工业化建设的推动作用。毛泽东和周恩来在讨论《农业四十条》时明确谈到赶上世界先进水平的规划,更将工业化和文化水平的提升设为同等的目标。“高度现代文化程度”成为工业化的重要内涵。

开展社会主义建设,是中国共产党人对社会革命内涵的进一步丰富和拓展。这一时期,党对社会主义建设的认知,已经不再局限在经济和政治两个范畴,而是认识到人民对文化生活水平提升的需求。并且,凸显了教育发展的重要意义,表现为对教育、科学和文化联动发展认知的提升。

---

① 《列宁专题文集论社会主义》,人民出版社 2009 年版,第 267—268 页。

社会主义的建设是以工业化的发展为基本条件的,工业化的发展又要求文化的相应提升。毛泽东曾强调,实现工业化必须要有相应的文化条件,社会主义的建立还必须以高度发达的精神文化为前提条件。1952 年 7 月 25 日,周恩来在政务院第一百四十六次政务会议上讨论劳动就业问题决定时,指出经济建设和文化建设二者缺一不可,随后明确提出了"两个轮子"理论。为了提高全民文化素质,培养大批知识分子和建设人才,就要在发展正规的普通教育,办好中小学教育、中等专业教育和高等教育的同时,发展其他形式的教育,包括扫盲班、工人技术学校、工农业余中学等。这一时期,党对文化发展的途径展开了积极探索,包括积极开展扫盲工作、重视农民的文化教育等。列宁指出,"我们面前摆着两个划时代的主要任务。第一个任务就是改造我们原封不动地从旧时代接收过来的简直毫无用处的国家机关……我们的第二个任务就是在农民中进行文化工作。这种在农民中进行的文化工作,就其经济目的来说,就是合作化。要是完全实现了合作化,我们也就在社会主义基地上站稳了脚跟。但完全合作化这一条件本身就包含有农民(正是人数众多的农民)的文化水平的问题,就是说,没有一场文化革命,要完全合作化是不可能的"①。党把提高工人、农民的文化科学知识水平作为提高民族文化素质的战略重点,大力开展农民业余文化教育活动。

毛泽东在《论十大关系》中论述了中国和外国的关系,在对"一穷二白"的解读中谈到,"白"就是指科学、文化水平低。为此,就要加强学习。但是这种学习,要警惕出现两种极端,或是盲目拒绝资本主义的内容,认为社会主义并不存在缺点;或是没有民族自信心,

① 《列宁专题文集论社会主义》,人民出版社 2009 年版,第 354—355 页。

全盘否定本民族的文化。毛泽东明确提出，要坚持用马克思主义的态度，认真对待本国文化和外国文化，文化发展拒绝故步自封。

新中国成立之后，受苏联学术作风的影响，党内存在着严重地、粗暴地将学术问题政治化的倾向。1956 年党中央在中央政治局扩大会议讨论《论十大关系》时，明确提出“要把政治思想问题同学术性质的、艺术性质的、技术性质的问题区分开来；为了发展文化和科学，要贯彻毛泽东过去分别提过的‘百花齐放’、‘百家争鸣’两个口号”①。“百花齐放”和“百家争鸣”方针的提出，是为了进一步丰富和发展社会主义文化。主张文化发展方面的平等交流合作，显示了其对民族文化强烈的自信以及对外来文化的包容。

教育与科学是文化建设中两项密不可分的基础工程。马克思主义“全面科学技术观”强调科学技术与生产效率的互动，揭示了科学技术与价值判断的关系。认为科学技术的发展，不仅促成生产效率的极大提升、推动世界历史进程的发展，而且是实现人的自由而全面发展的重要前提。新中国成立后，在党的领导下，科学工作取得了新的进展。这一时期，党从科学技术规划制定的必要性、时间预估、实现途径等方面展开了积极探索，明确提出科学研究的基本任务是为了发展生产，为日后“科学技术是第一生产力”的提出奠定了坚实基础。

第一，制定科学技术发展规划，积极追赶世界先进水平。毛泽东从政治与业务的关系出发，强调偏废任何一方，对社会主义建设都是不利的。从我国科学技术发展的实际情况出发，长远规划科学技术的发展。科学技术的长远规划，有助于改变我国经济和科学技术的落后状况。周恩来亲自参与科学规划的设计与制定。一是对

① 《中国共产党历史》第 2 卷（1949—1978）上册，中共党史出版社 2011 年版，第 387 页。

制定科学发展规划必要性的认识。关于制定科学发展规划的必要性,这一时期主要基于如下两方面的考量:一方面,新中国成立之初,中国与世界科学技术发展的差距非常大,各种科学技术研究人员极为紧缺。“解放初期全国的科研机构(包括社会科学研究机构在内),总共才40个左右,研究人员只有650人。”[①]制定科学发展规划是有系统地提高中国科学技术水平、接近和赶超世界先进水平的必要途径。同时,也需要最大限度地调动知识分子的积极性。另一方面,我国科学技术发展的依赖性强。新中国成立之初,国家建设中的许多复杂技术问题还不能完全独立解决。科学技术的落后与理论基础的薄弱密不可分。既有力量积极性的调动有所欠缺、科学研究的投入量不足、科学技术发展的规划性有所欠缺是造成这种局面的重要因素。周恩来提出“向科学进军”任务时强调,要抓紧时间,为发展科学研究准备一切必要的条件。在知识分子问题会议提出制定科技发展中长期规划的任务后,中央极为重视科学发展规划的制定工作。毛泽东、周恩来、刘少奇、陈云等人先后听取了吴有训、严济慈等人的报告,多次举行不同类型的会议,对制定规划的原则、重点等逐步取得了一致。之后,国务院成立10人科学规划小组,进行具体的组织工作。二是对实现科学发展规划的探索。其一,科学发展规划要注意理论科学的研究与技术创新的结合,突出重点。理论科学研究是科学技术发展的基础和前提。这一时期,党十分强调理论科学的作用。其二,科学发展要积极吸收世界各国的先进经验。毛泽东在《论十大关系》一文中提出的“中国和外国”的关系,强调要积极吸收借鉴西方国家成功的经验,这其中包括对西方国家先进科学技术的学习。党在坚持“科学没有国界”的前提下,

① 薄一波:《若干重大决策与事件的回顾》,中共党史出版社2008年版,第354页。

阐明要不断加强各国科学家之间的交流。其三,科学发展要正确贯彻发展原则。一要依照科学技术发展急需程度,优先安排最紧缺部门人才赴苏联或其他发达国家学习。并在人才培养期满之后,国家支持迅速建立符合科学和技术发展需求的基础,建立定期人才培养机制,夯实本国人才培养的基础。二要推动本国和外国科学技术的全面合作。其中,突出强调对于一些紧缺人才,由国家聘请国外专家组负责相关科学技术人才和干部的培养。三要加强科学技术的运用。国家加强科学技术专门人才的培养,同时,政府各个部门要不断加强和完善同科学技术研究部门的分工与合作,加快世界科学技术最新成就在我国的运用。

第二,科学技术研究的基本任务是为了发展生产。一是社会主义制度为科学技术研究作用的充分发挥提供了有力保障。周恩来认为,新中国在科学技术水平方面的进步,是国民党时代所不能比拟的,这种进步主要体现在新中国科学发展与生产的紧密联系上。国民党时期,虽然科学家也积极开展研究,但并不能保障科学技术研究成果能充分运用于生产之中。二是科学技术研究是为了满足社会主义建设的需要。从世界现代化历史进程来看,科学技术的创新和发展总是先于工业革命的发生。三者之间呈现出科学—技术—生产的发展脉络。在科学的发展方面,周恩来更为注重研究与实践的结合,主张科学的实效要通过生产的发展效果得以检验。新中国成立之后,国民经济的恢复和大规模经济建设的开展,生产部门向科研部门提出新的更高的要求,也为科学家发挥才能提供了更多机会。这一时期,科学技术已经作为一种基本的生产要素纳入国民经济的发展。针对过去科学与生产长期分离状况,党明确提出了科学研究的基本任务,强调只有实现科学与生产的结合,把已有的科学力量进行适当的、充分的组织,使科学和科学力量服务于社会主义建设,才能在提高我国社会生产力的基础上,为科学发展提供不竭动力。同时,毛泽东也认为,通过积极借鉴、学习资本主义国家的先进技术、管理经验,能够使中国步入工业化国家的行列。

(三)“三个现代化”目标的提出与过渡

随着国民经济的恢复,社会主义现代化探索的开始,党对经济建设的目标有了新的思考。在前一阶段(1949—1954),“现代化”还只是“工业化”的同义语,那么进入社会主义现代化探索阶段后,在对我国社会主义工业化速度、标准等方面展开了积极探索的过程中,党对现代化的内涵的认知也逐渐明晰。

新中国成立之后,党关于中国现代化的认识仍强调“追赶”,认为现代化是借助技术革命,赶上世界经济和技术发展先进水平的过程。这一时期,工业化在现代化的语境中,也被赋予了更多追赶的意义,更为强调的是实现国家与工业发达国家的“并列”感。进入社会主义现代化探索阶段后,为了显示社会主义工业化的优势,所以,现代化更多的是被理解为一种“赶超”。这一阶段中,党逐渐丰富了工业化的内涵,扩展现代化的辐射范围。基于对中国国情的深刻认识,党也更为注重对我国社会主义工业化的进程中农业的机械化、现代化的探索,并将其提升到现代化探索的应有地位,同时对前一阶段中所提到的国防现代化、交通运输现代化也有了新的发展,为“三个现代化”过渡目标的形成进行了积极的探索。

第一,进一步深化对工业现代化发展的探索。工业现代化的发展,是社会主义工业化、建设社会主义工业国题中应有之义。党不仅加强从整体上领导社会主义工业化的发展,而且对工业现代化的各组成部分也进行了积极探索。

其一,发展工业,实现民族富裕。一是工业发展是民族富裕的基础。新中国成立之初,通过对苏联的经济技术合作交流和对别国建设经验的成功借鉴,我国工业发展取得了巨大进步。到 1957 年年底,全国有 500 多个新建和改建的工业企业建设完工,极大地改变了工业落后的状态,提高了工业原有部门的生产能力。工业发展和进步是生产发展、国家富裕的基础。二是强调工业发展的世界意义。工业现代化过程中的交流与合作是双向互动,而非单方面的运作。我国工业现代化的发展,“吸收”与“推广”是保障我国工业发展和平环境的重要内容。既要积极借鉴别国的成功经验,也要主动传递自身的成功经验。这一时期,党十分强调站在世界历史发展的高度,帮助亚非国家建立起自己的工业。要把工业中最新的技术,以最低的成本借助最少的劳动力实现最快的发展,助力世界和平发展。

其二,要重工业,也要人民。一是对苏联工业化发展模式的反思。新中国成立之初,党提出“学习苏联”的口号,工业化建设主要采取苏联工业化建设的模式。在着手开展大规模经济建设之际,我国选择了优先发展重工业的战略。这有历史的必然性。不可否认,也收到了积极的效果。但是,苏联工业化模式在实践中逐渐暴露其弊端。二是坚持以人民为中心,实事求是。毛泽东在《论十大关系》中谈到了发展重工业的两种路径。强调从长远来看,只有在保障人民基本生活需求的基础上推动重工业的发展,才能夯实和巩固工业发展的基础。周恩来十分赞同毛泽东关于重工业发展的观点,认为应该借鉴和吸取苏联的经验和教训,协调好重工业发展与人民利益的关系。只有充分重视人民利益,才能最大限度地调动人民群众的积极性。“要重工业,也要人民”是党的集体智慧的结晶,是我国工业化道路发展过程中具有中国特色的重要的组成部分。从“集中主要力量发展重工业,相应地发展农业和轻工业”,到“在优先发展重工业的条件下,工农业同时并举”,体现了毛泽东、周恩来等主要领导人一切以人民的根本利益为出发点和归宿点,实事求是的作风。

其三,优化工业布局。近代以来,我国工业分布极为不平衡。大部分集中于沿海城市,西北内陆分布很少,造成资源的极大浪费。工业的不平衡分布状态,直接影响到了沿海和内陆的经济发展水平,使其呈现出东强西弱的态势。虽然经过三年国民经济恢复时期的建设,内陆工业的落后状态有所改变,但是分布不平衡的状态并没有得到改善。为了改变我国工业分布的不平衡状态,周恩来在主持“一五”计划时,要求工业布局要从国家的长远利益出发,根据不同的发展条件,逐步改变不合理的分布状态。主张在全国各地适当分布工业的生产力,使工业企业接近原料、燃料产区和消费地区,并使工业布局适应巩固国防的需要,逐步提高经济落后地区的经济水平。按照这一指导思想,“‘一五’期间建设的项目主要配置在东北地区、中部地区和西部地区。尤其是在‘156 项工程’建成后,逐渐地形成了以沈阳、鞍山为中心的东北地区,以京津唐为中心的华北工业区,以郑州为中心的郑洛汴工业区,以西安为中心的陕西工业区,以兰州为中心的甘肃工业区,以重庆为中心的川南工业区等,使旧中国的工业密集于东部沿海的状况发生了变化”①。在优化工业布局的同时,党也十分注意东西工业分布的平衡问题,在坚持备战不放松的前提下,强调如果过多地注重备战,倾斜西部工业建设,就会影响我国东部沿海工业的发展,进而波及资金的积累、人才的增长以及技术的进步。要在协调好东部沿海工业与西部内陆工业发展的基础上,高效利用沿海工业发展便利条件,帮助和支援西北内陆工业的发展。从工业发展的整体出发,寻求国民经济发展的平

---

① 徐行:《周恩来与中国现代化的奠基》,天津人民出版社 2008 年版,第 229—231 页。

衡，对巩固我国国防的发展起到了积极的作用。

其四，工业生产要坚持灵活原则。这一时期党对工业生产原则的探索实质蕴含于党对中央和地方关系的问题的探索之中。毛泽东在谈到中央和地方关系时曾论及地方权力大小与社会主义建设的关系问题，也从工业管理体制发展的角度，思考了社会主义建设速度的问题。1958 年 4 月 11 日，国务院第七十五次全体会议决定，在工业管理体制方面作出如下改变：国务院各主管部门所管理的企业，除一些主要的和特殊的以外，原则上一律下放，归地方管理。① 正是这种灵活的发展思路，才能调动各方面的积极性，促使社会主义改造的顺利进行，推动"一五"计划的顺利开展。

第二，进一步深化对农业现代化发展的认识。新中国成立之初，农村人口占到总人口的 80%。开展工业化建设，不可避免要处理农业发展与工业化发展的关系问题。工业化的过程会涉及经济结构的调整，尤其是对农业发展落后部门的改造。新中国成立之初，商品粮和工业原料的生产水平很低，但需求却日益增大。重工业发展的原材料等都需要农业发展提供坚实的基础。农业合作化的发展是解决这一问题的重要途径。

其一，农业是工业以至整个国民经济发展必不可少的条件。关于工业化的概念，"一战"后的二三十年中，西方经济学界普遍认为，工业化就是单纯地发展制造业，特别是重工业，将工业化与农业看作相互对立的过程，二者不可同时进行。苏联受斯大林"左"的错误路线的指引，对工业化也是同样的理解。"一五"期间，党关于二者的认识，因效仿苏联受到了不利影响。斯大林逝世后，苏共内部围绕以重工业为中心的争论，以及对农业的加强等举措和行动，促使

① 《周恩来年谱（1949—1976）》中卷，中央文献出版社 1997 年版，第 137 页。

党逐渐认识到苏联经验中存在的问题。毛泽东提出“要以苏为鉴”探索社会主义建设。从1956年2月开始,毛泽东先后听取了34个部委的汇报,目的是为了调动一切积极因素为社会主义建设服务。各部门汇报的除了主管范围内的问题之外,也涉及几个全局性的问题,其中包括农业、轻工业和重工业的比例关系问题。从新中国成立到1955年,虽然重工业、轻工业、农业都有所增加,但重工业增长幅度最大,比重也最大。“一五”时期,重工业和轻工业的比例达到8:1。如果不调整比例,按照“二五”计划草案,重工业和轻工业的比例将达到11:1。比例关系一旦失调,则会产生不可预估的后果,这方面,东欧一些国家(比如,捷克斯洛伐克、匈牙利等)已经造成了教训。国务院“五办”在汇报中也提及了农民的生活问题。关于工农业关系,毛泽东认为,优先发展重工业,也要保障农业和轻工业的发展。工业国目标涵盖农业现代化的建设。周恩来同意毛泽东工业化和农业现代化同时并举的观点,既肯定工业发展对农业发展的基础性作用,也强调农业发展对工业建设的推动作用。延缓农业的发展,会直接影响轻工业的发展和人民生活的改善,并进一步影响工农联盟的巩固。总的来说,党这一时期能从社会主义建设的整体性出发,提出农业现代化思想是符合农业现代化发展一般规律的。但是,脱离农业现代化发展的技术环境,将其与工业化发展并列,导致对农业现代化的发展认知出现了一定程度的偏差。

其二,农业合作化是农业现代化的可行之策。党在这一时期,关于农业现代化的探索,主要是从农业合作化着手的。一是农业合作化发展有助于提升农业生产效率,进而促进工业的发展。我国工业产品中约有50%是由农产品作为原材料的。“一五”期间,由于粮食等主要农产品生产不足,导致国家不得不采用统购统销的方式调整紧张的供求关系。1955年也成为“一五”期间工业增长速度最低的年份。农业发展对工业发展的制约是这一现象产生的重要原因。为此，毛泽东强调，如果不推动农业由小规模生产转向大规模经营，就无法解决工业生产原料的问题，提出把农业合作化放在重要的战略地位。二是农业合作化是我国农业发展特殊国情的必然选择。我国农业受自然环境因素的影响大，在机械化和大规模开垦尚不具备实现条件的前提下，合作化生产是最直接的选择，具有投资少、见效快的特点。三是对农业合作化规模、速度以及中心问题等内容的探索。党强调农业合作社的规模在实现机械化生产之前不宜过大；农业合作社的步骤要放慢；农业合作社的中心问题，应以单位面积增产为中心，中心环节应放在肥料和水利。这实质上已经暗含了对农业现代化发展中农业化肥化和水利化的探索。这一时期，加速农业合作化的发展是工业化发展的内在要求。虽然党先后在1951年、1953年、1955年的三个决议以及一系列指示中，明确要求注意合作社发展的规模、速度等问题，同时用“右的错误”对农业合作化发展步骤的不同意见加以批判，实质上同时进一步助长了党内急躁冒进的情绪，造成了农业合作化运动的迅猛发展。仅从1955年冬到1956年春，加入合作社的农户增加了将近20%。农业合作化运动过快发展存在很多问题，比如，要求过急、工作方法简单粗暴等。但通过农业合作化运动的发展，农业生产条件得到了巨大的改善。

第三，“三个现代化”的短暂过渡。继上一阶段提出“四个现代化”构想雏形，这一时期在深化“四个现代化”雏形认识的基础上，依据我国社会主义现代化建设的客观环境的变化，对其内容也进行了调整。

例如，关于国防现代化。随着朝鲜战争的结束及日内瓦、万隆会议的召开，国际局势逐渐趋向缓和。国内疾风暴雨似的阶级斗争也逐渐结束。党根据客观形势的变化,布置国防工业的发展。一是相应地减少国防的支出,增加国民经济建设的支出。“建国后,中国军队已经减了二百七十万,但在‘一五’计划期间,军事预算每年平均仍占国家预算的百分之二十多。在‘二五’计划期间,军事预算将只占百分之十几。这样,可把削减部分用于建设。”[①]二是放缓国防工业发展,促进完整工业体系的建立。毛泽东在政治局会议上提出,要重点加强冶金工业、机械工业和化学工业的发展,把国家工业体系发展的底子打好。同时,也要尽快建立原子弹、导弹、远程飞机等行业的基础。因此,这一时期并没有单独再提国防现代化的问题,但是不提不等于不重视。党明确强调要注意警惕帝国主义搞军事突变。还有,关于一届全国人大一次会议所提的交通运输现代化问题,1957 年 8 月 13 日至 20 日,周恩来在北戴河主持召开的国务院常务会议上,提出了工业是“包括交通运输在内”,“交通运输是要先行的,但要全面安排”[②]。将交通运输业纳入工业范畴并确定其优先地位,既肯定它的迫切性、重要性,在分类上又显得更为科学,因此,交通运输现代化的内容不再单独列出。

1957 年 2 月 27 日,毛泽东在《关于正确处理人民内部矛盾的问题》中提出,“专政的目的是为了保卫全体人民进行和平劳动,将我国建设成为一个具有现代工业、现代农业和现代科学文化的社会主义国家”[③]。1957 年 3 月 2 日在《在中国共产党全国宣传工作会议上的讲话》中再次提到“三个现代化”。随后,周恩来在 1957 年 12 月 23 日致信上海市上山下乡的青年学生,要求青年学生与农民共同劳动,在集体生活中“逐渐锻炼成为既有政治觉悟又有文化知识

---

① 《周恩来年谱(1949—1976)》上卷,中央文献出版社 1997 年版,第 629 页。

② 力平:《开国总理周恩来》,中共中央党校出版社 1994 年版,第 278 页、290 页。

③ 《建国以来重要文献选编》第 10 册,中央文献出版社 1994 年版,第 64 页。

的集体化的农民，并且在把我国建设成为一个具有现代工业、现代农业和现代科学文化的社会主义强国中做出更多更大的贡献”①。1958年5月5日刘少奇在中共八大二次会议上所作的工作报告中正式提出，要调动一切积极因素，建设包括现代工业、现代农业和现代科学文化在内的社会主义国家。至此，“三个现代化”已经作为一个奋斗目标被正式提出。

从1954年一届全国人大一次会议至1958年中共八大二次会议正式提出“三个现代化”，这期间，党依据国际国内客观形势的变化，对现代化的目标进行了相应的调整和深化。在对我国社会主义工业化认识不断深化的过程中，逐渐完善对现代化的认识。可以说，这一阶段是党对现代化系统认识的真正起步阶段，赋予了现代化更为“独立”的意义，而不再单纯地视其为工业化的同义语。随着客观形势的转变，“三个现代化”的提法尚未广泛使用便已终止，但是对其的积极探索却为下一阶段“四个现代化”的正式提出奠定了基础。

四、现代化目标的突破：“四个现代化”目标的正式提出

1956年，社会主义改造完成后，社会主义制度在我国正式确立。为了更好地领导社会主义建设，在反冒进的进程中，党在八大二次会议上明确提出社会主义建设总路线。会议之后，全国掀起了学习宣传和贯彻社会主义建设总路线的热潮。客观来说，社会主义建设总路线反映了党和人民在实现站起来之后对富起来的强烈愿望。

① 《周恩来年谱（1949—1976）》中卷，中央文献出版社1997年版，第110页。

但是,由于受到急躁冒进、急于求成思想的影响和对社会主义认知的局限,总路线存在着一定的缺陷。“大跃进”和人民公社化运动违背客观经济规律,在建设速度上急于求成、在所有制关系上盲目求纯,连续三年对社会生产力造成破坏和损失,使国民经济陷入困境,给国家和人民带来了灾难性损失。从 1960 年下半年起,国家计划委员会开始酝酿调整国民经济。1962 年上半年,党集中力量对国民经济实行调整,各项建设事业有了健康发展的势头。到 1965 年前后,国民经济发展水平已经达到了新中国成立以后的最高状态。20 世纪 50 年代末 60 年代初,随着“大跃进”的开展,加上我国周边环境的不断恶化、国内加速社会主义建设进程的启动,党对现代化的探索逐渐偏离了原先预定的轨道。以 1958 年八大二次会议为起点,以 1963 年三届全国人大一次会议的召开为止,“四个现代化”雏形内容经过上一阶段的调整之后转入一个新的发展阶段。

(一)国民经济调整的基本状况

“大跃进”运动和人民公社化运动的发展,违背了经济发展有计划、按比例、生产关系和生产力相适应的规律,破坏了经济发展的综合平衡,挫伤了人民群众的生产积极性。到 20 世纪 60 年代初,由于农副产品供应量减少,全国性的粮食和副食品供应出现短缺,国民经济发展极度困难。同时,由于生产性基建投资过大,工业内部比例产生了严重失调的现象。“大跃进”中钢铁行业的迅猛发展,导致其他相关部门(煤炭、电力、运输等)的建设项目也迅速增加。“1958 年国有单位固定资产投资总额由 1957 年的 151.23 亿元猛增到 279.06 亿元,增长 84.53%,积累率也相应地由 1957 年的 24.9%

增加到33.9%。"[①]过高的积累率,会产生不良影响。其一,对民众的日常生活造成严重影响,比如,"温州雨伞,1957年生产180万把,1959年上半年仅生产3万把"[②]。其二,受资源、人力、物力、财力有限性的影响,基建工程的完工率很低。这不仅加重了国家财政支出的压力,也加剧了社会商品的供需矛盾。新任国家基本建设委员会主任陈云于1958年年底、1959年年初专门在杭州召开全国工程质量问题的现场会议,采取补救措施。其三,财政出现赤字,造成物价上涨。连续三年财政出现赤字,为弥补财政赤字,只得增发人民币。1960年年末,人民币流通量达到95.9亿元,比1957年的52.8亿元增长了82%。通货膨胀导致人民币贬值,物价上涨。

"大跃进"和人民公社化运动由于违背了经济发展的客观规律,打乱了国民经济发展的正常秩序,不仅工农业比例严重失调,而且积累率也不断提升,仅1958年到1960年三年间的积累率就远远超过了"一五"期间的积累率,人民体质、生活质量不断下降,甚至出现了一些非正常死亡现象。这一时期国民经济发展出现的大震动,原因是多方面的。从客观原因来看,自然灾害频发,苏联撕毁几百个合同,撤走专家,停止供应重要设备,严重扰乱了国民经济发展的原定计划。从主观原因来看,主要是对社会主义经济发展规律把握不准、认识不深,政策执行力度不够。

国民经济在1962年后明显好转。对于经济形势好转之后,党应该采取什么样的方针,全党并没有形成统一的认识。有的认为应该继续遵循"调整、巩固、充实、提高"的八字方针,有的则认为应该争取工农业生产的新高潮,推进新的"大跃进"的开始。对于经济领

---

① 《中国共产党历史》第2卷(1949—1978)上册,中共党史出版社2011年版,第491页。

② 薄一波:《若干重大决策与事件的回顾》(下),中共党史出版社2008年版,第503页。

域出现的不同声音,党中央极为重视。

毛泽东坚持把1962—1965年视为一个过渡阶段。周恩来在1962年3月第二届全国人民代表大会第三次会议所作的《政府工作报告》中指出,"调整、巩固、充实、提高"这个方针"是在当前的条件下,具体贯彻执行党的鼓足干劲、力争上游、多快好省地建设社会主义的总路线的方针,是一个既从当前实际情况出发、又为长远打算的积极的方针。它包含着多方面的内容,主要是要适当地调整农业、轻工业和重工业的相互关系,生产和基本建设的相互关系,经济事业和文教事业、国防事业的相互关系,积累和消费的相互关系,以及财政、信贷和物资的相互关系"[①]。在调整国民经济时,周恩来提出,做好工作,应该"情况明,决心大,办法对",应该明确在整个调整阶段,主要的内容是恢复。"不仅农业要恢复,工业也要恢复。"而且这个调整时期要成为一个阶段,并且是一个相当长的时间。在1963年7月下旬,周恩来在中央书记处会议上进一步传达了毛泽东关于三年调整的有关想法。邓小平也指出:"还要进行三年调整,重点是巩固、充实、提高,创造条件,为第三个五年计划做好准备。"[②]对于这一调整阶段,党中央主要领导人的认识是一致的。

这一时期,经济总体得到了好转,但是在诸多方面仍然存在很多问题。比如,农业生产还没有恢复到1957年的水平,工业及交通运输业的发展基础仍很薄弱。1963年9月党中央召开工作会议,决定再用三年的时间调整工作,作为"二五"计划和"三五"计划之间的过渡阶段。将1963年至1965年的三年计划,作为过渡计划。意思是,"从第一个五年计划主要学习苏联,第二个五年计划在总路线的指导下,摸索把马列主义关于建设社会主义的原则同中国的具体

① 《周恩来选集》下卷,人民出版社1984年版,第370页。
② 《邓小平文集(1949—1974)》下卷,人民出版社2014年版,第155页。

实践相结合的经验，过渡到以后十五年的三个五年计划，求得在基本上建成对的、完整的国民经济体系和工业体系。因为有这样一个目的，我们需要总结经验，全面安排，创造条件，全面跃进，就必须有三年的过渡"①。

国民经济三年调整期间，坚持贯彻以农业为基础，工业为主导的总方针，国民经济取得了重要进展。一是通过维修和更新设备，恢复和提高了老企业、老基地的生产能力和技术水平。二是通过自力更生和引进技术相结合，填补产业空白，提高国家工业的整体水平。三年过渡期间，我们从日本、法国等国引进了先进的石油化工设备，为石油化工业的发展奠定了基础。三是通过调整关系，调动各方面的积极性。农业方面通过落实"农业六十条"，农业生产的积极性被充分调动起来。到 1965 年，农业生产水平已经恢复到了 1957 年的水平。三年过渡时期，很大程度上扭转了"大跃进"造成的混乱局面，产业结构的合理化和优化取得重大的进展。

（二）农业现代化目标的发展

农业现代化是经济现代化思想的一个基本组成部分，其基本观点即肯定农业是国民经济的基础。1958 年到 1965 年期间，由于受到"大跃进"和人民公社化运动的影响，农业的发展受到了重大的冲击，党仍积极探索农业现代化的发展。

把恢复和发展农业生产作为一个中心环节。在三年过渡时期，党积极采取措施纠正 1958 年以来农村工作中的错误。以毛泽东、刘少奇、周恩来为代表的领导人前往不同地区，大兴调查研究之风，推动农业的恢复和发展。

---

① 《周恩来经济文选》，中央文献出版社 1993 年版，第 528 页。

从1959年起连续两年严重自然灾害,使全国受旱面积达到6亿多亩,水灾面积1亿多亩,虫、风、雹等灾害共约9亿多亩,占全国16亿亩耕地面积的一半以上。加之“大跃进”以来的瞎指挥和对粮食产量的虚报、浮夸和高估产也加剧了粮食危机的产生。1958年北戴河会议曾公布粮食产量将达到6000—7000亿斤。1959年,各地上报的粮食产量更达到1万亿斤。周恩来当时就指出这是虚报,没有那么多。后来落实的结果,1959年粮食的实际产量只有3300多亿斤,是上报数字的1/3。高估产带来的结果是高征购。1959年至1961年三年粮食平均征购数占到粮食总产量的35.3%,其中1959年达到39.7%(正常年景一般占20%多),远远超过了农民的承受能力,所购的过头粮中包括农民的一部分口粮和种子。至此,1960年,农业产值比上一年又下降12.6%,其中粮食产量比上一年下降15.6%,全国范围内出现前所未有的粮食供应紧张的局面。

面对日益严重的粮食危机,党中央主要从以下三个方面开展工作:首先,冲破禁区进口粮食。农业粮食的生产,除了一般的粮食生产外,还应搞商品粮的生产。只有这样,工业才能有发展的余地。到1960年年底,粮食收支逆差仍在不断扩大,单靠省与省之间的调拨已经不能解决问题。为此,中共中央发出重要指示,号召大办农业,大办粮食,发展生产,控制消费,低标准,瓜菜代。在这种形势下,周恩来和陈云顶住政治危险,提出进口粮食。对我国这样一个农业大国来说,吃进口粮食是个禁区。进口粮食是度过艰难时期的权宜之计。其次,压缩城镇人口。“大跃进”带来的直接后果便是因工矿企业的迅速发展而导致的城镇人口的猛增。1957年全国职工人数是2450万人,1960年猛增到5000万人。1960年比1957年增加3124万人,比1951年增加近1倍。城镇人口增多,农村劳动力减少,粮食征购面临巨大压力。八届九中全会后,周恩来在作粮食问题的报告中指出，解决粮食问题的根本办法，就是从城市压缩人口下乡。压缩城镇人口的方法，之所以具有可行性，主要是基于以下两方面的考虑：一是借鉴历史发展经验。历史上经济发展遇到困难，就曾通过增产节约、精兵简政的方式取得了良好的效果。二是压缩了人口，可以满足农业生产的需求。农业的发展速度主要取决于农业劳动力的数量和质量。三是缩小商品粮的消费人群，缓解粮食征购压力。周恩来认为，在我国农业"四化"水平不高的条件下，缓解粮食供应危机的根本出路在于缩小商品粮的消费人群——压缩城市人口。陈云十分赞成周恩来提出的方针，认为新中国成立后出现的四次粮食供应问题，主要是城市人口过多造成的。解决粮食问题的途径中动员城市人口下乡，减少城市粮食的销量是必不可少的，非采取不可。

农业的发展是全面的发展，包括粮食和经济作物的平衡。只有这样，才能为经济全面发展奠定基础。在紧抓粮食生产的同时，党强调合理安排农业产业结构，调整农业其他方面的生产。比如，要求适当提高棉花等经济作物的播种面积，以此满足人民群众生活必需品的需求。同时，也要发展畜牧业、林业等。由于实施了一系列政策，农民的生产积极性被调动起来，农村情况开始得到好转。1961 年农民生活比上一年有所改善。

在调整农轻重三者的关系中，突出农业在国民经济中的首要地位。如何实现农轻重三者的协调，关乎中国工业化和现代化的道路问题。党对"农业为基础，工业为主导"的方针的理解，关乎对农业现代化的认知程度。以"农业为基础"强调农业发展对工业的基础性作用；以"工业为主导"凸显了对农业、工业以及其他行业现代化的追求。在国民经济恢复时期，党更为强调恢复和发展农业生产的重要性。这是因为，农业供应商品粮的数量关乎城市和经济作物区的发展;农业提供劳动力的数量直接影响城市、文教、交通等行业的发展;农业市场的大小决定了工业市场的规模等。也就是说,只有当农业生产提高以后,工业的发展才能得到更有利的条件。党对“以工业为主导”的实践主要表现在实际工作中,通过引导工业健康、合理发展,充分发挥生产能力的作用,保障国民经济发展的平稳性。

工农业关系是国民经济的根本比例关系。1962 年 3 月,二届全国人大三次会议《政府工作报告》中提出,要遵照农、轻、重的比例调整和安排国民经济的发展。一是调整比例,寻求平衡——先抓吃穿用,发展农轻重,综合平衡。这一时期的现代化探索,集中反映了中国共产党独立探索现代化道路过程中的理性思考。农业现代化的探索体现了社会主义价值取向和制度设计实践价值。重工业的发展是推动农业实现机械化生产的有力保障,农业机械设备、各种农具是提高农业劳动生产率的重要途径。轻工业的发展保证了农业生产的正常进行,促进了城乡交流的实现和人民生活的改善。农、轻、重的秩序安排并不是偏废其一,而是要求同时进行,保持平衡性。周恩来曾用一副对联形容这种新的平衡关系,上联是“先抓吃穿用”,下联是“发展农轻重”,横批是“综合平衡”。主张要根据我国国情,制定合乎我国生产水平的比例关系,维护生产发展的连续性。二是重点转移,主旨不变——“三线”建设中的坚持。1964 年国民经济经过调整开始好转,“三五”计划的制定顺势提上日程。其实,早在 1963 年年初,党就曾开始考虑“三五”计划的制定。1964 年 4 月,国家计委在《第三个五年计划(1966—1970)的初步设想(汇报提纲)》中提出“三五”计划的基本任务时,就改变了过去优先发展重工业的指导思想,转为大力发展农业。这种转变是党探索经济发展道路的重大成果。“三五”计划农业的投资占总投资额的

20%，大大高于前两个五年计划的7.1%和11.3%。

但是此时，我国周边环境却发生了变化。美国向越南民主共和国发动的侵略战争，直接威胁我国的安全。再加之，中苏边境、中印边境的紧张局势也尚未完全解除。因此，“三五”的定位不得不随之发生了变化。1964年4月，军委总参谋作战部在报告中明确提出，民用机械工业和国防工业主要集中在一些百万人口的大城市，并且这些城市主要分布在沿海地区，周边铁路、桥梁、港口集中，但对于如何防控敌人空袭却没有形成有效的措施。“三线”建设正是在此情形下，毛泽东所提出的作为主张“诱敌深入，关起门来打狗”战略的一种军事战略。

“三线”，毛泽东的解释主要是按照中国的地理区域来划分。“三线”建设的总目标就是形成比较完备的战略后方工业基地。“三线”建设的提出，改变了先解决吃穿用的指导思想，使得重工业再次成为国家经济建设的重心。在这种情形下，党始终没有减轻对农业的重视程度，一直主张以农、轻、重为序来安排国民经济的发展，保持国民经济发展的平衡性。

在“三五”计划立足于积极备战，将国防放在第一位，加快“三线”建设，改变工业布局时，有人曾担心，是否会违反以农业为基础，以工业为主导的方针。毛泽东指出，农轻重的次序“是要违反一下”，“是倒过来了”，“吃穿用不要降低现在水平，每年略有增加就好”①。“三线”单位由城市迁入农村之后，作为独立经营的经济单位，肩负帮助农村尽快走向社会主义道路的重任。“三线”建设中，从中央到地方都十分重视工业和农业的关系问题。“三线”单位的选址始终坚持不牺牲农业为代价，强调少占农田、少迁民居。马克

① 《毛泽东年谱（一九四九—一九七六）》第五卷，中央文献出版社2013年版，第501页。

思主义认为,工业分布的合理化是消除城乡分裂的重要路径。“三线”建设的布局充分反映了党在全国大工业分散布局情况下,推动工业发展与乡村社会良性互动的工业化追求。“三线”建设充分展现了这一时期党对协调工农关系的重要思考。

毛泽东在给刘少奇的信中专门阐述了“备战、备荒、为人民”的思想。在该原则的指导下,即使重工业建设再度成为国家建设的重点,但是,以人民利益为根本的衡量尺度,从根本上约束了重工业发展的方向和规模。这一时期,周恩来在几次讲话中也要求把农业当作重点,解决人民的基本生活需求。农业现代化始终是党重点关注的问题之一。毛泽东认为,“农业的根本出路在于机械化”①。周恩来也认为,在“农业为基础,工业为主导”方针的指导下,农业的发展方向就是机械化。依据中国国情,把农业生产机械化程度、农村电气化程度、农田水利基本建设情况和化肥的生产使用状况等问题作为农业现代化的具体内容。从中国农业发展的具体情况来看农业机械化的发展,其必然性主要表现在:其一,农业机械化的发展是商品粮生产的必然要求。农业机械化的发展是弥补农业发展先天条件不足,推动工农业发展平衡的有力手段。其二,农业运输机械化是解放农业劳动力的一个途径。机器的发展能够使人从繁重的农业活动中解放出来,使其能够有机会从事其他活动。其三,通过农业机械化可以实现农业增产,进而化解粮食供应和人口增长之间的矛盾。

在实践中,党一方面十分注重对别国农业现代化经验的吸取。1962 年 4 月 24 日,周恩来将《一个美国农场主对苏联农业问题的看法》的材料推荐给毛泽东。材料认为,苏联农业落后的重要原因在

① 《毛泽东文集》第 8 卷,人民出版社 1999 年版,第 49 页。

于对现代化农业的投资过低。在领导中国农业现代化的过程中，党十分注重对农业所需资金的吸收。并根据我国农业发展的具体情况，将实现农业机械化和半机械化作为农业过关的一个基本参考指标，认为不能跟着苏联搞大型的农业机械，而要大、中、小相结合，为第三个五年计划打下基础。另一方面，党积极推动农机事业的发展。新中国的农机事业，是从 20 世纪 50 年代初期白手起家的。1949—1957 年是中国农机事业的开创时期，这个时期国家发展农业机械的方针主要是增补旧式农具，推广新式农具和发展提水机具。“一五”时期国家建立了一批农机制造企业。到 1957 年，全国农机制造企业发展到 276 家。“一五”期间，农机工业总产值平均每年增长 44. 5% 。这一时期农业机械最重要的成绩就是洛阳拖拉机厂的建成投产。

这一时期，党十分重视农业科学研究事业的发展。中国农业机械化科学研究院原副院长王万钧在他的《往事回溯札记》中回忆说：“周恩来总理非常重视农业机械化科研事业，经常询问农业机械化的科研进展情况，并勉励农业机械化战线上的工作者要‘终身立志于农业机械化事业’。”[①]1962 年 10 月，党的八届十中全会以后，原国家科委和农业部邀请 60 多位农业科学家，商讨加强农业科学研究工作和农业科技队伍问题，强调把各个方面、各个部门的力量动员起来、组织起来，要把科学研究工作和农业的技术改革紧密地结合起来。

（三）工业现代化目标的深化

经过对国民经济的调整，农业的发展从 1961 年下半年开始已

① 徐行：《周恩来与中国现代化奠基》，天津人民出版社 2008 年版，第 467 页。

经有所好转，但工业的问题却更加突出地暴露出来。“钢产量从上一年的一千八百六十六万吨下降到八百多万吨，比一九五九年的一千三百八十七万吨还要少得多。煤产量下降到二亿八千多万吨，下降的势头还在继续。轻工业总产值又比上一年下降百分之二十一点六。”[①]经过“大跃进”的洗礼，城市工业建设的规模远超过农业的供应能力，城市人口的增加，也大大加重了农业生产的压力。这一时期，党在领导国民经济的调整过程中，对工业的发展规模、工业的管理制度以及因工业发展所带动的城市人口的增长等各个方面进行了大刀阔斧的改革，及时纠正了我国工业发展方面的问题。同时，对单一的工业国的建设目标进行了补充，提出了“独立工业体系”“独立的国民经济体系”等建设目标。可以说，正是在这个过程中，“四个现代化”作为国家的发展战略目标逐渐清晰。

第一，调整工业建设规模。其一，缩短基本建设战线。由于工业建设规模的扩大，全国耕地总数锐减，严重影响了农业的发展。1962 年，党开始减少基本建设项目，要求无论是中央还是地方的都要一律停止。在计划内的基本建设项目和基本建设工程，它的“工作量的安排，必须严格控制在国家投资总额以内，不准超过。在国家基本建设投资总额中，要给地方百分之五到百分之十的机动金额和器材”[②]。出于项目管理的需要，一切基本建设项目和投资，全部列入国家计划。缩短工业建设战线，也会带动其他方面建设的战线，尤其是减少城市人口，减少职工，促进农业的发展。其二，精减企业职工。缩短基本建设战线的同时可采取的方式是精减职工。精减企业职工并不会妨碍就业的发展。精减的职工可以回到农村

① 中共中央文献研究室编，金冲及主编：《周恩来传 1998—1976》（下），中央文献出版社 2008 年版，第 1456 页。

② 《周恩来经济文选》，中央文献出版社 1993 年版，第 448 页。

直接参加农业生产。一是城市人口的增长超过了工业的负载力。城市人口的增长超过了工业自身的供给力，造成了严重的不平衡；二是精减人口与控制人口增长并驾齐驱。新中国成立之后，城市人口占总人口的比例增长超过了经济发展的速度，应该根据经济发展的状况相应地调整这一比例关系。因此，控制人口的增长就提上了日程。其三，保证工业重点建设。农业机械化的发展要求机械工业的发展与之相适应。“一五”时期，建设所需要的机器和设备有44%左右是依靠进口。努力发展我国需要的各种重型设备、专用机床等制造业，提高工业建设的自给率，成为“二五”计划建设的重要目标。受“以钢为纲、全面跃进”的影响，“二五”计划开展时期，为了适应国民经济各部门的需要，机械工业成为“三大元帅”之一，被摆在不正当的位置，开始了机械工业的“大跃进”。机械工业“大跃进”中，全国施工大型项目200多个，因为基建战线过长，且超过了国家财力物力的承受能力，很多项目不得不半途而废。并且，受到企业权力下放决策的影响，机械工业的计划管理被打乱，生产处于无计划状态。“大跃进”期间，在机械工业的发展问题上，强调要适当倾斜机械工业的发展，并且强调各项建设要支援农业的发展。

第二，工业管理现代化的尝试——试办托拉斯探索。试办托拉斯是工业管理体制改革的一次重大尝试。工业管理现代化是工业现代化的重要内容之一。20世纪60年代初，党决定在工业交通部门试办托拉斯，以提高企业经济效益，改善我国的工业组织管理工作，加快国民经济的发展。新中国成立之初，我国主要是仿照苏联工业管理体制模式，由中央各部集中管理。在实行之初，这一模式发挥过很好的作用。但是，随着中央集权过多，地方的积极性不能很好地得到调动，企业的发展受到了更多束缚。1956年后，国务院开展了一系列下放企业管理权为中心内容的改进体制的工作。“大跃进”期间,由于管理权层层下放,加之管理人员经验匮乏,导致国民经济发展秩序混乱。1960 年春,中央考虑“二五”计划后三年的规划问题时曾讨论过有关托拉斯的问题。邓小平认为,托拉斯是一种发达国家找到了一种以一个企业为主,兼顾其他行业的先进的组织管理形式。但由于整个国民经济正处于调整时期,因此对组织托拉斯的问题也没有作出具体的部署。

在紧张部署“三线”建设的过程中,为了加快经济建设的步伐,工业改革迫在眉睫。1963 年 8 月,在邓小平的主持下,成立了由周恩来、彭真、李富春、李先念、陈伯达等参加的工业发展问题起草委员会。在调查的过程中,起草委员会发现因循沿袭的工业管理体制是妨碍生产力发展的重要原因之一。如何改进企业经营管理就成为工业改革的重要内容。1963 年 9 月,工业发展问题起草委员会起草出的《关于工业发展问题》文件明确了通过试办托拉斯来改进工业管理体制。

试办托拉斯是党运用资本主义企业发展的先进模式改变我国经济发展中存在的问题,是对社会主义制度优越性更深层次的思考和探索。毛泽东认为,托拉斯实质上问题的关键点在于所有制。三年国民经济的调整,计划经济的弊端充分暴露出来。在反复调查的基础上,党中央在收集美国、英国、法国、苏联等国企业管理材料的基础上,在工业、交通各部同志共同讨论的基础上,国家经委党组拟定出《关于试办工业、交通托拉斯的意见报告(草稿)》。工业交通各部先后试办了 12 个托拉斯。托拉斯的发展,使得国家能够对全行业的企业进行合理的调整,使人力、物力、财力发挥最大的经济效益。同时,不仅能够集中技术力量,把科学研究和生产结合起来,而且进一步密切了供销之间的关系。

党对托拉斯的认识,经历了一个从发展生产的一般举措向社会主义制度探索转变的过程。20 世纪 60 年代初期，面对经济发展的局面，在总结新中国成立之后经济发展经验的基础上，刘少奇提出了要按“经济方法管理经济”的想法。组织托拉斯，就是汲取资本主义企业管理的经验，解决行政管理和生产管理方面问题的有力举措。

国家以托拉斯为统一的计划单位和经济核算单位，赋权其在基本建设、财务管理、物资管理、劳动管理、政治工作和干部管理等方面的主动权、自主权，极大地增强了企业的生产活力，推动了社会主义生产力的发展。这一时期的托拉斯探索实质上已涉及现代企业制度的建立。关于托拉斯的组织方式，党主张要灵活多样。组织托拉斯可以有两种路径：或是从全国性发展到地方性，或是从地方性发展到全国性。这是党对如何建设社会主义的有益探索。试办托拉斯涉及生产关系与上层建筑的各个有关方面。党的探索也体现在对托拉斯关系处理之中。一是托拉斯与部门的关系。随着托拉斯职能扩大，部门的机构就要缩小。二是托拉斯与地方的关系。地方与托斯拉的关系应由行政关系转向经济关系为主。三是托拉斯与行政改革的关系。托拉斯的探索和行政改革综合起来，可以大大减少行政机构和人员。在试办托拉斯的过程中虽然也出现了一些问题，比如，举办全国与跨地区性的托拉斯与地方的矛盾，托拉斯内部统一经营与所属企业分级管理的矛盾，托拉斯同现行经济管理体制的矛盾等。在试办了第一批 12 个托拉斯之后，党推进的管理制度改革、经营管理方式改革等收到良好的成效。

第三，我国社会主义工业化目标的完善。新中国成立之初，党将社会主义现代化作为我国经济发展的战略目标具有历史必然性。新中国成立之初，我国现代化的起步是将争取经济的富足与繁荣和国力的强盛同时作为一个目标进行。我们把现代化作为摆脱世界体系中不平等政治和经济地位,缩小与发达国家差距的一种手段,具有明确的政治经济导向,因而,具有明显的赶超性质。

这种以国家权力高度集中作为杠杆,推动社会变革和经济发展的工业化是长期经受革命和战争、经济发展落后国家的必然的、自觉的选择。高度集中的权力在推进工业化的进程中,更倾向于选择高速度的发展战略。1949—1957 年期间,我国社会主义的发展采取了照搬苏联模式的赶超型发展战略。在人均国民生产总值与苏联相差几近 5 倍的条件下,仍采取了与苏联大体相同的高投资比率,将投资重点放在重工业建设方面,造成了国民经济发展的高度不平衡的增长。

随着社会主义越出一国的范围,现代化的追赶战略就逐渐演变成为一种竞赛战略。1957 年 11 月,莫斯科召开的世界共产党和工人党代表会议意在显示社会主义的团结与力量。会上,苏联提出 15 年赶超美国,向共产主义进军。毛泽东也提出我国要在 15 年内赶上或超过英国。可以说,提出 15 年赶上和超过英国,既是形势所迫,也是早有征兆。在 1956 年党的八大预备会议上,毛泽东便提出要 50 年赶上美国。

提出赶超发达资本主义国家的口号本身无可厚非。中国共产党诞生之日就把实现现代化作为奋斗目标,大力发展生产力,赶超发达资本主义国家是彰显社会主义制度的优越性的应有之义。赶上并超过资本主义发达国家是一个长期的历史过程。但是,随着"左"的情绪的增长,"赶英超美"的口号忽略了现代化建设的特殊性、长期性,合理的赶超设想演变成为一种浪漫主义的空想。

斯大林去世后,苏联开始初步的经济政策调整和尝试以分权为特征的经济体制改革。南斯拉夫、匈牙利、波兰等国相继发生社会矛盾,同时,苏联社会主义经济体制为中国提供了重要的借鉴。在总结本国和其他社会主义国家的正反两方面经验的基础上，我国进入了独立探索社会主义现代化的进程。

在领导国民经济发展的过程中，党逐渐意识到，单纯以工业发展中的某一指标为目标的赶超型发展战略并不符合我国的建设实情。相比工业发达国家，要全面看待我国的发展目标。我们的落后不单单体现在工业的落后，生活水平、科学文化水平也并不高，独立的经济体系的建设目标突出“经济体系”的全面性、整体性。同时，与苏联建国十年后的发展状况相比，我国在生产指标、基本建设、科学等方面都远胜苏联，具备建立独立经济体系的可能。这种独立的工业体系的形成，需要全国六大区域的协作。六大区域分别指东北、华北、华东、中南、西南、西北。六大区域各自需要独立，需要实现最低限度的自给，但是又不可能实现完全的自给。各大工业区域要依托各自的地区特色，加强协作发展。可以看出，党对现代化的探索逐渐转向对自我发展的超越。

新中国成立头三年经济的恢复和“一五”计划的开展为我国的工业化奠定了初步的基础。在“二五”计划的开展之初，我们在摸索社会主义建设的过程中，遭受了挫折，但是经过国民经济的调整，我们已经为建立一个独立的国民经济体系奠定了初步的基础。工业方面也取得了很大的进步。比如，石油工业的发展基本达到了自给，机器设备的自主供应达到了百分之九十，尖端技术方面也取得了一定的成就。独立国民经济体系的提法要逐渐取代独立工业体系的提法，因为国民经济的发展不仅包含工业，而且也包含其他方面。

当然，独立的国民经济体系的发展也要正确处理自力更生和国际合作的关系。党十分强调中国经济要为世界的发展做出更大的贡献。由独立国民经济体系的提法取代独立工业体系的提法可以看出,党关于我国现代化建设的涵盖范围的思考逐渐扩展,现代化的话语已经冲破了工业化的叙事范围,扩展到农业、商业、科学技术、国防等各个方面。对于实现独立国民经济体系的“两步走”步骤的设想可以说在一定程度上是“四个现代化”战略目标正式提出的预热状态。至此,三届全国人大一次会议上“四个现代化”奋斗目标的提出也就水到渠成。

(四)“四个现代化”目标的正式提出

前一阶段中,鉴于国际国内局势的稳定,“三个现代化”的过渡提法中国防现代化暂未列入其中。但是,1958 年 7 月 7 日,周恩来在新会县干部会议上讲话时已将“国防现代化”和工业、农业、科学文化现代化一并列入现代化建设的目标。

第一,国防现代化目标的回归。随着我国周边环境的恶化,“三线”建设逐渐提上日程,巩固国防的重要性再次被提出。1959 年 12 月至 1960 年 2 月,毛泽东在边读边议苏联《政治经济学(教科书)》第三版社会主义部分时把周恩来在 1954 年 9 月提出的“现代化的国防”,作为社会主义经济建设的一个奋斗目标重新提出来了。这一时期,对国防现代化的思考主要从以下两方面展开:其一,强调尖端科学技术与国防工业的结合。我国国防工业的发展是在苏联的帮助下逐步展开的。出于国家长远发展的需要,我们必须实现国防工业的独立发展,而这种独立性的体现首先在于我们能够突破尖端。将尖端科学技术和国防工业结合起来,是发展我国国防现代化的重要途径。之后,大力发展和突破尖端技术、培养科学人才被写入三年建设规划。其二,国防工业建设要自力更生。在领导国民经济的实践中,党十分注重并强调国防工业自力更生的发展。从 20 世纪 50 年代后期开始,积极贯彻“自力更生为主,争取外援为辅”的方针，推进尖端武器装备的研制和常规武器的改进工作。1956年，导弹研究设计院、核武器研究设计院、电子元件和器件研究设计院相继成立，大大地推动了我国国防科研事业的独立发展。1960年，苏联背信弃义，单方面撕毁合同，从我国撤走全部技术专家。针对中苏关系的这种变化，党重新制定了我国从1963年至1972年科学技术发展的10年规划；贯彻“独立自主，自力更生”的方针，部署了原子弹、氢弹和人造卫星的研制。为加强对尖端技术研究试验工作的领导和更好地组织全国大协作，1962年11月，成立了以周恩来为主任的中共中央专门委员会。同年12月，专家会讨论和批准了第二机械工业部提出的研制原子航弹的两年规划。

第二，科学技术现代化的正式提出。进入20世纪50年代后期，随着我国更大规模的经济建设的开展，我国科学技术的发展同日益扩大的经济建设规模的矛盾日益显现。党对科学技术的发展有了更为深刻、迫切的认识，而这种认识的形成源自国际国内两方面的影响。国际方面，20世纪50年代，党和国家主要领导人在访问亚洲和欧洲国家的过程中，目睹和感受到了第二次世界大战后科学技术发展所呈现出的突飞猛进的势头。国内方面，因为科学技术的落后致使一些必要的项目不得不取消。经济建设的迫切性和考虑问题的国际眼光，促使党认识到科学技术在整个国民经济发展中的决定性作用。

其一，科学技术现代化是实现现代化的关键。我国社会主义建设中的一个重要方针就是增产节约，而技术革新便是实现增产节约的一个重要途径。因此，实现科学技术的现代化可以更有效地推动我国社会主义建设的健康发展。同时，技术革新所带动的科学发展，使亚非国家的发展能够赶超西方国家。科学被提高到为经济建设服务的高度加以强调。为了把科研同生产结合落到实处，1959年

12 月,周恩来提出“实行一主、二从、三结合”的方针与方法。具体说来,就是企业以生产为主,但可以办学校、搞研究,而且应该办学校、搞研究,这就是以生产为主,教育研究为辅;学校里可以办研究所和附属车间,以教育为主,以生产、研究为辅;研究机构,以研究为主,但也可以办学校,办附属车间和附属共产,也是一主二辅。这样的好处是,办学校的、搞生产的、搞研究的多起来了,尤其是研究与生产结合起来了。而要多快好省实现科学技术现代化的要求,这一时期党主要从加强科技界人士的主人翁意识、集中和加强科学技术力量、改进各方面关系、适当改善科学技术研究的工作条件和工作环境等四方面着手。就加强科技界人士的主人翁意识而言,要做到接受党的领导,为社会主义服务;就集中和加强科学技术力量而言,要正确处理好研究部门、教育部门和工厂的关系,不可偏废其一。就改进各方面的关系而言,要注意改善党群关系、领导与被领导的关系,要正确处理理论和实践、任务和学科的关系。就改善科学技术研究的工作条件和工作环境而言,要提高硬件设施,同时要注意人员间的交流,同时,要改善科技工作者的生活环境、生活待遇等。科学现代化的发展要靠人才,而要满足我国社会主义建设对人才的需求,就必须办教育。要加速人才的培养,就必须将正规教育和速成教育相结合起来。除却将循序而进的正规教育以外,党也强调工厂企业、教育科研机构都要处理好生产、教育和科学研究的关系,形成合力。

其二,实现科学技术现代化的“十六字要求”的提出。20 世纪 50 年代末,中苏关系日趋恶化。20 世纪 60 年代初,中苏关系破裂,这不仅给中国的政治带来很大的影响,而且使原已十分困难的中国的经济面临新的更大的困难。中苏关系的破裂,使得许多重点建设项目因撤退苏联专家而陷于停顿或半停顿状态,中国国民经济计划的原有安排被完全打乱。针对苏联专家撤退给我国科学技术发展造成的影响,党更强调依靠我国力量,自力更生谋发展。国民经济发展迫切需要科学技术的发展提供强有力的保障,但是现有技术水平的发展也必须同科学发展紧密联系。以自力更生的精神循序渐进地发展是主脉,但是必要的外贸进口也是必不可少的,但这种进口是为着自力更生,而不是对他国的依赖。

我国人口众多,国家的发展必须实事求是,循序渐进,这是我们应该有的科学发展态度。在追赶先进国家的过程中,要注意吸取别国的成功经验。为了更好地促进我国科学技术的发展,党提出了实现科学技术现代化"实事求是、循序渐进"和"相互促进、迎头赶上"的主要要求。经过对社会主义工业化建设目标的不断丰富和完善,党关于我国社会主义现代化发展的图景构想逐渐清晰,一个新的战略目标即将成型。"四个现代化"战略之所以会取代工业化目标,是因为:一是"大跃进"造成的国民经济比例严重失调,加上自然灾害和苏联的背信弃义,使得我国进入了三年困难期。其间,党对国民经济进行了全方位的调整,并重新思考了社会主义的建设问题,逐渐认识到单一工业化目标所带来的弊端。二是工业国的提法不全面。三是逐渐认识到工业化与农业现代化、国防现代化、科学技术现代化不是隶属关系,而是并列关系。

"四个现代化"战略目标被正式提出之前,党和国家主要领导人已经在多种场合使用过"四个现代化"的提法。比如,1959 年 12 月 24 日,周恩来在黑龙江省委组织的厅、局长以上干部会议上讲话中强调要加强党内的团结,提出要"加快建设我们的国家,使我们国家更快地成为具有现代工业、现代农业、现代科学文化和现代国防的社会主义强国”①。只是,这一时期的“四个现代化”中仍将科学文化列入其中。

“四个现代化”战略目标的正式提出,经历了一个内容反复确定的过程。农业作为国民经济发展的基础,在现代化内容的安排上,农业现代化始终被放在首位。科学技术替代科学文化现代化的提法,显示了党对国家建设范畴的科学认知。文化属于意识形态领域,作为经济建设目标的设定,显然不太适合作为其中之一被提出,而作为现代生产重要因素的科学技术被列为其中就显得理所当然。

在将“四个现代化”定为社会主义现代化建设的发展目标之后,如何实现“四个现代化”成为党思考和探索的主要内容。对“四个现代化”实施步骤的探索,实质上是党弱化对别国的赶超战略,转而注重自身提升的过程。1963 年 8 月 20—24 日,周恩来在出席中共中央《关于工业发展问题》起草委员会会议谈到“四个现代化”建设时,更为强调其在我国现代化建设中的作用,弱化了新中国成立之初现代化语境中的“追赶”意蕴。埃德加·斯诺曾回忆,1964 年他先后两次采访了周恩来,周恩来对现代化建设时间的预估及务实的作风给他留下了深刻的印象。

1965 年年初,国民经济的调整任务已经完成,工农业生产全面高涨,我国进入一个新的建设期。在三届全国人大一次会议的政府工作报告中指出:“总的说来,就是要在不太长的时期内,把我国建设成为一个具有现代农业、现代工业、现代国防工业和现代科学技术的社会主义强国,赶上和超过世界先进水平。为了实现这个伟大的历史任务,从第三个五年计划开始,我国的国民经济发展,可以按两步来考虑:第一步,建立一个独立的比较完整的工业体系和国民

① 《周恩来经济文选》,中央文献出版社 1993 年版,第 408 页。

经济体系；第二步，全面实现农业、工业、国防和科学技术的现代化，使我国经济走在世界的前列。”[①]“第三个五年计划时期，是实现上述第一步任务的一个关键时期。这个时期的工作做好了，再经过大约两个五年计划的时间，就可以有把握地使我国建立起一个独立的比较完整的工业体系和国民经济体系。”[②]这个报告为中国人民绘制出一幅未来发展的美好蓝图。报告中提出的实现农业、工业、国防和科学技术四个现代化的宏伟目标，给人们留下了深刻的印象，产生了深远的影响。按照党关于实现“四个现代化”目标的设定，国家将从 1966 年起着手开始新的建设征程。然而，“文化大革命”的爆发却终止了这一进程，国家由此进入十年浩劫。十年动乱中，阶级斗争取代经济发展成为国家发展的中心任务，“四个现代化”所描绘的蓝图被搁置。

五、现代化目标的进发：从“四个现代化”到“中国式现代化”的发展

党的十一届三中全会以后，在坚持“四个现代化”目标的基础上，党在充分认识世界现代化发展进程和社会主义本质的基础上，积极推动中华优秀传统文化的现代化发展，为现代化探索注入了鲜明的民族特色。

（一）对“四个现代化”目标的坚持

20 世纪 60 年代初，“四个现代化”战略目标是在工业化进程

① 《建国以来重要文献选编》第 19 册，中央文献出版社 1998 年版，第 483 页。
② 《建国以来重要文献选编》第 19 册，中央文献出版社 1998 年版，第 483 页。

中,顺应世界现代化发展潮流与探索我国现代化特色的必然产物,是社会主义现代化建设的主体框架。

以邓小平同志为核心的中共第二代领导集体继承和发展以毛泽东同志为核心的中共第一代领导集体的探索成果,从我国社会主义初级阶段的实际出发,对第一代领导集体设计的中国社会主义现代化蓝图作了修正和补充,使之进一步完善和具体化,提出了"中国式的现代化"即建设"小康社会"的奋斗目标。如果"四个现代化"是中国现代化发展的蓝图设计,那么"中国式现代化"就是关于实现这一宏伟蓝图的道路抉择和指导原则,所以它不是对"四个现代化"的否定,而是在对实现"四个现代化"的实践进程进行思考的基础上,提出的关于中国社会主义现代化建设的总体指导思想。

对"四个现代化"战略的深化主要是从横向和纵向两个角度展开的。就纵向而言,以"四个现代化"内涵的涵盖度的欠缺为切入点,在坚持以"四个现代化"为主要内容的经济现代化的前提下,扩充了政治现代化、文化现代化等内容;就横向而言,以"四个现代化"实现时间预估的不足为切入点,重置"四个现代化"量化标准,使其更为符合我国社会主义现代化建设的实际。

粉碎"四人帮"后,邓小平和党中央对我国社会主义现代化建设总体布局的考虑直接继承了"四个现代化"战略的布局思想。党的十一大和五届全国人大一次会议再次重申了在20世纪内实现四个现代化的目标,并且把它规定为我国新时期的总任务。邓小平指出:"全面实现农业、工业、国防和科学技术的现代化,把我们的国家建设成为社会主义的现代化强国,是我国人民肩负的伟大历史使命。"[①]党的十一届三中全会,作出了把党的工作重点转移到社会主

① 《邓小平文选》第2卷,人民出版社1994年版,第85—86页。

义现代化建设上来的决定。邓小平强调指出，“我们党在现阶段的政治路线，概括地说，就是一心一意地搞四个现代化”，并在《解放思想，实事求是，团结一致向前看》的讲话中提出了要“把全党工作的重心转移到实现四个现代化上来”①的伟大号召。以此为指导，党的十一届三中全会确定把全党的工作重心转移到社会主义现代化建设上来的同时，也指出，实现农业、工业、国防和科学技术四个现代化是“当前最伟大的历史任务”。②

首先，以“四个现代化”为基点的现代化内涵的扩展。随着改革开放的发展和我国社会主义现代化建设事业的不断深入，党对现代化建设总体布局的认识更加科学化、合理化，形成了较为清晰的概念和思路，逐渐认识到现代化的过程是一个包括经济、政治、文化等在内的经济社会全面进步的过程，仅仅实现“四个现代化”，并不能保证现代化的真正、全面实现。党对“四个现代化”的认知，已经提升到探索社会主义建设规律的高度，并且实现了现代化和社会革命语境的交叉认知，这是对现代化认知的一次突破，是党的历史革命叙事和现代化叙事在新的历史阶段的碰撞。党的十一届三中全会通过的会议公报中不仅要求“大幅度地提高生产力”，而且要求多方面地改变与生产力发展不相适应的一切“管理方式、活动方式和思想方式”。显然，这一切已远超出了“四个现代化”的范围。这实际上是“三位一体”中国特色社会主义事业总体布局思想的最初萌芽。

1979 年 9 月 29 日，叶剑英代表中共中央和国务院在庆祝中华人民共和国成立 30 周年大会上的讲话中，就“四个现代化”目标与现代化建设总体布局二者的关系作出清晰的梳理。前者是局部，是

① 《邓小平文选》第 2 卷，人民出版社 1994 年版，第 140 页。
② 《三中全会以来重要文献汇编》上，人民出版社 1982 年版，第 8 页。

后者发展的应有之义。后者为前者的发展和实现提供了重要基础,但范畴要远远大于前者,不仅包括经济建设,还应包含政治建设、民主建设、法制建设等。现代化建设要实现高度发达的物质文明和精神文明建设发挥重要作用。1979 年 10 月,《在中国文学艺术工作者第四次代表大会的祝词》中,邓小平也提出了相同的思想。以上论述,不仅首次提出了"社会主义精神文明"的概念,更重要的是把"改革和完善社会主义经济制度""改革和完善社会主义政治制度"以及"建设高度的物质文明"和"建设高度的社会主义精神文明"并列起来,作为我国社会主义现代化的重要目标和必要条件,这实质上是要求从建设社会主义经济、政治、文化角度来把握社会主义现代化的布局问题。这些论述标志着以邓小平为核心的第二代中央领导集体已经形成了新的"三位一体"中国特色社会主义事业总体布局思想的较为清晰的轮廓和思路。这一思路在随后的改革开放和现代化建设进程中得到了逐步的明确和条理化。

1981 年 6 月,经中共十一届六中全会通过的《关于建国以来党的若干历史问题的决议》对社会主义现代化建设的目标作出了新的界定。《决议》指出,"我们党在新的历史时期的奋斗目标,就是要把我们的国家,逐步建设成为具有现代农业、现代工业、现代国防和现代科学技术的,具有高度民主和高度文明的社会主义强国"①。这一界定,首次提出了"民主""文明"的概念,并把"民主""文明"的目标与"四个现代化"目标相并列,作为我国社会主义现代化建设的总目标。其内涵更加全面、科学,也更加符合我国经济社会发展的实际。这标志着我党对实现现代化所要达到的目标的认识和把握有了质的飞跃。党的十一届六中全会的这一提法为随后召开的

① 《三中全会以来重要文献汇编》下,人民出版社 1982 年版,第 1134 页。

党的十二大所采纳。党的十二大报告指出，“中国共产党在新的历史时期的总任务是：团结全国各族人民，自力更生，艰苦奋斗，逐步实现工业、农业、国防和科学技术现代化，把我国建设成为高度文明、高度民主的社会主义国家”①。其中“四个现代化”内容的顺序也进行了调整，恢复了党最初关于“四个现代化”提法的顺序，把工业放在农业前面。这种变动是符合“四个现代化”客观发展的实际情况的。因为工业现代化是整个现代化的物质技术基础，农业现代化要依赖于工业现代化去装备和改造。

在党的十二大关于我国现代化建设总体布局思想的基础上，1984 年 10 月，党的十二届三中全会通过的《中共中央关于经济体制改革的决定》又对我国社会主义现代化建设的目标进行了新的概括。《决定》在第二部分的开头说道，“中华人民共和国的诞生，社会主义制度的建立……在中国共产党领导下，全国人民艰苦奋斗，建立了独立的比较完整的工业体系和国民经济体系，取得了旧中国根本不可能取得的巨大成就，为我们建设富强、民主、文明的现代化的社会主义国家奠定了必不可少的物质基础”②。这里首次提出了“富强、民主、文明”的现代化目标，虽然这一目标是从间接意义上提出的，但其意义十分重大，至少它为党的十三大报告最终形成“富强、民主、文明的社会主义现代化国家”的目标提供了直接的概念和思想材料。党的十三大制定了党在社会主义初级阶段的基本路线，明确规定了我国 21 世纪中叶所要实现的社会主义现代化的战略目标——“把我国建设成为富强、民主、文明的社会主义现代化国家”③。这其中，“富强”主要是指物质文明，即经济现代化的目标；

---

① 《十二大以来重要文献选编》上，人民出版社 1986 年版，第 13 页。
② 《十二大以来重要文献选编》中，人民出版社 1986 年版，第 561 页。
③ 《十三大以来重要文献选编》上，人民出版社 1991 年版，第 15 页。

“民主”主要是指政治文明,即政治现代化的目标;文明主要是指精神文明,即文化现代化的目标。“富强、民主、文明”的现代化目标集中体现了社会主义经济、政治、文化协调发展、内在统一的“三位一体”中国特色社会主义事业总体布局思想。这一总体战略目标不仅更加符合我国现代化建设的实际,而且也较全面和准确地回答了“什么是社会主义、怎样建设社会主义”这一首要的基本理论问题。“富强、民主、文明”的现代化总体战略目标及其一系列相关方针政策的提出,标志着邓小平“三位一体”中国特色社会主义事业总体布局思想的正式形成,也集中体现了以邓小平为核心的第二代中央领导集体对中国特色社会主义事业总体布局思想的认识水平。

其次,“四个现代化”战略步骤的调整——“两步走”向“三步走”的转变。改革开放前后,以邓小平为核心的第二代中央领导集体继续坚持了在20世纪末实现“四个现代化”的目标及“两步走”的发展战略。1978年3月,在全国科学大会开幕式上的讲话中,邓小平提出:“在二十世纪内,全面实现农业、工业、国防和科学技术的现代化,把我们的国家建设成为社会主义的现代化强国,是我国人民肩负的伟大历史使命。”[①]但随着实践的发展,党逐渐意识到在20世纪内实现“四个现代化”这一过高的目标与我国落后的现实国情之间存在着矛盾,在对这一问题进行深入探索的同时,开始逐步改变原来的看法。

邓小平认为,“四个现代化”的实现只是战略目标本身的实现,对于这一目标的受益群体生活的改善并没有直接的影响。因为从现代化建设的横向比较来看,我们的工农业产品的产量、人民收入

① 《邓小平文选》第2卷,人民出版社1994年版,第85—86页。

等方面仍处于较低水平。从我国国家大、人口多、底子薄的现状出发，邓小平开始调整“四个现代化”战略目标，使目标设定和实际结果二者实现契合。邓小平从现代化概念使用出发，综合考虑中国现代化建设难度等实际情况，以及与世界发展水平之间的差距，提出使用“中国式的四个现代化”概念。以“中国式的四个现代化”概念代替“四个现代化”概念，既是党探索现代化独立性的彰显，也是党构建具有中国特色的现代化话语体系的开始，是实现中国现代化探索和世界现代化发展相链接的重要步骤。

在扩展现代化内涵的基础上，邓小平更为注重的是我国现代化的特殊性，强调要实事求是地确定现代化所要达到的目标及实现目标的具体发展战略。“中国式的现代化”随之取代“中国式的四个现代化”成为邓小平现代化布局的重要起点。对于“中国式的现代化”提法的目的本身，邓小平认为这实际上是在将“20 世纪末实现四个现代化”的标准放低，将此量化为“人均达到一千美元”，并赋予“中国式的四个现代化”新的名称——小康社会。邓小平关于人均 1000 美元的小康目标的界定随后被 1981 年 11 月五届人大四次会议的政府工作报告所采纳。之后，考虑到人口增长因素的影响，邓小平又将小康目标由人均 1000 美元降为人均 800 美元，使之更加符合中国的实际。关于 20 世纪末实现小康目标的思想被党的十二大所采纳。1982 年 9 月，党的十二大提出，“从一九八一年到本世纪末的二十年，我国经济建设总的奋斗目标是，在不断提高经济效益的前提下，力争使全国工农业的年总产值翻两番，即由一九八〇年的七千一百亿元增加到二〇〇〇年的二万八千亿元左右。实现了这个目标，我国国民收入总额和主要工农业产品的产量将居于世界前列，整个国民经济的现代化过程将取得重大进展，城乡人民的收入将成倍增长，人民的物质文化生活可以达到小康水平。到那个时候，我国按人口平均的国民收入还比较低，但同现在相比，经济实力和国防实力将大为增强”①。

邓小平把在20世纪末实现“四个现代化”的目标调整为更加符合中国实际的实现“中国式的现代化”即小康目标的同时，对如何实现小康目标也进行了考虑，提出了分“两步走”在20世纪末实现小康目标的发展战略。1980年1月，在《目前的形势和任务》的讲话中首次提出“两步走”在20世纪末实现小康的发展战略，要抓住80年代和90年代，以10年为单位，推进现代化建设逐步深入。1982年9月，党的十二大肯定了这一“两步走”的发展战略。党的十二大报告以积蓄力量和振兴经济为主要任务和目标，分解了20世纪末的小康目标。1984年3月，邓小平在会见日本首相中曾根康弘时又乐观地表示：“我们提出的到本世纪末翻两番的目标……不会落空。翻两番，国民生产总值人均达到八百美元，就是到本世纪末在中国建立一个小康社会。这个小康社会，叫作中国式的现代化。”②“小康社会”的概念为现代化话语的拓展奠定了思想基础。

随着“四个现代化”“中国式的四个现代化”“小康社会”以及“中国式的现代化”等概念发展，我国现代化战略的实现步骤也随之发生了转变。继小康社会“两步走”战略提出之后，邓小平在科学分析和准确把握社会主义初级阶段的基础上，提出了“解决温饱”“小康水平”到“基本实现现代化”的“三步走”战略。“三步走”战略，把实现提高人民生活水平和国家整体经济实力水平相结合，每一小步都涵盖目标和手段、质的规定和量的标准两个范畴，三者环环相扣，实现了阶段性和长期性、科学性和可操作性的有机统一。

以毛泽东同志为核心的党的第一代领导集体在团结和带领人

---

① 《十二大以来重要文献选编》上，人民出版社1986年版，第14页。

② 《邓小平文选》第3卷，人民出版社1993年版，第53—54页。

民开展社会主义革命和建设的过程中，进行了艰辛的探索，形成了“四个现代化”战略目标。以邓小平同志为核心的党的第二代领导集体，坚持“四个现代化”战略目标，进一步丰富、拓展“四个现代化”战略目标，推动形成了“三位一体”的中国特色社会主义事业总体布局，赋能现代化发展鲜明的民族特色。

（二）现代化事业总体布局的逐步完善

中国特色社会主义现代化事业总体布局的完善是党坚持、继承和发展马克思主义社会结构理论的必然结果。马克思主义社会结构理论认为，社会是一个基于生产力与生产关系、经济基础与上层建筑的运动而处于变动过程中的有机体。其中，物质生产关系是最根本的。上层建筑随着生产关系的变化而发生变化。但是，经济要素并不是唯一的决定性因素，包括上层建筑、社会意识等要素都会对社会结构的发展产生影响。

社会结构的发展具有鲜明的历史性。社会结构一经形成就会达到一种相对稳定的状态。这种相对稳定的状态通过社会主要矛盾的影响，不断调整各个组成要素的交互作用。中国式现代化发展的历史进程中，党正是通过现代化事业总布局的调整、概括，实现了现代化发展目标的演进。

在全面总结建党 70 年来中国现代化追求与探索的历程时，江泽民首次提出了建设有中国特色的社会主义经济、政治和文化三个概念，并对与之相应的“富强、民主、文明”的基本目标作了进一步阐释。党的十四大，把发展社会主义市场经济、建设社会主义民主政治和精神文明三者并列，作为有中国特色社会主义的三大目标，进一步深化了“富强、民主、文明的社会主义现代化强国”的基本内涵。党的十五大，把社会主义现代化的奋斗目标与建设有中国特色社会主义经济、政治、文化的基本目标相链接,二者相互补充、互为说明。经济、政治、文化领域的相关政策,使得“富强、民主、文明”的具体目标转化为可操作、可衡量的实践。

党的十五大进一步丰富和发展了“三步走”战略步骤,提出了跨世纪的新“三步走”。党的十六大将“社会更加和谐”写入全面建设小康社会的奋斗目标,为“四位一体”的现代化战略目标的提出作了直接的理论铺垫。党的十六大提出“社会更加和谐”的原因是多方面的。从国内发展来看,社会发展水平与经济、科技等其他领域相比总体还比较落后。从国际发展来看,可持续发展战略已被明确提出。党的十七大明确提出要全面推进经济建设、政治建设、文化建设、社会建设,强调“四位一体”,共同服务于“富强、民主、文明、和谐”的现代化奋斗目标。“四位一体”总体布局彰显了新世纪中国共产党人对现代化建设规律的探索和发展。党的十八大明确“五位一体”的总布局。从“四位一体”到“五位一体”,较之之前的概念转变,更为自然。主要原因在于问题导向思维、现实性思维的主导。经济建设、政治建设、文化建设的“三位一体”的思维方式是更为基础的观察社会、分析社会的方法。而“四位一体”则可以视为一种思维基础的转变,它凸显了人们观察社会、分析社会的现实性。

从概念传播角度来看,“三位一体”“四位一体”和“总体布局”是同时出现的概念。2005 年 2 月 19 日,胡锦涛在省部级领导干部构建社会主义和谐社会的能力的讲话中就使用了“三位一体”“四位一体”的概念。但二者的同时使用,并不意味着同步发展。相反,作为一种事实,经济建设、政治建设、文化建设的统一协调的实践,要远远早于“三位一体”的概念。比如,江泽民在党的十五大报告中就已经提到了经济建设、政治建设和文化建设的问题。“总体布局”概念的提出,经历了一个从“两个文明”到“三位一体”“四位一体”

“五位一体”的发展过程。“总体布局”是中国共产党现代化叙事能力的直接展现，是中国式现代化探索的重要创新内容，它标志着中国式现代化进入新的阶段，充分展现了中国式现代化发展的全面性、现实性，也为中国式现代化发展目标具体实践指明了路径。

（三）从“小康社会”到“全面建成小康社会”的探索与发展

“小康社会”概念的演变是中国式现代化目标演进的另一重规定。1979 年 12 月，邓小平最早将“小康”作为衡量中国现代化发展的标准。党的十三大把“人民生活达到小康水平”提升到了战略高度，形成了“小康社会”的奋斗目标。

“小康”的概念，中国传统文化中早已有之。《诗经》中就有“民亦劳止，汔可小康。惠此中国，以绥四方”[①]的论述。《礼记·礼运》中也有“小康”的论述：“礼仪以为纪，以正君臣，以笃父子，以睦兄弟，以和夫妇，以设制度，以立田里，以贤勇知，以功为己……以著其义，以考其信，著有过，刑仁讲让，示民有常……是谓小康。”[②]

“四个现代化”战略目标的发展为“小康社会”目标的提出奠定了坚实的思想基础。1979 年，邓小平在会见大平正芳时，提出要到 20 世纪末实现“小康”的目标。在这一语境中，“小康社会”是作为“中国式的四个现代化”的补充的，充分体现了现代化目标探索的连贯性、继承性、特殊性。但这一时期的“小康”更为侧重经济目标的达成，如以国民生产总值来衡量小康水平。

随着改革开放的深入推进，“小康社会”的目标内涵逐渐拓展。1984 年 3 月，邓小平在会见日本首相中曾根康弘时再次谈到了“小康社会”“翻两番”“中国式的现代化”等现代化的中国概念。这一

① 胡生平等译注：《诗经注析》下，中华书局 2017 年版，第 892 页。
② 康有为：《春秋董氏学》，广西师范大学出版社 2016 年版，第 79 页。

阶段的“小康社会”不仅对经济发展目标提出了新的要求,而且提出要体现在精神、生活质量等其他方面。

根据改革开放发展初期的规划,经济建设分为“两步走”。党的十三大又在此基础上正式提出了“三步走”的战略步骤。其中第二步中“人民生活达到小康水平”发挥着承上启下的作用。“小康社会”成为中国共产党政治概念传播中的重要概念。江泽民、胡锦涛为主要代表的中国共产党人在继承邓小平“小康社会”思想的基础上,进一步丰富了“小康社会”的内涵。江泽民强调“奔向小康”,突出农民、农村地区发展在实现小康中的重要作用。

在第二步目标即将实现之际,党的十五大对第三步目标做了进一步的规划和发展,提出了新“三步走”战略。其中,第一个十年中提到了“使人民的小康生活更加富裕”。一定程度上,反映出党对“小康社会”和现代化建设认知的深化和发展。党的十五届五中全会提出了“全面建设小康社会”的概念。党的十六大报告重申了全面建设小康社会的目标,并对小康社会的具体目标进行了阐释,进一步丰富了小康社会的内涵。社会主义市场经济体制改革更是为全面建设小康社会注入了新的动力。

党的十八大以后,以习近平为主要代表的中国共产党人在总结小康社会建设目标的基础上,提出了“全面建成小康社会”的概念。从“建设”到“建成”的转变,是现代化目标具体化、方式举措精细化的要求和表达。“建成”是党基于“建设”进度对目标的一种“倒逼”和深层推进。“建成”目标的设置,又亟须演绎出其与新现代化目标之间的逻辑生成关系。党的十九大把“决胜全面建成小康社会”作为第一个百年奋斗目标即将实现的呼应。2020 年年末,我国全面建成小康社会取得历史性成就,全面建成小康社会的宏伟目标宣告实现。2020 年 10 月,党的十九届五中全会用“全面建成社会主义现代化国家”的概念取代了“全面建成小康社会”。至此,“小康社会”结束了其所承载的现代化的意涵,中国式现代化开启了新征程。“小康”话语为中国式现代化的发展奠定了重要的基础。借助“小康”话语鲜明的民族性,中国现代化话语实现了与世界现代化话语的联通。同样,在探索“小康社会”的进程中,中国共产党不断拓展“小康”的内涵,使其从单一逐渐走向全面。

纵观历史,我们党在革命、建设和改革的各个历史时期,都能根据人民的心愿和党事业发展的要求,及时提出明确的具有强烈感召力的目标,团结和带领全国人民为之奋斗。从“四个现代化”到“小康社会”,从“小康社会”到“全面建成小康社会”展现了中国共产党对现代化的历史主动实践和对社会主义的不懈追求。正是依靠党现代化叙事的自主性,实现了现代化与社会主义的统一,打破了西方现代化话语主导的困境。

(四)人类文明新形态的提出

党的十八大以后,中国特色社会主义进入新时代。新时代成为中国共产党现代化探索的新视域、新方位。社会主要矛盾的转变,为现代化的探索和发展提供了新起点。

“人类文明新形态”是习近平新时代中国特色社会主义思想的一个全新概念。如何理解“人类文明新形态”和“中国式现代化”的关系问题日渐成为学术探讨的重要话题。目前学界关于二者的关系研究主要呈现出如下几种典型的观点:其一,“结果说”。陈金龙教授认为“人类文明新形态是中国式现代化新道路的文明之果”①。他认为,新文明的特点就是中国式现代化的特点。其二,“内涵说”。

① 陈金龙:《人类文明新形态的四重意蕴》,载《广东社会科学》2021年第6期。

顾海良教授认为,人类文明新形态是中国共产党人继“全面建成小康社会”目标之后,对现代化发展目标的新概括。笔者赞同“内涵说”,认为“人类文明新形态”是中国式现代化发展的新目标,是主要基于如下几方面的考虑:

第一,文明的发展是连续性、超越性的统一,中国共产党具有文化自觉的优势。从文明发展的连续性来看,中华民族曾在历史上创造了辉煌的中华文明。马克思曾高度肯定了中华文明对世界发展的贡献,尤其是火药、指南针、印刷术对资本主义的发展起到了重要作用。当然,中华文明对欧洲的影响并不止于火药、指南针、印刷术等,还包括儒学在内的思想等。近代鸦片战争之后,中华民族“文明蒙尘”,中华文明在与西方资本主义文明的交锋中日渐式微,通过探求现代化改变中华民族积贫积弱的面貌成为有识之士的共识和追求。早期中国共产党人通过探索革命的方式,想扭转国家发展的局面。李大钊提出要用“新的文化”为民族复兴扫清障碍。文明的复兴是探寻民族复兴的先导性条件,通过民族复兴的主题实现了与现代化探索的链接。文明的形成是特定历史条件下的产物。从文明发展的历史性来看,中国共产党人在不同历史时期的现代化探索进程中,都表达了对文明的期盼。中国共产党具有高度的文化自觉,文明和文化创新、创造是其鲜明的优势。五四时期,中国共产党人就把马克思主义作为文化、文明创造和创新的雏形。毛泽东认为这一时期的中国并没有新文化,在《大公报》发表的《发起文化书社》中指出,“一枝新文化小花,发现在北冰洋岸的俄罗斯”①。李大钊也指出:“新纪元带来新生活、新文明、新世界。”②中国共产党在推进中华民族复兴的历史进程中,始终将文化看作发展的内生动力和

① 《毛泽东年谱(1893—1949)(修订本)》上卷,中央文献出版社 2013 年版,第 61 页。

② 《李大钊全集》第 2 卷,人民出版社 2006 年版,第 266 页。

发展活力的基础。毛泽东在新民主主义革命目标的追求中，提出的“新中国”目标就包括经济、政治、文明的维度。新中国成立之后，再次强调要“创造自己的文明和幸福”①。

第二，中国道路的发展迫切需要展现文化的时代内涵。中国特色社会主义道路是实现中华民族伟大复兴的必由之路。要充分认识和准确把握这条道路的历史必然性，就必须从文化和文明的高度观察和思考道路的民族基因。中华文明是中国特色社会主义道路形成的文化动力。同时，中国特色社会主义道路所指明的中国式现代化道路给世界其他发展中国家提供了智慧和经验。这种智慧和经验也需要从文化、文明的发展角度给以阐释。从“工业化”“四个现代化”到“中国式的现代化”“中国式现代化”的发展，是逐渐深化、层层递进的过程。中华文明、文化助推目标的演进。比如围绕“小康”理念，“小康社会”“全面建设小康社会”“全面建成小康社会”的阶段性目标就是对“中国式现代化”目标的拓展和丰富。

新时代，党带领人民奋力实现了第一个百年奋斗目标，继续实现第二个百年奋斗目标的历史进程，赋予中国式现代化新的时代内涵，为“人类文明新形态”提供了鲜明的历史底色和时代精神。从文明发展的超越性来看，中国式现代化脱胎于传统社会主义现代化探索，既承接了传统社会主义现代化探索的积累，又实现了对传统社会主义现代化探索的超越。人类文明新形态的目标设定，为中国式现代化规模、内容、途径、目标等方面的发展注入了时代要素。习近平总书记在党的十九届五中全会上指出，我国的现代化“是人口规模巨大的现代化，是全体人民共同富裕的现代化，是物质文明和精神文

① 《毛泽东文集》第5卷，人民出版社1996年版，第344页。

明相协调的现代化，是人与自然和谐共生的现代化，是走和平发展道路的现代化”[①]。在世界百年未有之大变局的历史背景下，讲清楚中国式现代化的独特文化基因尤为迫切。可以说，从文明发展的角度剖析中国式现代化发展的独特性，成为现代化发展不可回避的问题。从文明创新、创造的角度，规定中国式现代化的发展也就成为历史发展的必然选择。

中国式现代化是对人类文明新形态的另一重规定。这重规定集中表现为在自省与自觉、吸收与借鉴、突破与拓新中的内在超越。内在超越集中体现在其发展趋势上对“势”与“理”的引领，在发展逻辑上对霸权逻辑的突破，在发展内容上对整体现代化维度的把握。

中国式现代化所展示出来的人类文明新形态，包括“势”和“理”两方面。从“势”来看，马克思主义基本原理与中国优秀传统文化相结合，为人类文明新形态的创建筑牢了文化根基。马克思主义指导和中华优秀传统文化二者并举，既实现了马克思主义中国化、时代化、大众化的不断发展，也赋予了中华优秀传统文化新的时代内涵，推动其创造性转化和创新性发展。从“理”来看，一是中国共产党以人民为中心的价值取向破解了西方资本逻辑下人与社会发展的困境。资本主义的发展实践虽然产生了资本的积累与增殖，但却也造成人的不断异化。赫伯特·马尔库塞认为在发达工业文明中人的非自由状态“是由人作为一种单纯的工具、人沦为物的状况来决定的”[②]。并且，资本逻辑的控制导致人与自然关系的不断

① 习近平：《把握新发展阶段，贯彻新发展理念，构建新发展格局》，载《求是》2021 年第 9 期。

② ［美］赫伯特·马尔库塞著，刘继译：《单向度的人》，上海译文出版社 2008 年版，第 28 页。

恶化,导致全球性问题频发。社会主义文明是对资本主义文明的一种超越。以马克思主义的“自由人联合体”发展为导向的中国式现代化,是一条利用社会主义市场经济,充分利用、引导、驾驭资本,使其更好服务于人的现代化新路。比如,西方国家现代化历程中,政府对经济的调控问题始终没能妥善解决,导致经济波动尤为突出。中国式现代化发展进程中,始终重视处理政府和市场的关系问题,强调政府和市场之间的良性互动。二是中国式现代化打破了对社会主义现代化的刻板认识。中国式现代化遵循科学社会主义的基本原则,突破了马克思主义的个别论断,不断丰富和发展了马克思主义。中国共产党领导的中国特色社会主义伟大成就用事实击破了国际社会对社会主义现代化的质疑。

中国式现代化超越了“霸权逻辑”,遵循“和平主义”的文明逻辑,彰显高度文化自信。西方国家的现代化代表的是少数大资产阶级的利益。尽管随着时代的变迁,其对内对外的剥削方式发生了很大的变化,但西方发达国家现代化进程中所构建的世界经济政治秩序,仍使广大发展中国家处于不利地位。其对外输出的现代化模式非但没有解决自身所固有的顽疾,反而使一些发展中国家陷入了更大的动荡中。相反,中国自新中国成立以来即奉行和平共处五项原则,70 多年来,中国式现代化始终坚持立足自身实际,不断丰富、发展自身的现代化路径,成为维护世界和平发展的重要力量。同时,中国式现代化是逐步生成和彰显文化自信的现代化。文化发展中的“自卑情结”容易导致把现代化与西方文化等同,认为符合西方文化的就是现代的、进步的,反之则是传统的、落后的。中国式现代化在发展过程中突破了“我族中心主义”①的羁绊。突破“我族中心主

① “我族中心主义(ethnocentrism)”是文化人类学研究的内容。“我族中心主义”依据文化与国度的紧密程度,作出程度强弱的表达。

义"虽不一定能达到现代化的状态,但却是现代化的一个必然的条件。中国式现代化吸收借鉴人类文明先进成果,以解决全人类共同面临的问题为出发点,以全人类的发展为立足点,展现中华文化的生机与活力。

中国式现代化超越了单维度现代化,实现了整体性现代化的发展。中国共产党从构建政治、经济、文化一体发展格局,提出"四个现代化"任务,强调"两个文明""三个文明""四个文明"到"五位一体",不断拓展社会主义建设总布局,赋予中国式现代化新的话语表达,深化了对社会主义文明的探索。伴随中国社会主义实践的不断深入,党对现代化建设总布局的认识更加科学化、合理化。在发展和完善社会主义建设总布局的进程中,丰富和拓展现代化的内涵和外延。值得注意的是,中国式现代化是一个"并联式"的发展进程。习近平总书记明确提出:"西方发达国家是一个'串联式'的发展过程,工业化、城镇化、农业现代化、信息化顺序发展,发展到目前水平用了二百多年的时间。我们要后来居上,把'失去的二百年'找回来,决定了我国发展必然是一个'并联式'的过程,工业化、信息化、城镇化、农业化现代化是叠加发展的。"①"并联式"的发展过程既体现了整体性,也彰显了中国式现代化发展的独特性。中国式现代化实践充分表明,现代化发展没有固定的模式和路径,只有从本国发展的具体国情出发,深度挖掘强大的文化基因,激活现代化发展的民族性,才能激发现代化发展的强大活力。

① 《习近平关于社会主义经济建设论述摘编》,中央文献出版社 2017 年版,第 159 页。

第三章　中国式现代化目标演进的内在机理

探究中国式现代化目标演进的内在机理，实质上要抽象提炼出驱动逻辑演进背后的动力。动力回答了目标演进的原因，为更好地把握目标的特点和意义提供了重要的遵循。中国逻辑和超越逻辑，是中国式现代化目标的特色内涵，其演进路径表现为以社会主义本质探索为载体，逐步提升目标内涵的全面性，以共同富裕为导向，实现目标调整的渐进式发展，以马克思主义为指导，实现目标发展继承性和创新性的统一。目标演进是多重要素共同作用的结果。其中，中国特色社会主义道路是根本依据；中国共产党深化“三大规律”（共产党执政规律、社会主义建设规律、人类社会发展规律）认识所蕴含的理想追求和奋斗精神是直接动力；社会主要矛盾的转变是核心方法动力。

一、中国式现代化目标的特色内涵

明确目标中蕴藏的特色是探究目标演进动力机制的先决条件。中国式突出的是普遍性中的特殊性。特色就是特殊性的生动表达，是对中国式最直接的表达和最生动的注解。对特殊性的把握,可从内外两个角度加以考虑。从内部发展来看,要从现代化发展的实践路径和理论突破角度,探究其演进的内在逻辑。从外部发展来看,要从横向对比中认清其演进的超越性意义及价值。

(一)中国逻辑:中国式现代化目标形成和发展的内在基因

对中国逻辑的把握,实质是把握中国式现代化新道路的关键所在。对"新"的认识,首先面临的问题是参照系的问题。在参照系的选取中,至关重要的是解读"新"的坐标系。坐标系的存在,不是主观嵌入的结果,而是历史自在形成的产物。"历史自在必然形成"体现在现代化理论选择、制度选择、道路抉择、价值取向等方面。不同维度的中国逻辑共同构成了中国式现代化的内在逻辑,并构建起现代化目标发展的逻辑前提。

对具体国情的分析是现代化目标形成的重要前提。中国现代化的起步和发展有其独特的历史基因。西方资本主义国家近代化、工业化和资本主义化是同步实现的,而近代中国近代化、工业化和资本主义化并没有同步实现,同时,半殖民地半封建的社会性质赋予了中国现代化独特的发展基因。

现代化的发展不可避免会面临道路和模式的选择问题。现代化和西方资本主义发展只是一种历史耦合,并不具有普遍性。中国式现代化的发展蕴含着特殊的文化基因、社会矛盾、主要任务。现代化话语构建面临着突破与构建的问题。突破就是打破资本主义与现代化的耦合,阐明现代化与社会主义结合的自主性、自觉性和必然性。构建就是要解决现代化与社会主义发展的问题,阐释中国式现代化发展的特殊性、独立性和民族性。

中国式现代化目标所蕴含的社会主义现代化价值逻辑推动世

界社会主义运动的发展。现代化是两条道路、两种制度共同面临的问题。社会主义制度的优越性要通过发展成果得以充分展现。西方现代化以资本逻辑为指导,追求资本家特殊利益的最大化。中国式现代化是社会主义现代化逻辑的展开。中国式现代化的发展实质仍是对“什么是社会主义、怎样建设社会主义”的继续回答。现代化道路的发展,就是充分展现和发挥社会主义制度优越性的过程。

中国式现代化目标是彰显社会主义现代化价值,激发中国特色社会主义制度活力和优势的具体表现。以共同富裕的目标价值为例,解决贫困问题是人类社会共同面临的顽疾。共同富裕是中国共产党人的一贯追求。毛泽东早在《关于正确处理人民内部矛盾的问题》一文中就提出要提高全体农民生活水平的问题。共同富裕的思想初见端倪。改革开放之后,邓小平将共同富裕提高到社会主义本质范畴的高度,创造性地提出了先富带后富的实现路径。“全面建设小康社会”的目标作为共同富裕的阶段性实现,拓展和丰富了共同富裕的内涵和具体实现路径。小康社会并不仅仅局限于经济指标。如单看经济指标,中国的 GDP 在 1820 年就已占到世界的 32.9%[①]。虽然数字占比可观,但民众的生活苦不堪言。数字只是中国特色活力的表征,而体制、机制才是激发特色的根本动力。比如,从理论逻辑的角度来看,中国共产党从计划经济向社会主义市场经济体制的探索与发展,就是从体制、机制上赋能特色的过程。中国共产党为小康社会梦想的实现提供了制度基础、战略部署保障。“全面建成小康社会”不仅是共同富裕的生动注解,而且对于开启全面建设社会主义现代化国家具有承上启下的重要作用。正是基于共同富裕的价值逻辑,中国共产党不断激发社会主义现代化建

① 刘逖:《前近代中国总量经济研究(1600—1840):兼论安格斯·麦森迪对明清 GDP 的估算》,上海人民出版社 2010 年版,第 4 页。

设的积极性、主动性和创造性,使人类重新审视社会主义这一道路选择,将世界社会主义运动推向新的、更高的发展阶段。

现代化主题与马克思主义中国化主题高度契合。所谓主题就是主体对客体把握时贯穿客体全部内容的必要前提。中国式现代化的发展和马克思主义中国化具有同体性。深刻、准确把握现代化和马克思主义中国化主题,是认清二者互动发展的必要条件。对二者主题的把握,离不开理解马克思主义主题本身。学界关于马克思主义主题这一问题的研究成果并不多见。关于主题内容的分析也各有不同,有的聚焦无产阶级革命,有的聚焦社会主义建设,有的聚焦人的解放,等等。其中,大多数学者(包括余源培、田克勤等人)较为支持的是将人的解放视为马克思主义的主题。关于马克思主义中国化主题的探讨则呈现出总、分两种态势。从整体性角度来看,把马克思主义中国化本身视为一个整体,有学者①提出了从马克思主义观、社会主义观、共产党执政观、科学发展观四个角度把握主题;有学者②主张解放生产力是主题;有学者③主张为人民服务是主题;有学者④主张中国特色社会主义是主题。从独立的阶段性角度来看,学者们则分别探讨了毛泽东思想、中国特色社会主义思想的主题等。本书赞同从整体上对马克思主义中国化主题的探索。中国特色社会主义探索的自觉性,促成了现代化发展的独立性和自主性。现代化主题表现为时代主题、实践主题、阶段性主题等。其中,

---

① 阮玉春:《马克思主义中国化的主题探析》,载《天中学刊》2015 年第 3 期。

② 张瑞生:《马克思主义中国化的精髓、主题、源泉》,选自《山西省社会科学界纪念中国共产党成立八十周年暨"三个代表"重要思想理论研讨会论文集》,陕西师范大学出版社 2001 年版。

③ 黄建国、谭献民:《为人民服务——马克思主义中国化的现实产物、不懈动力和永恒主题》,载《湖湘论坛》2014 年第 2 期。

④ 田克勤:《深入理解和把握马克思主义中国化主题的几个问题》,载《马克思主义理论学科研究》2017 年第 2 期。

阶段性主题是时代主题和实践主题的特殊表现，实践主题是时代主题的反映。在新民主主义革命时期，现代化的时代主题是实现民族独立，马克思主义中国化的主题是探寻民族独立合理、有效的道路。社会主义革命和建设时期，现代化的主题是寻求建立和建设社会主义制度，走出俄式社会主义的路径，与之对应，马克思主义中国化的主题是从社会主义革命转向社会主义建设。改革开放和社会主义现代化建设新时期，围绕中国式的现代化道路，描述马克思主义中国化主题的概念也发生了一系列变化，比如，"中国式的现代化道路""建设有中国特色社会主义""中国特色社会主义"等。对中国逻辑的发展来讲，从体制、机制到制度创新发展，都离不开理论认知水平、马克思主义大众化发展的推动。由此，我们可以看出，这种契合，不仅仅是目标指向，更是一种互相成就、相互支撑。

（二）超越逻辑：以追求人类共同利益和价值为前提的文明共生

超越逻辑集中表现为对内和对外两个维度。从对外维度来看，超越的前提是对既有现代化理论和实践基础的解构；从对内维度来看，超越体现在对既有追求的批判性继承和发展。

马克思主义文明社会批判理论为打破和解构西方中心论提供了重要的理论支撑。西方中心论表现为以种族优越论为主、以政治制度和价值观念为主、以思维方式和话语体系为主三个不同层次。对西方中心论的批判贯穿马克思著书立说实践活动的始终。马克思主义文明社会批判理论，不仅瓦解了西方中心主义论生成的基础，而且揭示了其虚假性。马克思对西方中心论的批驳是从揭示资本主义生产方式、运行规律和前途为切入点。马克思从资本主义的生产方式出发，阐释了资本主义发展的一般规律。并在此基础上，结合不同地域资本主义国家生产方式路径，提出资本主义不同表现形态的观点。一般和特殊二者紧密相连,用一般来否认特殊,用特殊来掩盖一般,都是不可取的。

一方面,马克思主义文明社会批判理论解构了西方中心论的生成基础。马克思、恩格斯借助文明社会的概念揭示了资本主义文明的反文明性。首先,马克思主义经典作家从社会生产的角度对文明的发展进行把握。西方中心论的理论基础是启蒙理性的发展。马克思、恩格斯通过分析资本主义生产,提出了资本主义社会运行的基本矛盾。在肯定资本主义社会创造巨大生产力的同时,从生产方式的角度触及了文明的本质,揭示了资本主义制度的反文明性。在马克思、恩格斯看来,正是资本主义生产的先进性造就了其与文明的媾和性,导致其在资本扩张的进程中,使不断输出的价值观天然地穿上了文明的外衣,为意识形态的输出合理地扫清了障碍。

另一方面,马克思、恩格斯揭示了西方中心论的发展前景。马克思、恩格斯认为资本主义文明是建立在一个阶级对另一个阶级剥削的基础之上,文明的终极目的是为了获取更多的财富。文明运行的矛盾性加剧了资本主义运行的矛盾性,最终将导致人的异化,并不断升级剥削的程度。资本主义文明的反文明性是西方中心论局限性、暂时性的脚注。

以文明观的重建展现中国式现代化的塑造力。把现代化进程放置在文明语境中加以认识,是很多现代化理论家都比较认同的一种视角。美国学者布莱克认为现代社会作为伟大的转变具有极强的动力。马克思也认为,传统社会和现代社会的差别实质就是传统文明和现代文明的差别。现代化是文明的内在规定,工业化只是其中一重表现,现代化还包括其他制度、观点层面的表达。

西方中心论的瓦解,必然召唤一种新文明观的重建。面对全球治理的困境,以西方中心论为核心的"文明优越论"逐渐陷入治理的窘境。全球治理亟须加强对共同体的审视,以共同体为基础建构起的文明共生观成为解决问题的不二法则。中国式现代化是一种人类文明新形态。这种新形态的超越性集中表现为建立在人类命运共同体基础之上。人类命运共同体正确处理了价值和利益处理中的普遍性和特殊性,是中国开放、包容大国形象的展现。文明共生价值是中国自身文明发展逻辑和社会发展逻辑高度内洽的体现。

人类命运共同体是人类文明新形态话语表达的重要载体。中国式现代化的发展取得了令人瞩目的成就。对中国式现代化发展成就很容易得到外部世界的认可。问题在于,对成就达成和文明之间的内在逻辑并不认可。这既有我们自身话语构建、话语传播不足的因素,也有外部世界主观排挤的因素。要实现中国式现代化发展所取得的成就与影响力、传播力相匹配,避免用西方话语解释中国发展的困境,就必须解决中国式现代化的话语体系的构建问题,通过增强中国式现代化发展的话语权,实现"特色"解读从抽象化、神秘化到具体化的转变。最为关键的是要建立能够清晰表达中国式现代化发展成就、路径背后的文明观念,展现文明对中国式现代化的塑造力。

二、中国式现代化目标的演进路径

路径是基于对目标发展历史脉络的考察,提炼、总结凝结于实践探索中的发展步骤、思路。从具体目标内容来看,主要是紧紧围绕对社会主义本质的认知和探索,表现出由单一向全面的发展;从整体目标演进来看,主要是牢牢抓住共同富裕的现实目标,循序渐进推进目标的丰富和拓展;从确立目标的方法来看,主要是坚持以马克思主义为指导，推进目标发展继承性和创新性的有机统一。

（一）以社会主义本质探索为载体，逐步提升目标内涵的全面性

马克思主义认识论认为事物的发展要经历由感性认识到理性认识、由理性认识到实践的能动的飞跃。中国共产党对中国式现代化目标的认知，紧紧围绕未来社会发展图景，通过对社会主义本质认识的深化与拓展，经历了一个认识、实践、再认识到再实践的发展过程。

话语分析是准确把握党对社会主义本质的认知演进的重要途径。马克思主义语言观认为，话语是基于客观实践的需要，通过一定的社会交往而形成的一种对现实的回应。构建中国特色社会主义话语体系的目标是为了获得我国发展的话语权。拥有话语权，一方面可以对我国发展已有成就设定参照系，做出合理的解释；另一方面能够以现有的成就为基础在世界发展中发出自己的声音，以此，增强我国意识形态的凝聚力。社会主义本质话语体系作为中国特色社会主义话语体系的重要组成部分，是马克思主义由革命话语向建设话语转变的重要转折；是对科学社会主义理论话语体系的丰富和拓展。对社会主义本质话语体系的研究离不开对其产生的客观历史背景的探讨。话语体系是话语和非话语的有机统一体，是一个由概念、判断、推理、传播四部分组成的有机整体。围绕这一话语体系的判断，社会主义本质话语体系的生成研究主要从话语和非话语两个维度展开。

“什么是社会主义”这一问题是马克思主义经典作家论述的重点。马克思通过对资本主义制度的探讨，提出了未来社会发展的基本设想，这为社会主义的发展提供了基本的方向性指导，但对社会主义的建设并没有提出具体的建设方案。我们对“什么是社会主

义"的探讨，前提是明确社会主义的话语范畴，即是作为社会形态，还是作为社会制度。作为社会形态的社会主义和作为社会制度的社会主义具有不同的覆盖范围。

马克思通过对不依赖于人的思维而客观形成的各种社会关系的分析，抽象了社会制度的一致性和重复性。在此意义上，社会制度和社会形态的概念几近重合。马克思主义经典著作中，并没有直接谈论到"社会主义本质"这一概念。在《反杜林论》中，恩格斯更多探讨了"性质"。对"什么是社会主义"的探索通过不同发展阶段中社会主义认知特点得以展示。新中国成立以来，社会主义建设的目的更大程度是要彰显社会主义制度的优越性。对于优越性的表现形式，主要是以马克思主义经典作家关于社会主义的描述为参照，为整个社会主义建设设置了"硬性指标"。这一时期，并未形成自身的建设话语体系，仍是以理论话语作为放之四海而皆准的真理加以运用。但在实践中，却产生了对"什么是社会主义"的各种各样的认识。其一，国内以"四人帮"为代表的"穷社会主义""穷共产主义"的观点，他们认为共产主义、社会主义仅仅涉及精神方面。其二，发达资本主义国家对我国社会主义制度的诋毁。发达资本主义国家对我国社会主义制度的抨击主要集中在人们生活水平的发展和国民生产总值上能进行准确数据化描述的特征。为此，邓小平将是否有利于发展生产力作为"三个有利于"的重要内容，将其视为社会主义建设的重要衡量指标，视为战胜资本主义，彰显社会主义制度优越性的重要内容。话语交流的前提是能够寻求不同话语之间的共同关注点。中国特色社会主义的建设用西方为中心的泛化了的理论和方法并不能给以合理的解释。必须要从本国文化的特殊性出发，依照特有的思辨哲学、价值观构建对自身发展进行合理解释。社会主义本质论话语体系是对"以苏解马”模式的突破,是对科学社会主义认识的深化。马克思、恩格斯对未来社会的认识因其客观条件的局限,不可能形成系统的具体的指导性内容,但他们为社会主义的发展提供了基本方向。20 世纪 80 年代,党内一部分人因政策调整而对社会主义产生了疑惑。在此背景下,邓小平提出了“社会主义的本质”这一概念。针对 1985 年国内对改革存在的疑虑,邓小平指出:“对内搞活经济,是活了社会主义,没有伤害社会主义的本质。”[①]1992 年,邓小平在南方谈话中揭示了社会主义本质的内涵。

人类对事物的认识总要经历一个由具体到抽象再到具体的推进过程。在判断的过程中,必然要经历一个从感性、知性到理性的认识过程。社会主义本质话语体系判断表现为社会主义本质论发展完善的进程。邓小平对社会主义本质的概括经历了初步探索、逐步揭示、科学概括三个阶段。对社会主义本质的判断是思想争论与建设实践综合作用的结果,对其分析既要考虑理论的延续性,也要充分重视实践的特殊性。这一判断集中表现在两方面:其一,关于什么是社会主义的判断是以当时所存在的各种错误认识和话语的批判作为首要的切入点。“文革”期间,人们对社会主义的认识深受“四人帮”所鼓吹的贫穷社会主义的影响,更多地依赖于精神道德领域的发展,导致对社会主义经济的认识也主要以政治意识形态的需求为参考。政治意识形态的性质成为人们衡量政策价值的重要标准。这样的价值取向,虽然有助于维护国家政治环境的安全,但却极大地束缚了人们经济建设的创造性的发挥。人们对社会主义优越性的理解范围主要局限在政治意识形态。社会现实的发展本身对理论的解释力不足,人们的积极性没有调动起来。在此背景下,

① 《邓小平文选》第 3 卷,人民出版社 1993 年版,第 135 页。

邓小平一方面指出社会主义发展必须发展经济,另一方面又明确了经济的社会主义属性,强调人们是基于同样的经济社会理想,依托共同的道德标准推动社会生产的发展。因而,他强调了生产力的重要作用,给生产力赋予手段和目标的双重属性,以此作为展现社会主义优越性的重要途径。

理论对现实的解释力直接影响人们对理论实践的判断。当前,对“什么是社会主义”这一问题的回应,实质是在解决人们基于社会主义建设过程中所借鉴吸收的一些资本主义建设方面较好的成果,是在回应手段和属性的争论。厘清对社会主义发展较好的发展手段的应用和制度属性之间的差别,阐释清楚中国特色社会主义改革的机理和特点,并在充分认识社会主义改革发展规律的基础上,明确社会主义改革与其他社会制度改革的区别。要正确理解当前我国社会主义改革的特殊性,要明确理论生成平台和实践应用环境之间的差距。社会主义本质判断生成的重点在于阐释这种差距的合理性。

西方话语研究更为注重的是语言形式对意义的承载,我们的话语研究则重视话语语境对意义的承载。对社会主义本质的理解并不能仅仅停留于语言形式的表述,而应拓展其深层的语境意义。推理实质是基于判断基础上的对具体路径的一种积极探索。社会主义本质概念和判断生成的研究侧重理论的探讨,而社会主义本质话语推理的生成则更侧重理论的实践。它是具体目标的进一步细化。该话语体系的推理主要包含以下四个方面。

推理1:解放生产力、发展生产力的提出明确了社会主义建设的根本任务。这一推理既是对科学社会主义的继承和发展,又充分体现了我国社会主义建设的具体国情,是对我国社会主义初级阶段建设实践的积极回应。社会主义的根本目标是要实现共同富裕。实现共同富裕首先要逐步提高人民的物质和文化生活水平,根本的途径就是解放和发展生产力。马克思、恩格斯将生产力的发展视为实现未来共产主义社会的不二法则。生产力成为理论解释力和社会优越性的重要表现。

推理2:突出了生产力的重要性,不再局限于对生产关系的论述,强调了生产力和生产关系的协作性,明确了科学技术是第一生产力。马克思、恩格斯将科学技术的重要成果——大工业的发展视为共同富裕实现的标志。科学技术的发展为劳动者的全面发展提供了技术支撑。虽在其实际运行过程中这一理论面临新的挑战,但不可否认其理论的积极性。

推理3:"发展才是硬道理"论断的提出。这是基于对生产力重要作用的认识而形成的具有中国特色的话语。在社会主义建设实践中,对凝聚建设力量、统一认识具有显著的意义。

推理4:中国特色社会主义的发展战略。从党的七届二中全会提出把我国由农业国变为工业国,实现国家现代化的构想到党的十一届三中全会后"小康社会"概念的提出,从"两步走"实现小康社会的设想到"三步走"基本实现现代化的战略的形成,是党对社会主义本质认识逐步深化、探索更具特色的表现。

邓小平关于社会主义本质路径的四层推理,契合了马克思、恩格斯关于共产主义社会发展阶段性的认识。新的推理既遵循了原初理论的发展理路,又兼顾了我国社会主义建设实践的特殊性。当前,共享发展是对社会主义本质中共同富裕目标的进一步深化和发展,是对我国社会主义建设实践经验的进一步提炼,是为实现全面建成小康社会所做出的具体的战略安排。因此,共享发展是基于我国社会主义建设现状所做出的具体的安排,是对社会主义本质亟待解决问题的进一步阐释。

社会主义本质论的阐释逐层递进。作为其中重要载体的“语言”在整个推理的过程中言简意赅地实现了制度话语与学术话语及日常生活话语的有效衔接。从“共同富裕”“科学技术是第一生产力”“发展才是硬道理”到“三步走”，整个话语体系实现了由学术话语向大众话语的转变，直接推动了社会主义建设路径的探索。

巴库廷认为，在主流的语言学中存在着对语言的传播功能的忽略。在话语的传播过程中，就不能简单地归结于单一的文本传播，而应考虑话语的互文性。传播要素的分析不仅是指社会主义本质理论体系如何大众化的问题，更需要构建社会主义本质理论传播的机制，以及明确理论传播需要、传播模式和传播特点。

话语实践是文本的生产与消费。任何一个理论在传播中，都要经历一个从实践上升到理论，再由理论过渡到实践的过程。链接这一过程的便是话语的转化。多数受众对某一理论的不理解源自书面话语的学术性，因此，理论本身被群众接受的前提是理论的承载——话语能够实现与受众的结合。这就要求书面话语的信息性要及时转化为口头话语的交互性。对于口语表达者而言，他所陈述的内容如果没有准确地表达他的意图，那么他就不得不进行积极的修复。但是，对于笔语而言，却可以实现信息的跨时空传递。这就说明，某一理论最为重要的是要传递、传播，仅仅停留于书面性的理论本身会依据不同受众的理解而产生多种含义。因此，理论一旦形成之后，要构筑成某种体系，最为重要的是使受众能够准确理解理论本身的含义。

这就对理论传播者提出了更高的要求。“话语体系的说服力、影响力固然与话语表达有关，但更重要的决定原因是话语体系所反映的意识形态特别是价值观是否具有吸引力，其根本上取决于思想体系的科学性和以之为指导的实践的成功性。”①对社会主义本质话语体系的理解应将其置于文化语境之中。在社会主义本质话语的传播进程中,邓小平将中国传统文化中的小康、大同思想加以改变,运用民众通俗易懂的“三步走”等词汇实现了学术理论向日常语言的转变,推动了理论的有效传播。社会主义本质论话语体系的传播是该理论生成的重要意旨。传播,意味这一理论体系对象化的转变。该理论的原初生成是基于党领导人民在社会主义建设实践中的探索,是党对探索经验的理论化概括和总结。理论的传播意味着实践目标的转移和对象的转变。实践目标转变成为受众行为内化于心、外化于行的迁移。因此,理论如何吸引大众,成为传播的第一任务。这种吸引不仅意味着理论对现实充足的解释力,也需要理论本身表达吸引力。这种吸引力即要求理论本身大众化传播时方式方法的更新。值得注意的是,社会主义本质论话语体系并非截至邓小平的论述为止,还要探讨的是党的十八大以来对社会主义本质的创新与发展。对社会主义本质论的传播不仅关系到这一理论本身的完善程度,而且事关对社会主义意识形态、社会主义制度的认可,关系中国对社会主义发展话语权的掌握与否。社会主义本质话语的传播,一方面是实践方面的传播,另一方面是理论本身的完善。

现代化目标的设定,主要依据特定历史时期面临的社会主要任务和对社会主义本质的把握。各个历史时期,社会所面临的主要任务不同,现代化的关注点也会有所不同,表现为目标演进的层层递进。马克思主义认为,“历史过程中的决定性因素归根到底是现实

① 杜进飞:《积极构建中国特色社会主义话语体系》,载 2012 年 10 月 30 日《光明日报》。

生活的生产和再生产"①,"生产归根到底是决定性的东西"②。在现代化目标的演进中,社会经济生产生活成为贯穿始终的一条线索。但是也要注意到,每个人自由而全面的发展是马克思主义的最高价值追求。随着人的需求的发展,现代化的目标也在不断拓展,实现了从物质层面向制度层面(政治)、深度层面(观念、思想、精神)的转变。

比如,邓小平在提出"发展是硬道理"的同时,也明确提出了"两手抓,两手都要硬"的方针,强调了物质文明和精神文明要相互促进、协调发展。江泽民在"两个文明"范畴的基础上,进一步提出了社会主义政治文明的改变,并将物质文明、精神文明、政治文明三者视为实践"三个代表"的重要内容。党的十六大以后,以胡锦涛同志为总书记的党中央,提出科学发展观的理论,深化有关社会主义建设规律的认识,明确提出了社会主义和谐社会建设的战略任务,强调要建设"经济更加发展,民主更加健全,科教更加进步,文化更加繁荣,社会更加和谐,人民生活更加殷实"的更高水平的小康社会,并把党的能力也扩展为"五大能力"。

全面凸显了系统性、整体性,突出的是现代化发展的整体效能。党的十九届五中全会把"全面建成社会主义现代化国家"纳入"四个全面"战略布局。从"四个现代化""全面建设小康社会"到"全面建成小康社会",再到"全面建设社会主义现代化国家",现代化目标的逐层提升,充分彰显了中国共产党对社会主义现代化本质、建设规律的准确把握。

(二)以共同富裕为导向,实现目标调整的渐进式发展

目标是人们从现实发展的具体情况出发,遵循自身发展逻辑,

① 《马克思恩格斯选集》第4卷,人民出版社2012年版,第604页。
② 《马克思恩格斯选集》第4卷,人民出版社2012年版,第608页。

对未来发展状态的一种设想和预期。现代化目标既是现代化发展首要解决的问题,也是现代化路径的直接表达。中国共产党人在共同富裕价值目标的引领下,依据不同时期社会主要矛盾、时代主题、国情等因素的变化,推动了现代化目标的多维度发展,使其表现出整体目标、价值目标、阶段性目标等不同状态。

现代化总体目标是准确把握和处理的现代化发展普遍性和特殊性的结果。现代化目标的渐进式发展表现为现代化总体目标的不断演进和变迁。这是内外同步发展的过程,向内表现为内涵的逐渐拓展和深化,向外体现为与世界现代化发展的接轨。

现代化总体目标是一个不断调整的过程。在社会主义革命和建设时期,伴随世界工业化发展浪潮,工业化成为新中国现代化探索的主要话语表达。在开展社会主义探索的进程中,四个现代化目标逐渐生成、发展和完善。四个现代化是党在社会主义建设时期设定的经济现代化目标。改革开放后,党在坚持四个现代化目标的基础上,更加强调现代化探索的全面性和整体性。党对现代化内涵的认识突破了经济层面,逐渐拓展,从四个现代化转向"三位一体"的现代化。党的十七大从"三位一体"转向"四位一体",提出要建设富强、民主、文明、和谐的社会主义现代化国家的目标。党的十八大提出了"五位一体"的现代化建设总体布局。党的十八届五中全会,把"推进国家治理体系和治理能力现代化"作为四个现代化之后的第五个现代化战略目标。党对现代化战略目标探索逐步完善的过程,也是党带领人民从赶上时代到引领时代的过程。

现代化阶段目标是围绕共同富裕把握现代化发展长期性和阶段性关系的体现。中国社会主义建设和改革是从理论到实践不断对共同富裕目标继承、调适和发展的过程。马克思、恩格斯对共同富裕目标的探索是建立在劳动价值论基础之上的,通过分配方式的规制，遵循“群体—个体”的逻辑思路，实现群体的有效联合，最终达成个体全面发展的状态，以此来捍卫未来社会的价值目标。资本主义通过不断完善的法治体系和社会保障体系在一定程度上遮蔽了其制度弊端，使其社会发展呈现出某种“共同富裕”的假象，加之我国社会主义建设中存在的问题被过度放大，影响了人们对“共同富裕”性质归属的判断，导致人们认为资本主义也在追求共同富裕，继而对马克思、恩格斯共同富裕思想的正义性和中国特色社会主义道路的正当性产生疑问。围绕这一问题，溯源其共同富裕思想形成发展的轨迹，明晰马克思主义语境下共同富裕的内涵，有助于准确理解现代化目标的演进。

马克思、恩格斯对共同富裕制度属性的探讨，是基于经济和价值两方面的考量。从经济的角度来看，资本主义剥削是其重点探讨的问题。私有制最直接的后果是将生产分裂为自然和人的活动两方面。资本主义制度因财富积累和贫困积累的同时出现，最终会导致整个社会再生产陷入崩溃。从价值追求的角度来看，马克思、恩格斯认为私有制带来的最直接的表现即是商业的发展。商业把人与人之间的关系逐渐变成了不道德的关系，并且人们会采用更为不道德的手段加以掩饰。同时，生产资料所有制的性质又直接规定了分配的具体方式。基于对劳动能力可能引发的后果的评估，马克思、恩格斯特别强调要防范在消灭私有制的过程中私有制的反复生成。基于此，他们明确了共同富裕的制度属性，废除私有制就成为马克思、恩格斯未来社会构建的首要目标。作为一种制度保证，“这种新的社会制度首先必须剥夺相互竞争的个人对工业和一切生产部门的经营权，而代之以所有这些生产部门由整个社会来经营，就是说，为了共同的利益、按照共同的计划、在社会全体成员的参加下来经营。……因此私有制也必须废除，而代之以共同使用全部生产工具和按照共同的协议来分配全部产品,即所谓财产共有”[①]。新的社会制度能够实现社会主义生产的目的性,即既能够使劳动脱离基本生活需求的定位,成为人们生活的必需,又能够给人们提供充足的物质生活,让人们真正享有充分的自由。

马克思、恩格斯认为生产力是社会发展与变革的重要指向标。“人们不能自由选择自己的生产力——这是他们的全部历史的基础,因为任何生产力都是一种既得的力量,是以往的活动的产物。可见,生产力是人们应用能力的结果,但是这种能力本身决定于人们所处的条件,决定于先前已经获得的生产力,决定于他们以前已经存在、不是由他们创立而是由前一代人创立的社会形式。”[②]所以,在未来社会发展的追求中,无论是对共同富裕实现准备条件的认知,还是对共同富裕实现标准的判断,都离不开对生产力的认识。共同富裕是一种状态呈现,它内含对经济关系和社会关系的双重要求,既是经济关系的彰显,也是社会关系的表征。

生产力的发展一方面保障和谐社会关系(即阶级状态)的达成,另一方面又契合了共同富裕阶段性的演进。一方面,马克思、恩格斯将生产力的高度发展视为重新稳定社会关系的重要手段。社会关系是经济关系的反映。“各个人借以进行生产的社会关系,即社会生产关系,是随着物质生产资料、生产力的变化和发展而变化和改变的。生产关系总和起来就构成所谓社会关系,构成所谓社会,并且是构成一个处于一定历史发展阶段上的社会,具有独特的特征的社会。”[③]他们强调生产力的作用,认为生产力的发展是无产阶级从生存性斗争转向发展性斗争的基本条件,是实现无产阶级解放,

---

① 《马克思恩格斯选集》第1卷,人民出版社2012年版,第302—303页。

② 《马克思恩格斯选集》第4卷,人民出版社2012年版,第408—409页。

③ 《马克思恩格斯选集》第1卷,人民出版社2012年版,第340页。

继而实现全人类解放的必要条件。另一方面,对生产力发展过程性的认知契合了马克思、恩格斯关于共同富裕阶段性的认识。生产力的发展主要依托于科学技术的进步。科学技术的发展是一个逐层递进的过程,因此生产力的发展也折射出过程性的特点。他们对共同富裕的阶段性的认知契合了共同富裕主体所经历的“劳动—劳动力—劳动者”的演进路径。共同富裕状态下的“各尽所能,按需分配”的实现要经历按劳分配这一阶段。马克思反对在按劳分配中简单粗暴地用“劳动”衡量贡献,认为单纯地以“劳动”作为衡量标准很容易导致直接用“劳动时间”描述贡献率的大小,并且这种逻辑演绎又无法真正体现现实的劳动过程,他主张用社会劳动来衡量按劳分配中的“劳”。社会劳动的含义是十分广泛的。以劳动为切入点,落脚于劳动者的这样一种研究思路,其奥秘便在于如何从劳动力入手完成这一逻辑演变。

马克思、恩格斯对共同富裕的认识中物质性和价值性是同等位阶的概念。物质性的直观表现是人们财富的增加,但更为重要的是体现为一种实际消费能力的提升,是一种具体的购买力。因而他们认为,劳动力的价值在于不断去实现劳动力的更好的生存状态。他们反对在物质追求中简单粗暴的理解。他们认为,平等工资并不等于平等对待。在《雇佣劳动与资本》中马克思明确提出,资本家付给工人的工资是工人劳动力的体现。马克思、恩格斯主张,要在追求共同富裕的过程中充分考虑工人需要和享受的社会性与相对性。共同富裕的价值性也体现为人自由而全面的发展。他们认为,分工的存在使得精神活动和物质活动、享受和劳动、消费和生产之间互生矛盾,导致个体利益与群体利益、特殊利益与共同利益之间矛盾的生成。在马克思、恩格斯关于未来社会的构想中,消除分工和消除私有制是同一事件的不同方面。消除分工是从表面铲除资本主义的弊端,而消灭私有制是对资本主义根基的切除。

马克思、恩格斯对共同富裕实践路径的探索通过其实现标准得以展开。马克思、恩格斯把生产力的高度发展所带来的大工业生产视为共同富裕实现的标志,而不是条件。

对共同富裕实践路径的解读要从它的正义性角度切入。从共同富裕实现的正义性角度来看,马克思、恩格斯所处的时代恰逢资本主义发展初期,他们对共同富裕的理解与剥削紧密相关。马克思、恩格斯认为,要消除剥削就需要消灭分工,消除物质劳动和精神劳动的对立。他们寄希望于大工业生产来消除分工,原因在于:其一,大工业条件下,剥削实现了从劳动资料向人身资料的转变。因为机器的使用,可以使越来越多的人被纳入生产过程,剩余价值的生产就更多地依靠机器本身对工作日和劳动强度的需求。“当法律使资本永远不能延长工作日时,资本就力图不断提高劳动强度来补偿,并且把机器的每一改进变成一种加紧吮吸劳动力的手段,资本的这种趋势很快又必定达到一个转折点,使劳动时间不可避免地再一次缩短。”[①]其二,原有的“独立的自由人”(一方是生产资料和货币的占有者,一方是劳动力的占有者)之间的契约关系发生变化,劳动力在劳动过程中的主导地位转向从属地位,具体表现为从终身使用一种局部工具转变为终身服侍一台局部机器,加速了劳动力买者与卖者之间法的关系的革命。他们认为,资本主义生产方式的存在使劳动者逐渐和劳动过程、劳动产品相对立。机器发展所形成的种种对立,都是基于资本主义的生产方式。其三,过度依赖机器本身的生产会直接将工人剔除出生产过程,它将补充劳动力纳入了生产的过程,它使工人的劳动毫无意义。大工业生产

① 《马克思恩格斯文集》第5卷,人民出版社2009年版,第480页。

所呈现的现实表现为,旧的分工制度由于习惯仍被延续,后来被当作剥削劳动力的手段,得到了系统恢复。因此,工人在这一生产过程中,非但没有很好地维持自身基本生活状态,反而导致更大程度和更大范围的贫困。

马克思、恩格斯认为,只有实现大工业生产才能完全消除剥削,继而实现共同富裕。问题的症结在于,马克思已然意识到机器发展所带来的种种弊端,又为何仍将大工业生产视为实现共同富裕的标准呢?这应从共同富裕的可行性角度给以论证,它的突破点存在于对机器大工业利弊得失的权衡。对大工业在实现共同富裕方面的态度直接取决于在对资本主义社会的认识中他们的考察重点已经从劳动转移到劳动力本身。那么,对劳动力的解放就从以下两条路径展开:其一,劳动力对生产过程选择的自主性。随着科学技术的介入,劳动力之间的差别逐渐消失,工人之间更多强调的是协作。"随着大工业的发展,现实财富的创造较少地取决于劳动时间和已耗费的劳动量,较多地取决于在劳动时间内所运用的动因的力量,而这种动因自身——它们的巨大效率——又和生产它们所花费的直接劳动时间不成比例,相反地却取决于一般的科学水平和技术进步,或者说取决于科学在生产上的运用。"①工人可以作为生产过程的监督者和调节者来参与生产,客观上促成了工人智力发展的可能性。其二,大工业生产推动了阶级斗争的普遍化。大工业的发展加速了国际市场的开拓与发展,推动世界市场乃至世界历史的形成。更为重要的是,在资本主义条件下,工厂立法的普遍化加速了小规模的分散的劳动过程向大的社会规模的结合的劳动过程的转化,加速了资本的积聚和工厂制度的建立,从而使得资本统治以直接的、

① 《马克思恩格斯全集》第46卷下册,人民出版社1980年版,第217页。

无掩饰的方式呈现出来,推动了反对统治斗争的普遍化。从这一层次上来看,大工业的发展本身缔造了无产阶级,并在一定程度上拓展了阶级斗争的群体,正如马克思、恩格斯在《共产党宣言》中指出的,资本主义在发展的过程中“资产阶级无意中造成而又无力抵抗的工业进步,使工人通过结社而达到的革命联合代替了他们由于竞争而造成的分散状态”①。

大工业发展的内在张力需要合理制度的释放。马克思、恩格斯非常强调科学技术发展的重要性,认同工业革命的重要作用。他们认为,随着工业革命的展开,机器生产的发展会逐渐降低生产所需的费用,加速自由竞争的发展,不断激烈的竞争导致生产远超消费的需求,产生经济危机。大工业所带来的自由竞争成为其发展的枷锁。大工业发展的内在张力的发挥一定要亲手撕毁这样的自由竞争,但是,却给人们建立一种全新的制度提供了可能性。废除私有制是满足所有人需求的保障。因为私有制的存在直接影响了工业的发展,而当工业找到合适的制度土壤,便会提供给社会足够的产品以满足所有人发展的需要。基于需求的满足,社会就不会再被划分出不同的阶级。同时,机器的使用对劳动者的能力提出了新的要求,整个生产体系要求精通生产过程的人,因此,劳动者的全面发展成为必然的要求。问题在于,马克思、恩格斯把资本主义发展的最初阶段视为其最终阶段,这一判断影响了他们对资本主义发展的认识和对未来社会体系的构建。他们看到了世界历史形成的可能性,没能看到资产阶级扩大剥削对象、转移国内经济危机的动向;找到了以劳动价值论揭示资本主义发展的根源,却没能看到脑力劳动和体力劳动各自可能存在的发展状态,导致对资本主义现状解释力的

① 《马克思恩格斯选集》第1卷,人民出版社2012年版,第412页。

不足。应当看到，马克思、恩格斯关于未来社会实现共同富裕的构想是从理论逻辑和实践策略两方面加以阐释的，这种阐释建立在对资本主义制度的批判性基础之上，体现了未来社会追求的正义性和正当性。但是，随着科学技术的不断发展，马克思、恩格斯关于未来社会的构想、共同富裕思想的实践等都面临新的挑战。

总的来看，共同富裕思想的路径演绎主要遵循两条路线：马克思、恩格斯在特定历史条件下形成的基本的立场、观点和方法构成马克思主义的原初理论形态。原初理论因其生成的客观条件和主观认知的局限性的影响，逻辑原理部分更为突出。在指导具体实际的发展过程中，实践策略受客观环境的影响会对原初理论形成某种分化。对这种分化的态度直接影响了人们对原初理论的认知。对理论研究工作者而言，解释逻辑原理与实践策略之间的契合和偏离就成为增强理论自信的不二法则。

共同富裕在马克思主义语境中是一个立体化的概念，单纯地以当前资本主义社会发展的某一切面提出对共同富裕的挑战是不能成立的。马克思、恩格斯在其生活的年代，对资本主义的分析是建立在对无产阶级生存问题的探讨之上的，而随着资本主义社会的发展，今天的无产阶级所面临的问题主要表现为发展问题。尽管在现代资本主义社会，劳动者的生活水平得到了提高，但从他们的社会地位、就业状况、精神生活等方面来看，仍然趋于贫困。不同质量劳动力生产费用和不同行业劳动力的价值必然是不同的。正如马克思所指出的："工资的显著增加是以生产资本的迅速增长为前提的。生产资本的迅速增长，会引起财富、奢侈、社会需要和社会享受同样迅速的增长。所以，即使工人得到的享受增加了，但是，与资本家的那些为工人所得不到的大为增加的享受相比，与一般社会发展水平相比，工人所得到的社会满足的程度反而降低了。我们的需要和享受是由社会产生的;因此,我们在衡量需要和享受时是以社会为尺度,而不是以满足它们的物品为尺度的。因为我们的需要和享受具有社会性质,所以它们具有相对的性质。”①马克思认为工资是社会关系的展现,因此,“我们谈到工资的增加或降低时,不应当仅仅注意到劳动的货币价格,仅仅注意到名义工资”②。马克思认为,随着大工业的发展,无产阶级及其家庭成员变成了单纯的劳动工具和商品,“为了发展他的劳动力,使他获得一种技能,还需要另外花费一定数量的价值”③。但是,如果不变更所有制,他们的教育等问题就成为无稽之谈。所以,对现实策略质疑的回应,仍然需要从理论逻辑的基础部分着手,忽略这一前提的质疑是无效的。

马克思、恩格斯将大工业的出现视为共同富裕实现的标志。但是,大工业的到来却没有立即宣布共同富裕的达成。因此,对他们共同富裕思想的第一个节点就体现在如何回答这一问题。遵循“机器大规模使用—利益需求一致—单个冲突上升为阶级冲突—阶级生成”的实践路径,阐明共同富裕在实践层面的可能性和可行性。对实现共同富裕的策略原则主要集中在了“斗争”爆发的必然性上。从策略原则的角度来看,共同富裕在实践追求中面临着与逻辑预设分化的可能性。认为,大工业的发展加速了世界历史的形成。这种扩大在逻辑演绎中看到的是无产阶级群体的生成和壮大,更多关注的是阶级,而没有看到阶级斗争被转移的趋势。大工业的发展导致剥削程度的加深,为了更好地维护既有生产秩序,减少破坏生产的风险,资产阶级会加剧对殖民地的

① 《马克思恩格斯选集》第 1 卷,人民出版社 2012 年版,第 345 页。
② 《马克思恩格斯选集》第 1 卷,人民出版社 2012 年版,第 346—347 页。
③ 《马克思恩格斯文集》第 3 卷,人民出版社 2009 年版,第 55 页。

盘剥,适当地降低对本国无产阶级的剥削,以此缓和日益紧张的阶级斗争。至此,马克思、恩格斯共同富裕所设想的逻辑演绎就被分化出了另一条路径。其直接后果便是,无产阶级力量联合的可能性被降低,实现全部联合的设想被个别国家和地区缓和的状态所打乱。分化的另一条路径即是机器大工业的发展,使脑力劳动和体力劳动的界限不再具有其他属性。马克思、恩格斯在《德意志意识形态》中指出:"共产主义的最重要的不同于一切反动的社会主义的原则之一就是下面这个以研究人的本性为基础的实际信念,即人们的头脑和智力的差别,根本不应引起胃和肉体需要的差别;……活动上,劳动上的差别不会引起在占有和消费方面的任何不平等,任何特权。"[①]在预设共同富裕目标时,理论前提即是脑力劳动和体力劳动消除资产阶级对脑力劳动的特殊占有。而在具体的实践中,随着大工业的发展,脑力劳动和体力劳动的界限不再明确。由此,基于分工所造成的这种剥削逻辑随着资本主义大工业的发展就呈现出另外一幅景象。

由此观之,现存对马克思、恩格斯共同富裕思想的各种解读中,或是模糊了其制度界定,或是夸大或扭曲了对理论解释的策略原则。二者的错误在于没有正确处理逻辑演绎和策略原则的共时性,对二者共生关系的处理前提是,用逻辑演绎下共同富裕的正义性解释策略原则视域下共同富裕的正当性,包括存在形态的正当性和实现途径的正当性。马克思、恩格斯共同富裕思想逻辑演绎的正义性建立在对资本主义发展科学分析的基础之上,它所面临的资本主义处于上升时期,其中后期科学技术进步所形成的结果远远超过了他们的预期,所表现出的特征似乎出现了某些偏离,现存理解的偏失

① 《马克思恩格斯全集》第3卷,人民出版社1960年版,第637—638页。

原因即在于没能正确把握偏离和轨道之间的关系,没能理解共同富裕所蕴含的实质性的内容,没能使用方法论原则对逻辑演绎的正义性给以与时俱进的认识和扩充。

当前,无论是对资本主义新发展的认识,还是对社会主义建设的认识都要重新设置坐标轴,围绕其中的即是如何看待资本主义和社会主义的新发展。一方面,资本主义的发展因为国家调控力量的介入,经济危机呈现出某种缓和的迹象;社会主义在引入市场机制之后呈现贫富差距扩大的趋势。另一方面,资本主义不断在国内和国外同时制造着两极分化,一些社会问题不断扩大;社会主义国家借助公有制的引导力量,取得了巨大的成就,所形成的社会主义发展模式引起了世界的关注。以上两方面的趋势成为人们对马克思主义理论形成质疑或坚信的重要原因。质疑是人们借助资本主义发展所呈现出的表面繁荣,表达自己对现状的不满,继而将这种不满上升至理论信仰层面。当深究其原因时,又以点带面地将这种原因归结于我们对社会主义建设目标的否定,即对实现共同富裕的不信任,这种不信任感随即转化成为对理论的不信任。这样的一种恶性循环当它以点带面扩展开来的时候,实践建设就会面临各种挑战和威胁。我们要看到,今天对社会主义共同富裕的把握无法离开对资本主义经济危机的分析和判断。马克思、恩格斯生活在资本主义发展的初期,从理论构想本身来看,不可能完全解释现实状态下的社会主义的价值追求。重新界定马克思、恩格斯消除分工的认识就成为理解共同富裕时亟须解决的问题。这样的变化趋势为我们提供了理论对现实解释力的入口,摸清了解释脉络,使得理论的创新更加有的放矢。同样,以我国当前存在的一些问题来否定共同富裕的追求也是无法成立的。马克思、恩格斯对共同富裕的判断和认知与生产力紧密相连。当前,我国社会发展中存在的贫富差距并不是对共同富裕目标背离的结果，相反，是在追求生产力发展中不可回避的状态。因此，共同富裕目标应当与高度发达的生产力形成对称关系。通过对马克思、恩格斯共同富裕思想的梳理和对当前资本主义社会发展现状的认识，不难发现，对共同富裕的把握中，需要树立整体思维，任何一种单一的、片面的认知都有可能导致对共同富裕的误解，影响中国特色社会主义自信的生成。

综上所述，话语在场的形成是基于理论在场和实践在场的同时发生，其中即是指逻辑演绎和策略演绎的共生性。对马克思、恩格斯共同富裕思想的分析既要有逻辑演绎的梳理，又要有策略原则的调适。二者的调整与发展都要放置在共同的时空之下，要避免出现时空解释的断裂。因此，从理论源头溯源共同富裕的发展理路，明晰共同富裕追求中原初理论与实践原则之间的分化，寻找二者出现差距的原因就成为理论研究亟待回应的问题。这也是增强中国特色社会主义建设话语权，提升中国特色社会主义自信的重要途径。

现代化阶段目标是整体目标的具体实现路径。这是贯通历史和未来的过程，一定程度上可以把现代化阶段目标视为总体目标的拆分。现代化阶段目标与党对共同富裕的探索和把握程度密切相关。围绕“工业化”“四个现代化”“全面建成小康社会”等目标，党不断探索实现路径。党的十八大以后，习近平总书记进一步丰富了“三步走”战略步骤，提出了新“三步走”。要准确把握其时代内涵，就要将其与“四个全面”战略布局紧密结合。“全面建成小康社会”是党要实现的现代化阶段目标。其中，全面依法治国、全面深化改革是主要抓手和途径，全面从严治党则是从现代化主体视角对全面建成小康社会的根本保障。

(三)以马克思主义为指导,实现目标发展继承性和创新性的统一

尽管现代化目标呈现出渐进式、阶段性的发展,但阶段性目标之间并非孤立存在,而是相互依存的,实现了继承基础上的创新。这种继承性发展与人的认识活动的自我否定的扬弃过程紧密相连。人的认识在继承前一阶段的基础上,通过自我否定,实现扬弃,从而推动认识达到更高水平。

习近平总书记强调,马克思主义哲学是中国共产党人的看家本领。现代化目标的渐进式发展、阶段性和总体性相统一的发展路径,就是中国共产党人运用辩证唯物主义和历史唯物主义准确把握现代化发展的过程。马克思主义哲学认为,世界万事万物都是处于联系、发展的状态,联系和发展的统一构成了世界历史的演化。联系的普遍性既表现为一事物与周围事物之间的联系,也体现为事物内部发展过程之间的联系。现代化目标的形成和发展是自在联系和人为联系的产物。从自在联系的角度来看,伴随时代课题的不断调整,现代化目标必然会经历一个不断丰富和调整的过程;人为联系是人类实践活动的产物,但人为联系的建立仍需考虑客观联系。现代化目标发展过程中的阶段性战略步骤之间的衔接便是人为联系的产物。值得注意的是,它仍然是在充分考虑客观联系的基础上,才使步骤本身具有真实性、可操作性。对实现现代化目标战略步骤"两步走""三步走"和新"三步走"的制定,就是在充分考虑现代化目标客观联系基础上,人为联系的充分展现,具体表现为目标和战略步骤发展之间的继承性。

中国共产党对现代化目标的继承性发展,可以通过其对共产主义话语的把握加以理解。马克思主义语言观认为,话语是基于客观

实践的需要通过社会交往而对现实发展所形成的回应。对共产主义话语的研究必须回归到文本分析，通过对马克思、恩格斯共产主义话语运用的分析，探究共产主义话语演变的历史进程，为共产主义信仰的确立提供坚实的理论支撑。

共产主义思想早已有之，但概念却是在19世纪30年代中期法国巴黎的秘密团体中使用的。随着法国卡贝和德国魏特林共产主义思想的传播，“共产主义”一词在欧洲开始流行起来。马克思、恩格斯关于共产主义思想的形成和发展是以共产主义话语的形成为基础的。共产主义作为批判和否定资本主义社会发展的思潮，其形成与发展的空间展开主要是在批判性社会思潮的视阈下得以进行。19世纪40年代初期，马克思对未来社会的探索在对同时期各种学说批判的话语情境中展开。

这一时期共产主义话语集中体现在《1844年经济学哲学手稿》一文中，马克思交叉使用“共产主义”和“社会主义”。就是说，在批判资本主义社会发展的语境中，二者是相同位阶的概念。他从“异化”和“私有财产”的视角出发，集中批判了两种共产主义学说。其一，是以卡贝、德萨米和魏特林等为代表的“粗陋的共产主义”。这一共产主义派别由于没有正确认识私有财产的本质，所以对共产主义的理解仅从人道主义的角度展开，把人与人之间的关系简单定义为人与财富的关系。其二，是以萨米、蒲鲁东和盖伊为代表的“民主的或专制的”“废除国家的”共产主义学说。这种学说因为没有揭示私有财产的积极的本质，因而并未揭示共产主义的本质。在此基础上，马克思、恩格斯对各种社会主义思想进行了批判，包括反动的社会主义、保守的或资产阶级的社会主义和批判的空想的社会主义和共产主义等。不难发现，这一时期的共产主义话语处于批判语境之下，作为一种对时代困境的回应，马克思、恩格斯对它的关注主要集中在对各种社会主义理论解释力的批判性解读。当然,马克思、恩格斯对各种社会主义的批判是建立在科学分析的基础之上,他们也承认理论不完善的客观必然性。一方面,不成熟的理论与不成熟的实践相匹配。另一方面,在对未来社会的构想中,在现有社会经济状况等各方面条件并不完备的情况下,理论越是完善,便愈发纯粹。马克思、恩格斯的共产主义话语是一个以历史唯物主义为基石,以"解放"和"重塑"为话语介质,以人的自由而全面的发展为话语目标的有机体,历经借鉴吸收、自我扬弃到逐渐确定的过程。

19世纪70年代科学社会主义思想的形成,正是基于两个伟大的发现,即唯物主义历史观和剩余价值。新的唯物史观的发现,凸显了阶级斗争对社会主义发展的意义。基于剩余价值学说,马克思、恩格斯以新的视角切入,对资本主义生产方式和资本生产的过程进行了揭示,从而有力地指出了资本主义生产方式的矛盾所在。通过对同时期各种空想社会主义的批判,恩格斯认为,空想社会主义者之所以是空想,源于资本主义不发达的生产状态无法提供历史因而只能从头脑中勾画未来社会的结构。

马克思对未来社会的构想中,解放是其重要的话语介质。对宗教解放、政治解放、人的解放及其相互关系的理解与探索贯穿其思想转变与发展的全部过程。1843年青年马克思受黑格尔哲学和费尔巴哈人本学的影响,认可青年黑格尔派的无神论思想,希冀通过宗教的批判达到政治批判的目标。在《莱茵河》报工作期间,马克思不可避免地接触到了德国现实状况,也日益感受到理论对现实解释的乏力。随后,他将目光转到了德国社会,将宗教批判视为一切批判的开端,整个解放路径转变为通过宗教解放达成政治解放,最终实现人的解放。在《〈黑格尔法哲学批判〉导言》中,马克思依托费尔巴哈人本学阐明了无产阶级解放和哲学的相互关系,这一时期的共产主义思想也被称为哲学共产主义。在《论犹太人问题》中，马克思主要区别了政治解放和人的解放，阐明政治解放所实现的仍然是以资产阶级权利和政治参与为核心的共产主义的政治解放，他主张无产阶级要进行彻底的革命，继而实现普遍人的解放。随后，借助恩格斯的《国民经济学批判大纲》和《英国状况》的分析，马克思在《1844 年经济学哲学手稿》中对各种共产主义思想进行了批判。在《神圣家族》一文中，马克思从实践批判着手，通过对私有财产的否定，阐明了世俗共产主义思想。在《德意志意识形态》一文中，对解放有了全新的认识。

作为历史活动的解放，成为实践唯物主义者即共产主义者的全部问题，简单地说即现存世界的革命化。革命化的前提是要认清现存世界的状况，其中包括生产力的发展状况。马克思第一次全面阐发的他的全新的世界观，从物质生产出发考察现实的生产过程，实现了从世俗共产主义向科学社会主义的过渡。关于未来社会的构想中，“国家”是其话语形成的另一重要载体。在批判黑格尔国家学说的基础上，马克思指出国家是虚幻共同体，并主张用自由人联合体来取代虚幻共同体。在虚幻共同体中，国家是为解决基于分工所产生的特殊利益和普遍利益之间矛盾而产生的一种独立形式，是阶级矛盾不可调和的产物。在国家这种形式下掩盖的斗争实质是阶级斗争。马克思从个人的生存境遇和人类政治命运的终极关怀出发，提出了国家消亡的理论。马克思的国家消亡论和国家批判说、国家建设理论形成了有机的整体。值得注意的是，国家消亡仅是从国家性质的角度阐释，它突出的是国家的建设功能。无产阶级要对国家秩序进行重塑。马克思、恩格斯关于国家的发展中更为强调通过对国家职能的释放，对人的管理逐渐转化为对生产过程和对物的管理。随着社会生产的无政府状态的消失，国家的政治权威也将消失。人终于成为自己的社会的主人，从而也就成为自然界的主人，成为自身的主人自由的人。马克思、恩格斯对人的价值的关注贯穿其思想的整个发展过程。马克思在《1844 年经济学哲学手稿》中，基于《国民经济学批判》的分析，摒弃了国民经济学家探讨问题时的"虚构的原始状态"，主张从国民经济发展的实际情况出发。

马克思认为，工资是异化劳动的直接结果，异化劳动是私有财产的直接原因。而要消除私有财产只能通过工人阶级解放自身的政治形势得以实现。因而，必须要有现实的共产主义运动。第一，生存条件改善的需求是价值产生的重要源泉。资本主义现实社会所呈现的画面成为"一幅令人极度失望的讽刺画"。从工人阶级反抗资产阶级的压迫开始，这场斗争就不可避免地透射着对价值的追求。第二，价值实现的基础在于以革命的方式实现联合。一方面，共产主义并非单一的党派性学说，它的目的在于实现整个人类的解放。另一方面，联合起来的工人阶级只有通过革命的方式才能对自身"肮脏东西"实现彻底的抛弃，达成利益共识，完成对自身价值的塑造。第三，价值追求的多样性。马克思更强调的是个人对原有关系的一种重塑。而这种重塑的目的在于更好地使个人获得自由。在《从空想社会主义到科学社会主义》一文中，恩格斯主要从经济基础入手探讨了科学社会主义的基本特征。对经济的谈论，落脚于价值的追求，尤其是对他人关于"民主""自由"的反驳，更是涉及了教育等内容。

对未来社会的探索中，马克思的共产主义话语的形成表现出逐渐脱离他者话语的特点。《〈黑格尔法哲学批判〉导言》和《1844 年经济学哲学手稿》中对共产主义的描述，带有深厚的黑格尔、费尔巴哈的痕迹，主要依托的是费尔巴哈的人本学唯物主义。通过将政治解放扩展为人类解放，将哲学批判深化为经济学批判。及至《哥达纲领批判》时期,已经依托辩证唯物主义,获得了共产主义思想的独立话语。第一,共产主义话语的超民族性。1843 年前后,马克思在思考德国现状的时候,希望通过对黑格尔法哲学的批判,找到一条适合德国发展的解放之路。在其探索中,无论探索视野抑或探索目的,都不仅仅在于解决德国一国之问题,而是展现出鲜明的世界情怀。第二,共产主义话语的借鉴性。马克思在《哥达纲领批判》这部科学社会主义的著作中,对社会主义社会如何进行管理做出了分析。马克思把拉萨尔称之为社会主义的阶段称为共产主义第一阶段。这恰恰说明,社会主义的发展中存在一些资本主义色彩,这种色彩并非倒退或者对资本主义模仿,而是在发展过程中不可避免地存在,也正是要克服或借鉴的要素。因此,资本主义的某些痕迹会存在,新生社会要经过自身的不断调整实现进一步的发展。

未来共产主义社会对价值的追求需要建立在生产力高度发达的基础之上。马克思在谈论共产主义第一阶段时认为生产资料归全社会所有仅消除了一定的不公平并没有实现完整的公平。在这一阶段中,个人收入会呈现出不同水平是必然的。因此,从这个意义上而言,列宁认为"社会主义"(即马克思称之为共产主义第一阶段)这一阶段中最重要的是实现了由资本主义向共产主义的过渡,是国家和各项权利发展的一个阶段。通过对马克思、恩格斯的共产主义思想的分析,不难发现,从话语的提出、构建到完善,是一个依托话语情境、奠定话语基石、确立话语介质、完善话语目标的过程。它们四者缺一不可,共同构成共产主义话语发展的强劲动力,推进共产主义信仰的生成和发展。

三、中国式现代化目标演进的动力要素

目标演进是多重因素共同作用的结果。目标生成于道路,又进一步彰显道路。在走自己的路的指引下,现代化目标演进与中国共产党对中国特色社会主义道路的探索实现了良性互动、协同发展。中国特色社会主义道路是目标演进的根本依据;中国共产党探究和深化社会主义建设规律、共产党执政规律、人类社会发展规律所蕴含的理想追求和奋斗精神是现代化目标演进的直接动力;社会主要矛盾的转变是中国式现代化目标演进的核心动力。

(一)民族复兴是目标演进的内生动力

中国式现代化的历史实践是在近代中国社会、中华文明长期领先状态被突然“中断”的历史背景下出场的。从一开始,现代化发展就肩负着独特的使命和任务。民族复兴的历史任务和现代化探索的历史实践相互交织、融合贯通。中国式现代化探索的阶段性目标演进与民族复兴历史进程中“站起来、富起来、强起来”的伟大飞跃相契合。因此,要理解中国式现代化的发展,就需要梳理、把握其与中华民族伟大复兴历史主题之间的关系。中国共产党领导现代化建设契合了民族复兴的目标。虽然有关“中华民族伟大复兴”的概念几经转变,但现代化发展的实践都为民族复兴奠定了基础,进行了积极的、有益的探索等,并逐步成为民族复兴的重要推动力。

道路对现代化目标演进的推动本质上是实现中华民族伟大复兴中国梦的驱动。道路探索是民族复兴的具体表现。中国式现代化目标演进始终与党对中国特色社会主义道路的探索紧密相连。

对目标的设定、判断和坚持，取决于对道路发展的认同。目标作为中国式现代化的直观表达，对其理解和把握应深入道路层面才能实现。人们总是在历史发展的坐标系当中，不断调整、校正前进的方向。因此，从比较的逻辑认识道路探索，实质上从一定程度上反映了目标设定的优越性。

实现社会主义现代化是贯穿道路探索的逻辑主线。坚持走自己的路，是党的百年奋斗得出的重要历史结论。学者吴晓明认为，中国式现代化道路探索呈现出的特殊性以及展示出的人类文明新形态的前景，正是源自中国共产党始终坚定现代化探索的社会主义定向。在党的百年奋斗进程中，是否能够走自己的路，能否走成自己的路面临着多重考验。在世界现代化历程中，欠发达国家（笔者注：包括日本在内的西方发达社会之外的国家）的现代化发展始终是世界发展的重大问题。学者罗荣渠将这类国家称为“第三世界国家”，认为它们的形成是工业世界扩张，农业世界依附工业世界的结果。这种依附性必然造成其发展的非自主性。西方现代化理论用“挑战—回应”论阐释了非西方国家现代化的启动和发展。事实上，这一理论带有明显的西方中心论色彩，它忽视了非西方国家自身独特的历史、经济和文化等条件。西方现代化理论以西方内源性现代化作为范式，企图让其他非西方国家直接照搬、照抄其强调现代性忽略传统、强调经济因素忽视非经济因素的现代化模式，但几乎所有照搬都付出了惨重的代价。中国作为后发现代化国家，其现代化道路探索也是在经历百年的探索后，逐渐走向正常发展的轨道。中国社会的变迁是借助社会革命达到巨变状态的。

中国式现代化目标发展与中国特色社会主义道路探索具有相同的历史实践逻辑。中国式现代化的出场和中国特色社会主义道路的出场，具有相同的历史轨迹。二者是在同一历史主题下，历经革命道路、建设道路和改革发展道路而逐渐形成的。

中国特色社会主义道路的发展是中国式现代化目标拓展的现实逻辑。在新民主主义革命时期、社会主义革命和建设时期,现代化探索是一种追赶状态下的自主发展。进入新时代,现代化探索呈现出引领状态下的自主发展,现代化目标的设定和拓展有助于激发中国特色社会主义的活力和制度优势。世界百年未有之大变局成为中国式现代化面临的全新发展逻辑。在这一背景下,“建设什么样的中国特色社会主义,怎样建设中国特色社会主义”和“建设什么样的社会主义现代化强国,怎样建设社会主义现代化强国”二者相辅相成。前者是后者的具体承载路径,后者是前者的重要内容。

(二)中国共产党的理想追求和奋斗精神是目标演进的直接动力

1. 世界现代化运动与政党政治的逻辑统一是深化共产党执政规律的表现

世界现代化运动发展的逻辑起点,在各国不尽相同。近代以来,中国现代化探索的实践迫切需要现代化逻辑的转化。中国共产党的诞生不仅改变了现代化实践的逻辑和轨迹,而且赋予自身政党建设新的内涵。政党政治是现代化这一人类社会发展必然趋势的重要组成部分。不同制度下,政党政治与现代化的结合呈现出不同的类型。中国共产党把政党建设和现代化探索有机结合起来,使其蕴含于政党政治价值之中,在现代化的探索和发展的具体实践中,推进中国现代化的发展。

社会主义政党的产生和发展开辟了现代化发展的不同路径。现代化发展的必然政治表现就是无产阶级的诞生。无产阶级通过组织化的政党行动实现其自身的诉求。也正是由于社会主义政党的政治行动，为世界现代化发展提供了新的路径，彻底改变了世界现代化进程的历史走向。“以社会主义现代化为指向的政党政治，发端于19世纪中叶欧洲资本主义危机背景下的现代化转型和欧洲工人运动的国际化推进。它的时代性出场，绝非少数天才人物的主观创造，而是资本主义旧文明必然让位于社会主义新文明的现代化演进规律使然。”①

现代化建设内涵的丰富与政党建设密切相关。现代化虽首先表现在经济领域，但其不仅仅局限于经济领域。伴随生产力的发展，其上层建筑必然发生相应的变化。现代政治的发展必然催生相应的价值理念和民主机制。现代政治所要实现的人的解放中，西方政治形态只是其中一种途经，而非全部。现代政治的发展对政党政治提出了新的更高的要求，有赖于政党政治的引导与规制。社会主义民主政治保障了人民当家作主的实现。社会主义现代政治的发展是以人的自由而全面发展作为价值目标，通过提升政治发展的民主性和法治性，实现社会主义政治民族性与世界性的有机统一。以政党为核心，所构建的党权、民权、政权三者关系，成为决定政党发展的关键要素。“通过发展党内民主、带动党际民主、推进国家民主从而实现社会民主，是社会主义政党政治的成长机理和价值归宿。”②

现代化建设与党的建设有机统一、相互促进。建设现代化国家是现代化的迫切需要，也是中国共产党的重要政治任务。实现民族独立和人民解放是近代以来中国人民的重要历史任务。这一任务

① 王绍兴：《现代化进程中的中国社会主义政党政治》，载《中国社会科学》2019年第5期。

② 王绍兴：《现代化进程中的中国社会主义政党政治》，载《中国社会科学》2019年第5期。

也决定了中国共产党独特的发展轨迹。党在新民主主义革命时期的主要任务就是为建设现代化国家奠定政治前提,即实现民族独立。为此,党的一大明确提出共产主义奋斗目标,二大确立了民主革命的任务。中国共产党人成功探索出农村包围城市、武装夺取政权的革命道路,建立了新中国。在社会主义革命时期,中国共产党人致力于为现代化建设奠定制度基础。通过社会主义改造,建立起了社会主义制度,夯实了我国现代化发展的制度基础,开启了独立自主探索现代化建设的征程。进入改革开放和社会主义现代化建设新时期,党不断深化对社会主义的认识,提出了社会主义初级阶段的基本路线,制定了“三步走”的社会主义现代化战略步骤;进入新时代,现代化建设面临与“治理革命”相契合的历史任务。总体而言,在革命、建设、改革和新时代四个历史时期,现代化建设与党的建设形成良性互动,相互促进。党的建设为现代化建设注入了新动力,现代化建设又对党的建设提出新的、更高的要求,推动党的建设历史逻辑、理论逻辑和实践逻辑循序渐进的演进。

2. 对建设现代化强国的探索是深化社会主义建设规律的集中体现

全面建成小康社会目标达成之后,党对现代化的探索进入了更高层次。对现代化发展的探索蕴含于对社会主义建设规律的探索之中。从一定意义上来看,社会主义建设规律就是社会主义发展规律的问题。党的十九大报告明确提出建设社会主义现代化强国的目标。社会主义现代化强国是包括经济、政治、文化、社会、生态在内的全方位的、整体性的目标。这一目标的形成是与党对社会主义建设规律的探索肯綮相连。

对社会主义现代化的探索是社会主义建设规律探索的重要内容。马克思、恩格斯在分析资本主义制度基本矛盾的基础上,对未来社会的发展作出了科学预测，但却没有也不可能对社会主义建设作出过多的讨论。俄国十月革命胜利之后，列宁、斯大林都曾对社会主义建设做过积极的探索。新中国成立后，毛泽东就高度重视社会主义建设，提出要通过探索学习，不断积累建设经验，掌握社会主义建设规律。这一时期党对社会主义建设提出了许多创新思想。比如，关于社会主义社会主要矛盾、基本矛盾的认识等。党的十一届三中全会之后，党在总结社会主义建设正反两方面经验、教训的基础上，对社会主义建设规律作出了突破性探索，取得了重要成果。比如，关于社会主义本质的认识等。党的十三届四中全会后，面对国情、世情、党情发生的巨大变化，党着眼于新的实践和发展，提出了“三个代表”重要思想，深化了对党执政规律的认识，推动实现了共产党执政规律、社会主义建设规律和人类社会发展规律的有机统一。党的十六大报告，突出了政党的先进性建设和社会主义制度优势发挥的关系，从人的发展、生产力的发展和社会进步三方面对社会主义现代化本质的规定。党的十六大以来，关于社会主义和谐社会建设的探索，以“四位一体”的战略布局丰富了社会主义现代化目标，深化了对社会主义建设规律认识。

3. 人类命运共同体理念是深化人类社会发展规律认识的集中表现

习近平总书记强调，中国特色社会主义之所以好，中国共产党之所以能，归根结底在于马克思主义行。马克思主义在揭示了人类社会发展的一般规律和资本主义社会发展的特殊规律的基础上，作出了“两个必然”和“两个决不会”的科学论断，阐明了人类社会发展的正确方向和实现人的自由解放的现实道路。尽管当前所处的时代和马克思所处时代发生了很大的变化，但是马克思主义所阐明的人类历史发展的大趋势并没有改变，我们仍处于马克思所指明的那个时代。

现实世界的发展被限制在资本主义生产的所谓合理的假象中。资本主义意识形态的输出加速了全球精神危机。如何冲破所谓的合理性,探索新的世界图景恰恰是我们要面对的重要问题。人类命运共同体就是中国共产党站在人类社会发展和进步的高度,坚持批判全球资本主义体系的立场,重新审视当前国际秩序的发展,洞察历史前进的逻辑和世界发展的潮流,为解决全球治理难题而提供的智慧和方案。人类命运共同体的哲学基础是马克思主义的人类社会。它与资本主义社会的哲学基础市民社会截然不同。市民社会中个体是独立的存在。个体间联系的建立是为了满足个体成员特殊的需求。市民社会导致了人与人之间更深层次、更广范围的不平等。马克思认为,市民社会的发展是与人的本质相分离、相背离的社会。市民社会由于其内在的不平等性必然带来海外扩张。从某种角度来看,霸权主义就是市民社会不平等性在政治上的表现。资本主义经济全球化和市民社会的等级性加剧了全球发展的不平衡,导致了单向度全球化的形成。在这种体系中,国家之间的关系是建立在资本利益基础之上的利益共同体,是内部等级鲜明的虚假共同体。

但是,随着经济全球化的发展,“新兴市场国家和发展中国家对全球经济增长的贡献率已经达到80%”①,单向度的全球化日益成为新兴市场国家和发展中国家发展的障碍,新的发展局面为新的国际秩序的建立提供了潜在的可能性。特里·伊尔顿认为马克思本人就是在现实逻辑陷入矛盾的情况下,探求未来的发展之路。而要改变单向度的全球化,就要秉持历史唯物主义的宏大视野,重构世

① 习近平:《共担时代责任　共促全球发展——在世界经济论坛2017年年会开幕式上的主旨演讲(2017年1月17日,达沃斯)》,载2017年1月18日《人民日报》。

界秩序的哲学立场,形成对市民社会哲学立场的反驳和批判。人类命运共同体是从人类社会的哲学立场出发,以追求人的真正解放和发展为目标,通过揭露现存秩序的资本逻辑,试图构建和阐释人类社会发展的新图景,探索出更符合人类社会发展的路径。

中国式现代化的发展是世界历史发展的重要组成部分。虽然黑格尔和马克思都曾探讨世界历史,但二者理论的主体却有根本区别。黑格尔的世界历史主体是“绝对精神”,马克思的世界历史主体则是实践的人、现实的人。“交往”“交往的扩大”“普遍交往”是马克思分析社会历史的切入点之一。马克思将交往视为人的本质的体现,具有本源性意义。未来人类社会自由人联合体就是建立在生产力高度发展和世界普遍交往的基础之上。从交往走向普遍交往、历史走向世界历史,在马克思那里具有高度的科学性。

由资本逻辑主导的普遍交往,引发了民族之间发展的矛盾性、对抗性。要改变这种普遍交往造成的精神文化同质化、殖民化、贫富分化、区域发展的不平衡等问题,人们就要以新的原则、方式重建普遍交往。

马克思在东方社会理论中就已提到资本主义生产方式的非唯一性。马克思注意到“亚细亚生产方式”有可能“跨越卡夫丁峡谷”从而进入更高的社会形态,超越资本主义现代性的形态。当然,更为重要的是,能够独立自主地实现探索。当前,资本逻辑主导的普遍交往非但不能破解普遍交往带来的困境,反而由于新的形式(比如,即时效应、弹性生产等)加剧了世界发展的问题。面对现代性危机和全球治理的困境,一种涵盖新准则、新路向的交往范式就呼之欲出。人类命运共同体就是这样一种新的范式。普遍交往的前提是有共同的、平等的利益。

中国式现代化以人民逻辑为前提,实现了对资本逻辑的超越。

它并不意味着推翻、重建,而是批判基础上的继承和发展。中国式现代化的发展,意味着在构建普遍交往中,既能认识和揭示资本主义世界体系的生成逻辑,也能依据其不断展开的自我调整、自我扬弃,不断调整和变化。人类命运共同体所提供的新的交往观、价值观、方法论都为中国式现代化发展注入新的现代性,推动中国式现代化彰显中国责任和中国担当。

(三)认识和解决社会主要矛盾是目标演进的核心方法动力

矛盾是事物发展的动力。辩证的矛盾发展是事物发展的实质内容。社会主要矛盾的变迁是中国共产党推进现代化建设和发展的重要方法论。矛盾分析法是党治国理政的重要方法论。在革命、建设和改革的历史进程中,党紧紧抓牢不同时期社会的主要矛盾,破解了发展中的一系列难题。中国式现代化的发展就是紧紧围绕不同历史时期的社会主要矛盾的变化,调整内容、战略步骤等,在社会主要矛盾的变迁中,实现目标的演进。

1. *矛盾分析法是贯穿马克思社会发展理论的一个重要方法*

马克思从事物发展的本质出发揭示现代社会的发展。正如英国社会学者安德鲁·韦伯斯特所说:"某些现代化理论家可能首先关心的是'有没有善于将剩余资本用于再投资的企业家',而马克思关心的却是'究竟是谁创造了这些剩余资本'。"①马克思主张辩证地对待事物的发展。与黑格尔辩证法不同,马克思的辩证法具有鲜明的批判性,从一开始就"引起资产阶级及其空论主义的代言人的恼怒和恐怖"②。辩证法从批判的、革命的、暂时性的角度看待事物

① [英]安德鲁·韦伯斯特著,陈一筠译:《发展社会学》,华夏出版社1987年版,第41页。

② 《马克思恩格斯选集》第2卷,人民出版社2012年版,第94页。

的发展。马克思主义唯物辩证法正视事物的矛盾，从事物发展的根本出发揭示其发展的规律和本质。

2.“社会主要矛盾”分析法是中国共产党政策制定的重要依据

中国共产党坚持以马克思主义为指导，运用马克思主义的立场、观点和方法分析中国的实际问题。方法不正确，就无法推动理论和实践的互动。理论对实践的指导，实践对理论的丰富和发展更无从谈起。习近平总书记在《坚持历史唯物主义不断开辟当代中国马克思主义发展新境界》一文中也强调，学习马克思主义哲学，掌握科学的方法论，是不断提升工作预见性、创造性的重要路径。只有系统学习、掌握社会基本矛盾分析法，才能更好地推动社会历史的发展。

马克思、恩格斯在科学考察资本主义制度基本矛盾的基础上，科学揭示了人与自然、人与人以及人类社会的发展规律。对社会基本矛盾的分析成为历史唯物主义的逻辑起点。马克思正是通过对生产力和生产关系、经济基础和上层建筑之间的基本矛盾的把握，构建了解剖社会发展的理论，发现、理解和掌握了社会发展的密码。

中国共产党成立之初，在马克思主义历史唯物主义的科学指导下，中国共产党对中国社会性质作出了科学判断，提出了反帝反封建的历史任务，认识到了民族独立是现代化发展的重要前提。基本矛盾的认知只是完成了社会发展基本层面的把握。如何抓住社会主要矛盾才是关键所在。党的六大就已有了“主要矛盾”的提法，但这一时期受共产国际的影响，这种认知只是停留在形而上的理解上，并未提升到方法论层面上加以把握和运用。在抗日战争时期，毛泽东曾用主要矛盾理论对中日两国社会状况从哲学层面加以理解。在《矛盾论》中明确提出，对主要矛盾和矛盾主要方面的准确把握是政党作出正确决定的重要方法。抗日战争时期，基于对中日矛盾上升为我国社会主要矛盾的认知,党凝聚各方共识,形成抗日民族统一战线,取得了抗日战争的伟大胜利。

新中国成立之后,党始终坚持从实际出发,在实现中华民族伟大复兴的历史主题的指引下,先后六次对我国社会主要矛盾作出调整,不仅在理论上进一步丰富了马克思主义矛盾学说,而且在实践上推动了现代化建设目标的发展。从理论创新成果来说,社会主要矛盾概念本身就是马克思主义中国化的重要论断。苏联在社会主义建设的进程中,否认了矛盾的存在,并没有为中国共产党的社会矛盾学说的创建提供现成的答案。人的认识的发展都要经历从感性认识发展到理性认识的过程。感性认识和理性认识是从认识到实践的过程,是人们把握世界的两种形式,是实践基础上对世界的能动反映。中国共产党就是在领导中国革命、建设的实践中构建了社会主要矛盾的分析框架,使其成为中国共产党回答时代之问、把握中国境况的根本依据,从而推进中国式现代化的阶段性、渐进式发展。

社会主要矛盾为中国共产党深化对社会革命认识构建起重要的分析框架。在马克思主义经典作家看来,社会革命是解决生产力和生产关系、经济基础和上层建筑基本矛盾的主要方法。其中,暴力革命成为新的社会形态建立的主要方法。中国共产党关于社会主要矛盾分析法,回答了在社会主义社会如何解决矛盾的策略问题。在站起来、富起来、强起来的各个历史阶段,通过对不同时期社会主要矛盾的认识和把握,党进一步拓展了社会革命的内涵和途径,推进中国式现代化建设内在超越的实现和突破。

贯穿社会主要矛盾这一理论创新成果其中的是主题思维这一重要的思维。陈先达先生认为主题思维是“通过对社会实践中的核心问题与理论创新中的关键问题的把握和解决,获得理论创新的制高点，从而推进理论创新的实现”[①]。这一思维具体表现为一种全局能力、战略能力。主题思维可以分为实践主题和理论主题两部分。实践主题实质上就是社会主要问题、核心问题，它决定着整个社会的发展方向、着力点；理论主题是基于实践主题，从理论层面对社会发展难题的抽象反映。

3. 党对社会主要矛盾的认知与现代化的目标探索协同开展

党对社会主要矛盾和现代化目标的认知之所以能协同展开的根本原因在于其主题思维。通过确定社会发展的实践和理论主题，可以凝聚共识，集中力量推动社会发展。社会主要矛盾是实践层面对社会主要问题的认知和概括，现代化目标则是从理论层面对社会发展方向和趋势的抽象表现。党对现代化目标的发展和社会主要矛盾的认知都具有鲜明的问题主导性。党领导革命、建设和改革的历史进程就是解决中国社会各种现实问题的过程。围绕中国社会的现实问题，实现了对社会主要矛盾和现代化发展目标的调整、丰富和发展。二者遵循“问题—主要矛盾—主要任务—现代化目标（举措）”的路线，实现了协同性的探索，完成了从实践主题向理论主题的过渡，再通过升华了的理论认知更好地指导实践。

新民主主义革命时期，帝国主义和中华民族、人民大众和封建制度之间的矛盾成为社会的主要矛盾。主要矛盾廓清了这一时期社会的主要任务，即实现民族独立和人民解放，实现国家繁荣富强和人民共同富裕。围绕这一时期的主要任务，无数仁人志士探索救国救民的出路，从“御夷图强”“中体西用”“西化”到“中西互补”，现代化的意识不断增强，概念逐渐清晰，也正是在以工立国与以农立国的争论中，开启了现代化的道路探索。在社会主要矛盾的指引

① 陈先达：《马克思主义基础理论若干重大问题研究》，经济科学出版社 2009 年版，第 42 页。

下，现代化的探索经历了从被动走向主动，从自发到自觉的过程。

进入社会主义革命和建设时期，随着社会主义改造的完成，社会主义制度正式确立。党的八大对这一时期的社会主要矛盾作出了新的判断，即“我们国内的主要矛盾，已经是人民对于建立先进的工业国的要求同落后的农业国的现实之间的矛盾，已经是人民对于经济文化迅速发展的需要同当前经济文化不能满足人民需要的状况之间的矛盾”①。依据我国社会主要矛盾的变化，加之苏共二十大等因素的影响，党对社会主义建设道路的探索愈发自觉。在对重工业、农业、轻工业三者关系的重新认识的基础上，党充分调动一切积极因素开展社会主义建设，“四个现代化”的目标日渐清晰。进入改革开放和社会主义现代化建设新时期，党的十一届六中全会通过的《关于建国以来党的若干历史问题的决议》指出我国社会主要矛盾“是人民日益增长的物质文化需要同落后的社会生产之间的矛盾”②。党和国家的主要任务是解放生产力，发展生产力。在发展的同时，党推动各个领域的改革，推进了现代化建设目标从“两个文明”向“三个文明”“四位一体”的转化。

进入新时代，党和国家的各项事业发生了历史性变革，取得了历史性成就。党的十九大把社会主要矛盾表述为“人民日益增长的美好生活需要和不平衡不充分的发展之间的矛盾”③。对需要的准确把握，是理解新时代社会主要矛盾和现代化目标协同发展的关键。需要，在人类文明形态的演进中扮演基础性的角色。马克思在《哲学的贫困》一文中就是将需要作为牵引探讨人类文明演进。恩

---

① 《中共中央文件选集（1949 年 10 月—1966 年 5 月）》第 24 册，人民出版社 2013 年版，第 248 页。

② 《三中全会以来重要文献选编》下，人民出版社 1982 年版，第 839 页。

③ 《习近平谈治国理政》第 3 卷，外文出版社 2020 年版，第 9 页。

格斯把社会主义不断丰富的需要划分为人的生活需要、享受需要和发展需要三部分。人民的美好生活需要就是期待更高阶段、更好状态的发展，这种需要涵盖了经济、政治、文化、社会、生态方方面面。正如习近平所说，“我们要辩证认识和把握国内外大势，统筹中华民族伟大复兴战略全局和世界百年未有之大变局，深刻认识我国社会主要矛盾发展变化带来的新特征新要求，深刻认识错综复杂的国际环境带来的新矛盾新挑战，增强机遇意识和风险意识，准确识变、科学应变、主动求变，勇于开顶风船，善于转危为机，努力实现更高质量、更有效率、更加公平、更可持续、更为安全的发展”[①]。社会主要矛盾的变化必然要求现代化目标发生相应的转变，在新时代，这一转变就表现为人类文明新形态的目标。

① 习近平：《在经济社会领域专家座谈会上的讲话》，人民出版社 2020 年版，第 4 页。

第四章　中国式现代化目标的特征及意义

特征是演进内在逻辑的外在表现,是从横向比较的视域出发,对目标的探讨。目标是道路发展的方向,道路是目标的基础。中国现代化道路确定之后,目标的确定成为要解决的首要问题。中国式现代化道路的特殊性规定了其独特的目标演进路径。目标的演进总体呈现出目标认识和实践的历史统一性、目标形成和演进中的开放性、人的发展和社会发展的双向互动性、话语表达风格独具特色的民族性以及目标调整变迁的时代性等特点。中国式现代化目标的演进及变迁,不仅推动了马克思主义现代化理论的重大发展,彰显了中国共产党不断提升的执政能力,而且为发展中国家现代化建设贡献了中国智慧和中国经验。只有充分理解中国式现代化目标的特征及意义,才能准确把握中国式现代化发展的内在规律。

一、中国式现代化目标演进的特征

对中国式现代化目标特征的探讨,旨在从目标演进的轨迹中,抽象提炼出其鲜明特点。特征从目标演进的历史逻辑来看,集中表现为目标认识和实践的历史统一;从实践逻辑来看,集中表现为目标形成和演进中的开放性以及人的发展和社会发展的互动性;从理论逻辑来看,集中表现为目标话语表达独具风格的民族性。

(一)目标认识和实践的历史统一性

中国式现代化目标呈现出鲜明的实践性。这种实践性是既以现实发展为前提和依据,又与理论创新指导实现良性互动。

马克思对现实的理解源自对黑格尔现实概念的承续。黑格尔的现实概念主要包含两层含义:一是现实是本质和实存的统一,任何偏废其一的理解都不能构成现实;二是现实意味着必然。黑格尔认为,现实与理性是互文的关系。现实的就是理性的,理性的就是现实的。现实并不是事物的一般存在,而是反映事物种种内在联系的综合。马克思进一步批判了黑格尔现实概念的神秘色彩,强调现实概念的客观性,提出了辩证唯物主义的现实性和可能性的理论。中国传统哲学中也蕴含着现实与可能的朴素思想。现实被称为"实""著",可能被称为"微""渐"等。马克思主义哲学中现实与可能是一对矛盾的范畴。可能和现实的辩证关系为人们发挥主观能动性提供了重要依据。可能为人们的自觉选择提供了空间和方向,可能向现实的转变取决于人们的主观能动性。

认识和实践是历史的统一。实践既是理论认识形成的基础,又是对理论认识的检验。中国式现代化目标作为理论认识成果的体现,是以中国社会实践的发展为依据。中国社会实践的复杂性、深刻性是中国式现代化目标演进的主要依据。新中国成立之后,中国共产党人正是依据中国社会实践的具体情况,拉开了现代化探索的序幕。从"工业化""三个现代化"到"四个现代化",党正是从领导社会主义革命和建设的具体实践出发,逐渐形成了现代化发展的具体的、明确的战略目标。改革开放以后,邓小平在系统梳理、比较分析中国社会主义建设情况的基础上,规定了中国现代化发展的“社会主义性质”,提出了现代化发展的“小康”概念和目标、“三步走”的现代化发展战略,明晰了社会主义现代化的根本方针和实现路径。随着中国特色社会主义进入新时代,社会主义现代化建设也开启了新征程。党的十八大以后,党明确了中国特色社会主义“五位一体”总布局,“坚持完善和发展中国特色社会主义制度,提出要推进国家治理体系和治理能力现代化”①,“四个全面战略布局”,决胜全面建成小康社会的历史任务以及2035年远景发展目标等内容,进一步丰富了中国式现代化发展的本质特征。

(二)目标形成和演进中的开放性

开放性是主客体之间良性互动的结果。要准确把握中国式现代化目标演进的开放性,就需要首先厘清现代化目标演进过程中的主体和客体。在这一关系的梳理中,中国式现代化目标的主体,更为凸显的是民族性。客体则需要从内外两个层面加以理解和把握。从内部要素来看,客体表现为与中华优秀传统文化和既往现代化探索的良性互动;从外部要素来看,客体表现为对西方现代化理论与实践的借鉴。

现代化本身就是一种共时性的存在。中国式现代化的探索和发展处于两种制度、两条道路共存的时空之中。如何面对和处理不同现代化道路之间的关系、如何处理现代化发展与传统文化现代化的关系是蕴藏在中国式现代化发展进程中的两个重要问题。中国式现代化目标与中国式现代化道路的探索紧密相连,其演进呈现出

① 《十八大以来重要文献选编》上,中央文献出版社2014年版,第547页。

鲜明的开放性的特点。

开放性表现为向内和向外两个维度。从向内维度来看，开放性不仅表现为现代化一以贯之的探索，也表现为对待传统文化科学的态度。中国式现代化的形成和发展，奠基于鸦片战争之后。早期中国现代化的探索虽在道路、理论、制度等诸多方面存在弊端，但仍为中国共产党的现代化探索提供了丰富的、可供借鉴的经验和教训。中国共产党在现代化探索中，正确处理了传统性和现代性的关系，在汲取传统文化养分的基础上，不断拓展、丰富了现代化的目标。这一进程实质上蕴含了传统文化现代化的过程。中国传统文化是前现代文化，马克思主义是具有现代性，甚至后现代性特征的现代文化。马克思主义中国化的成果——中国化马克思主义理论成果因此也就具有现代文化的特征。在中国化马克思主义理论成果的具体指导下开展的中国式现代化探索因此就不得不面临着如何处理与优秀传统文化的关系问题。从向外维度来看，开放性不仅表现在对西方现代化理论的合理借鉴和超越，也表现在中国式现代化发展的价值关切。比如，对于资本要素，中国式现代化规避了西方现代化的弊端，进一步定位了市场和政府的关系，把“看得见的手”和“看不见的手”结合起来，确保现代化建设的有序开展。区别于西方现代化串联式的发展过程，中国式现代化表现为明显的并联式发展。源于并联式的发展，我国用70年的时间走过西方发达国家200年走过的历程。

实质上，文化独立性是现代化目标开放性的重要支撑。文化独立性既是对西方现代化经验教训的借鉴与吸收，也离不开对中国式现代化道路的反思和审视。马克思主义中国化的过程实质上绕不开对传统文化的探讨，但是这种探讨是以承认传统文化的巨大影响力和独立性为前提的。西方现代化进程中也遭遇了如何对待文化的问题。

(三)人的发展和社会发展的双向互动性

现代化的发展包括人对自然的物化和人的社会化两个方面。前者通过科学技术的迅猛发展实现,但也造成了一些全球问题。后者则进一步凸显了人的存在方式的现代化和异化之间的矛盾。如何协调二者之间的矛盾是摆在现代化发展面前的重要问题。

中国式现代化是全体人民共同富裕的现代化。共同富裕是对中国式现代化道路社会主义性质规定的生动反映。马克思社会发展理论阐明了资本主义与现代化发展是历史的耦合。现代化的发展首先是物的现代化,物的现代化的发展的制度规定在于其共同富裕的属性。对共同富裕的把握过程就是对人民性的坚守。从本质上来看,中国式现代化目标的人民性是其坚守马克思社会发展观的集中体现和必然结果。公有制是共同富裕得以实现的先决条件。基于公有制的制度属性,生产力才能得以最大限度地释放活力,从而为共同富裕的实现奠定物质前提。

马克思、恩格斯认为,人的现代化思想与人学理论密切相关。在《神圣家族》中详细阐释了人学的唯物主义的基础,强调人学关注的是“现实的人”。在他们的政治理想中,人的发展、人的现代化是未来社会发展的重要规定。马克思主义对人的存在三种方式(人的依赖、物的依赖和个人全面发展)的探讨,为我们理解人的现代化的发展提供了重要的哲学依据。比如,从人的依赖向物的依赖的转化过程中,人的需求呈现出多样性的发展态势,进而推动社会发展的变迁。人的发展、人的现代化是马克思主义人学思想的核心内容。马克思的社会发展理论是以人为中心的发展观。人的需求的多样性,决定了社会发展内容的多样性、全面性。列宁进一步发展了马克思的人学思想，提出在社会主义建设过程中，要关注人的科学文化水平、人民当家作主的实现、人的精神的充分调动等，凸显了对“新人”的培养。人的现代化的发展首先表现为获取自由。要实现自由就要废除私有制，突破资本逻辑，打破人对物的依赖。人的物质生产活动的解放是人的自由的实现。人的自由具体表现为“自由而全面的发展”。每个人全面的发展就要求社会生产能提供人的全面发展的物质基础。在马克思主义唯物史观视域下，历史是人的创造性活动的结果。人的自我创造、自我发展的活动推动了社会的发展。社会发展具有鲜明的价值理想性。社会发展水平的衡量，并不是单一的客观经济水平的体现，相反，主要体现为社会发展结果与人的价值关系的确立。

中国共产党在探索社会主义发展的进程中，对人的发展问题的思考贯穿始终。以毛泽东为核心的党的第一代领导集体追求民族独立和人民解放的过程，就是为人的现代化发展奠定制度基础的过程。在探索“工业化”“四个现代化”的进程中，充分调动人民群众的自觉能动性，为人的现代化的发展提供了物质前提。同时，强调要关注人的文化素养、精神面貌、政治素质等。进入改革开放新时期，党进一步夯实了物质生产、生产力进一步对人的现代化发展的基础性意义，突出以人为本的发展并通过稳步推进各项制度改革，完善了人的现代化发展的制度保障。人在社会实践中，不仅改变了客观现实，也推进了自身的发展（包括语言、观念、交往方式等）。人的全面性只有在社会发展的全面性中才能实现。中国共产党始终坚持以人民为中心的发展理念，调动人民群众的积极性和主动性，在现代化内容不断完善的过程中，运用马克思主义辩证法，更加强调和突出人的价值与现代化目标的双向互动。既实现人的发展、党的建设和国家发展三者的有机统一，也实现了现代化发展工具性和目的性的统一。

(四)目标话语表达独具风格的民族性

话语表达的民族性集中表现为目标话语设定的自主性和自觉性。自主性、自觉性和民族性三者构成一个不断循环的整体。自主性是主体意识和力量的体现,其中蕴含的本土化路径则是目标话语群、话语体系构建的重要载体。民族性是自主性的动力,优秀传统文化中蕴藏的民族精神和民族文化给话语群和话语体系提供了源源不断的动力。反过来,自觉性激发了民族性的发展和自主性的彰显。

推动马克思主义的本土化发展是中国式现代化目标生成的重要基础。本土化是民族性更深层次的表达和呈现。现代化的发展过程中,“多重现代性的存在也是取决于经验证据的事情”。[①] 经验证据主要是指国家、民族的遗传基因。马克思主义认为,民族是人民基于共同语言、地域、社会生活而形成的具有共同文化认同、心理因素的稳定的共同体。民族压迫是资产阶级政治统治的工具。民族问题从来都不是简单的发展问题,而是同政治紧密相连,表现为阶级问题。民族问题的最终解决要借助解决阶级问题才得以完成。民族具有共同的语言、心理、精神、社会生活等因素,时代赋予它们不同的表现形式,使其呈现出阶段性和整体性相统一的特点。

鸦片战争之后,中国逐渐沦为半殖民地半封建社会,如何摆脱民族压迫,成为社会革命首要解决的问题。世界历史的发展,使每个民族的现代化成为一种必然的选择。现代化成为中国前途命运的历史性结果,其独特基因就是首先解决民族压迫的问题。解决民

① [意]艾伯特·马蒂内利著,李国武译:《全球现代化——重思现代性事业》,商务印书馆2010年版,第3页。

族问题的意义要从整体上加以把握。近代中国的民族问题，从属于世界无产阶级运动，因而也具有世界意义。现代化作为民族解放运动的内在诉求，也需要正确处理民族意义和世界意义的关系。民族问题的特殊性决定了中国式现代化目标表达的民族性。马克思主义也认为，各民族受不同的环境、条件等因素的影响，社会基本矛盾的作用方式也会有所不同。而民族差异性最直接地会在道路选择、发展模式上呈现出来。目标是发展模式、发展道路最直接的表达形式。话语作为其承载体，表达方式直接关系社会动员的实现程度。本土化的过程正确处理了现代化发展一般与特殊的关系，也准确表达了实践创新与理论创新、理论创造的关系。

文化立场是目标话语形成的重要前提，是对政党所代表利益群体的直接反映，决定着目标话语的自主性程度。中华优秀传统文化是现代化目标生成的基础语境，表达上积极吸取中华民族优秀传统文化的养料，使其在概念使用和话语体系构建上表现出鲜明的价值引领力。比如，"小康社会""共同富裕""三步走"等表达，以更为生动、形象的民族语言，构建目标话语群，赋予中国式现代化目标表达鲜明的中国风格、中国气派，彰显文化自信。

二、中国式现代化目标演进的重要意义

中国式现代化目标的演进蕴含着丰富的理论意义和实践意义。目标是一个贯通历史、现实和未来的载体。从时间维度来看，目标的延展是前一个实践的结束和新的实践的开始；从理论维度来看，新目标的设定就是在已完成实践基础上理论创新的生动体现。从理论意义来看，中国式现代化目标演进不仅推动了马克思主义现代

化理论的发展,也进一步丰富了世界现代化理论有关现代化内涵、路径的探索。从实践意义角度来看,基于目标的现代化实践,既是中国共产党执政能力提升的集中体现、推动中国特色社会主义焕发出强大的生机和活力,也为世界其他发展中国家现代化提供了中国智慧和中国经验。

(一)推动了马克思主义现代化理论的重大发展

在对现代资本主义社会形成和发展进行深入分析和探讨的基础上,马克思、恩格斯进一步展开了对世界历史的研究,并且对非西方世界(比如,印度、中国、俄国等)的发展前景也展开了一定的研究。马克思探讨了落后国家的现代化发展的问题,却没有也不可能具体地讨论社会主义国家现代化建设问题,这就为各个国家的理论探讨和实践探索留下了充足的空间。中国式现代化道路发展和目标演进的历史进程不仅创造了世所罕见的两大奇迹,而且进一步丰富和发展了马克思主义现代化理论。这一历史实践充分说明,现代化的发展并没有固定的路径和模式。只有在充分尊重自身发展历史条件、内生条件,遵循现代化探索历史逻辑、实践逻辑的前提下,才能真正实现理论和实践的互动。需要注意的是,目标演进只是道路探索的一个维度,总体而言,它对马克思主义现代化理论的发展集中体现在如下几方面:

第一,以人类命运共同体为载体的价值目标,推动了马克思主义现代化理论中有关世界历史整体思想的发展。马克思主义现代化理论认为大工业的发展推动了人类社会的飞跃式发展,大工业是现代化发展的重要条件。随着大工业的发展,劳动力突破了生理局限,增强了个体之间的合作,推动了生产规模、生产率的急速发展,也加速了各民族之间的联系,使其发展从区域意义转变成世界意义。在遵循世界历史发展逻辑的基础上，中国式现代化的发展以人类命运共同体为价值目标，打破了国强必霸的逻辑，推动了中国式现代化目标的不断完善和发展。党在革命、建设、改革和新时代四个历史时期，基于时代方位、时代主题、社会主要矛盾的判断，紧紧围绕实现中华民族伟大复兴的历史使命，在坚持马克思主义现代化理论的基础上，赋予其鲜明的民族特色，推动其从理论转向实践，实现了中国式现代化目标渐进式演进和阶段式发展。

第二，以人民为中心的价值立场进一步丰富了马克思主义现代化理论中有关人的现代化思想的发展。马克思、恩格斯在系统分析资本主义制度的基础上，阐明了现代化发展的阶段性。在马克思主义现代化理论中，“现代社会”和“资本主义社会”在多数场合下作为同义词被使用。作为同等位阶的概念，突出强调的是资本主义的进步意义。但是，马克思、恩格斯也阐明了资本主义的弊端，指明社会发展新的更高阶段的到来。共产主义就必然被包括在了现代社会之中。并且，共产主义社会可以提供每个人自由全面发展的条件。中国式现代化目标的发展，从最初的强调经济现代化、物质文明和精神文明两个文明协调发展到后来的“四位一体”“五位一体”，正是在发展中不断夯实人的现代化发展所需物质条件。在目标设定中，凸显现代化中人的更高需求的实现。比如，在马克思主义现代化理论中，受特定历史条件的影响，并未对现代化发展中的自然环境、生态环境给予一定的关注，没有形成系统的论述。中国式现代化发展进程中，党十分注重生态环境与现代化建设之间的关系，并从人的更高的需求的视角出发，将生态文明列入现代化建设的目标之中，从而为人的自由而全面的发展奠定了坚实的基础。

第三，推动了马克思主义现代化理论中有关文明论述的发展。西方文明一词经历了一个由物质到精神、由动态到相对静态的漫长的发展过程。最初的文明是与野蛮相对进步的含义。之后,文明逐渐发展成为指代人类理智发展新阶段的词汇。18 世纪,伴随西方资本主义殖民活动的开展,文明逐渐演化成为具有鲜明意识形态的单线进化的概念。比如,达尔文就认为,文明最终会吞噬、取代野蛮。福泽谕吉、摩尔根等人也将人类的发展划分为从野蛮向文明的发展过程,至此,将文明与野蛮视为一种对立。19 世纪,随着文明与民族的结合,人们逐渐扭转了文明过度倾向物质生产的发展方向,凸显了文明的精神倾向,并出现了用文化来替代文明的倾向。20 世纪初,文明和城市的价值观制度等结合起来。20 世纪中后期,文明成为包含物质形态和精神形态的整体性概念,也逐渐演化成为具有强烈资产阶级意识形态的词汇。

近代中国知识分子对文明的理解与文化密切相连。在这一进程中,推进文明演进的过程中,如何看待本土文化与外来文明之间的关系始终是中国知识界探讨的重要问题。围绕着是否全面效仿西方文明,中国知识界展开了深入的探讨。第一次世界大战后,西方文明的弊端日渐显现,有识之士对西方文明的反思与日俱增。梁启超就曾认为中国人对世界文明的责任体现在对待本国文化的态度。五四新文化运动之后,伴随中国共产党的成立,中国共产党在马克思主义理论指导下形成了独具特色的文明观。

马克思主义文明概念形成于对资本主义社会批判和对人类社会发展规律探索的进程之中。马克思、恩格斯并不赞同将文明局限于精神领域的看法,明确提出了文明是实践的结果,文明表现为社会生产力的发展。并且,文明的发展与所有制形式的发展息息相关。但是,文明是劳动者创造的结果,它要求劳动者素质的不断提高。马克思在《1844 年经济学哲学手稿》中提出,工人是文明创造的主体的观点。

列宁、斯大林等马克思主义经典作家又进一步丰富了对文明的认知。列宁对文明的把握主要从工具手段和制度前提两方面展开探讨。从工具手段来看，列宁把文明作为一种非暴力革命手段，认为资本主义可以通过赎买的方式实现和平地、有组织地向社会主义的过渡。从制度前提来看，社会主义制度的建立是产生文明的前提。斯大林在探讨社会主义发展时，认为社会主义就是要实现富裕和文明的状态。在这一语境中，斯大林对文明的使用更侧重于精神文化的内容。

由此观之，马克思主义理论对文明的探讨主要是从制度、主体、特征表现等方面对其进行了概括。文明概念本身就是一个逐渐从平面走向立体、从理性走向实践的概念。中国共产党在坚持马克思主义文明观的基础上，不断深化、拓展对文明的认知和贡献。比如，毛泽东在看到文明与野蛮的对立发展的基础上，强调中国文明的和平属性。同时，他十分注重自身文明的革新，在《新民主主义论》一文中提出要建立文明、先进的国家。邓小平、江泽民、胡锦涛等党和国家其他领导人都十分注重文明的交流互鉴，并具体化了文明的发展目标和途径，使其在现代化目标的演进中成为显性因素。

中国式现代化发展所提出的“人类文明新形态”的论断，是对马克思主义文明观的深化和拓展。马克思主义文明观具有鲜明的实践性、社会性和历史性。（实践性的特点在关于文明概念演进的论述中已有所论述，故此处不再赘述）从文明发展的社会性来看，主要源于作为历史活动主体的人在社会性交往活动中，不断创造满足自身需求的物质需求的同时，不断改造自身的精神世界。社会性交往活动，给文明镌刻上了明显的阶级性。而要建立一种超越资本主义文明的持久的普遍的真正的文明，就要始终坚持人民群众的创造主体地位，以人民群众的利益为目标。中国式现代化目标的设定，就是紧紧围绕人民群众这一历史主体,实现了主体选择性和历史决定性的有机统一。中国式现代化目标的发展,拓展了马克思主义有关文明发展的民族性问题,推动文明在民族传承基础上的不断创新。

(二)充分展现了中国共产党执政能力的提升

中国式现代化目标的演进是对其发展模式、路径最直观的反映和表达。中国式现代化在现代化发展普遍性和特殊性之间张弛有度的处理,实质上是中国共产党执政能力提升的最集中体现。学界有关中国共产党百年党史的研究主要集中在意识形态化研究(革命、建设和改革的三重视角)和现代化探索。实现二者链接的则是中华民族伟大复兴的历史任务。因此,现代化探索和发展尤其反映了中国共产党执政能力的发展脉络。

党对现代化发展道路、模式的探讨,始终贯穿着认识和深化"什么是社会主义,怎样建设社会主义"的问题。

并联式现代化模式充分体现了中国共产党国家治理能力和风险驾驭能力。提升国家治理体系和治理能力现代化,是新时代实现中华民族伟大复兴面临的重要任务。党的领导是国家治理现代化的必要条件。国家治理现代化的发展,意味着政党治理现代化的发展。中国式现代化发展的"并联式"的特点,充分展现了中国共产党在百年党史发展进程中,正确处理多重历史任务叠加局面的能力。当前,中国式现代化发展目标从"两个文明""三位一体""四位一体"到"五位一体"的发展,既是重大的理论创新和实践创新,也对党的治理能力提出新的更高的要求,推动发展理念和发展方式的深刻转变。并联式的现代化发展路径,激发了中国特色社会主义的制度活力,彰显了中国共产党治国理政的高度自信。

现代化目标演进充分展现了中国共产党的现代化叙事建构能

力。目标演进实质上是党对现代化内涵、模式、路径等叙事建构的直接反映，是中国共产党推动中国现代化从被动走向主动的集中表现。现代化是近代以来反映中华民族伟大复兴的宏大叙事概念之一。中国共产党的百年发展史生动演绎了对现代化概念的认知进程，党正是在准确把握中华民族伟大复兴的历史进程中，推动现代化这一概念与内涵从“工业化”“四个现代化”“小康社会”“全面建成小康社会”“人类文明新形态”的丰富和拓展。

现代化的空间布局充分展现了中国共产党保持战略定力的能力。战略是关系党和国家发展的根本性问题。面对风云变幻的国际形势以及党的工作重心的转移局面，能够在战略上判断准确、赢得主动是对一个政党的重要考验。中国式现代化发展进程中，伴随党的工作中心的变化，党始终保持清醒头脑，从实际出发，以我为主，保持战略主动。革命时期，中国革命空间布局实现了从城市到乡村、从乡村到城市的两次战略转向。社会主义建设时期，中国共产党人对社会主义建设展开积极探索，对沿海工业和内地工业的发展问题提出了独到的看法，推动工业建设的协调发展。改革开放初期，邓小平提出了“两个大局”的战略思想，强调内地和沿海地区的相互促进的关系。在现代化目标的指引下，党又提出了西部大开发、振兴东北老工业基地、中部崛起战略等，构建了东、中、西的现代化空间战略格局。党的十八大以来，党继续围绕现代化建设的目标，联动东西南北，在充分考虑东西平衡、南北差距的问题上相继提出了长江经济带、京津冀一体化协同发展、粤港澳大湾区建设、黄河流域生态保护和高质量发展、成渝地区双城经济区建设战略、区域协调发展和新型城镇化战略等举措，优化现代化空间布局，提振现代化发展的内生动力。

受经济全球化、社会思潮、社会转型等多重因素的影响，党的执政能力面临更加严峻的考验。党的执政能力是个系统化的概念。它涵盖了党对经济、政治、文化、社会、生态治理的方方面面。在推进现代化发展的过程中,政党建设本身也面临着如何适应和推进现代化的迫切要求。其一,如何有效凝聚力量、凝练现代化发展目标的能力。确立现代化发展的阶段性目标之后,能否凝聚民心、民力,充分调动人民群众现代化建设的积极性、主动性成为关键要素。其二,领导和稳步推进改革创新的能力。随着社会主要任务、主要矛盾的转变,现代化阶段目标在建设重点、难点方面各有不同。能否在保持现代化延续性、稳定性的前提下,通过构建完善的制度体系,实现破与立之间张弛有度的衔接成为党的执政能力的重要组成部分,这是对党协调、整合资源能力的重要考验。其三,如何适应现代化建设环境变化的能力,提升治理能力现代化的问题。政党治理现代化是政党发展壮大的重要内容,是政党理论创新、实践创新、历史演进的必然结果。随着现代化建设环境的转变,政党治理能力能否跟进,关系现代化建设质量的提升和目标的实现。中国共产党的治理能力现代化是党的建设实践发展的必然结果,是党在把握现代化发展阶段目标的过程中,对客体把握手段、途径、方式等方面转变的集中体现。治理表明了主体对客体的主导,是主体自觉性的彰显。中国共产党领导现代化的历史过程中,通过不断完善制度建设、健全党内法规,提升了政党治理的法治化、科学化的水平。现代化目标的实现,现代化进程的有序推进、取得的成就是政党治理能力的展现。

(三)为发展中国家现代化探索提供了中国智慧和中国经验

中国共产党的初心和使命决定了其历史实践活动的现实指向。党领导现代化的历史出场,决定了其现代化实践经验的可借鉴性。

中国经验和中国智慧是实践智慧的具体表现。人类认识的发展总是从对个别、特殊事物的认识开始,逐步形成对事物普遍的、共同本质的认识。再从普遍性、共性出发,探究具体事物的发展,挖掘其特殊本质,从而实现对事物整体而准确的把握。“以中国式现代化推进中华民族伟大复兴”①是《中共中央关于党的百年奋斗重大成就和历史经验决议》中提出的重要论断。中国式现代化发展和目标探索在正确处理现代化发展普遍性与特殊性、世界性和民族性的基础上,走出了一条遵循特殊实践逻辑、秉持现代化发展普遍追求、以超越为显著特点的现代化新道路,是中国式现代化目标演进的意义的应有之义。马克思主义社会发展理论为中国式现代化发展的世界意义奠定了坚实的理论基础。马克思、恩格斯在探讨社会形态演化的进程中,就曾明确提出发展道路、现代化模式的不唯一性。恩格斯在谈到民主制度时就曾明确提出英国、法国和德国因其各自国情不同,制度也会有所不同。马克思、恩格斯强调各国发展的独特性,尤其是对俄国的发展道路给予了特别关注,认为俄国可以跨过资本主义的“卡夫丁大峡谷”,直接过渡到更高阶段。马克思主义现代化理论贯穿着正确处理现代化发展普遍性和特殊性、必然性和多样性的关系。中国式现代化目标演进过程中,既准确把握了现代化发展的必然性、普遍性,也用实践丰富了现代化发展的特殊性、多样性。在马克思主义现代化理论的指导下,中国共产党在现代化目标的设定中,把握住了马克思主义现代化理论中有关现代大工业发展和科学技术发展的本质规定,又结合本国具体历史任务,走出了一条与西方现代化道路截然不同的现代化新路。

中国式现代化发展成就对科学社会主义的进一步推进是中国

① 《中共中央关于党的百年奋斗重大成就和历史经验的决议》,载 2021 年 11 月 17 日《人民日报》。

式现代化世界意义形成的重要支撑与现实依据。中国式现代化是中国共产党领导下,以科学社会主义为指导的现代化实践。中国式现代化的发展内蕴着资本主义和社会主义两条道路、两种制度之间的较量。能否充分展现社会主义制度、道路的优越性是中国式现代化成效最直接的指标。尤其是20世纪初,东欧剧变、苏联解体后,历史终结论甚嚣尘上,科学社会主义理论面临重大挑战。“社会主义失败了吗?”“科学社会主义消亡了吗?”科学社会主义是否“历史性退出”?对这一系列质疑最好的回应就是现实社会主义的发展水平。

中国式现代化的探索正是在这种质疑中,开启了特殊的实践路径,从现代化目标设定中“小康社会”“中国式现代化新道路”的表述,到目标内容的丰富,中国式现代化的探索从新中国成立之初的追赶逻辑,逐渐走向了超越逻辑,并逐渐发展向引领逻辑。在中国式现代化道路、目标的指引下,社会主义制度的活力被激发,中国特色社会主义的“好”逐渐呈现,中国式现代化书写了科学社会主义的新版本。两大奇迹、脱贫攻坚、全面建成小康社会等取得重大成就,用事实击碎了科学社会主义历史性退出的论调,证明了中国特色社会主义道路的正当性和合理性。中国式现代化目标演进的历史进程为后发现代化国家提供了新的现代化选择。多数直接移植西方现代化道路和模式的后发国家,现代化的发展并没有取得预期的效果,反而因此陷入了各种陷阱。中国作为发展中国家,突破了各种陷阱的围追堵截,展现出强大的发展韧性。

总体来看,中国式现代化所提供的中国智慧和中国经验聚焦的核心问题是选择。如果把中国式现代化的发展视为一个不断演进的历史过程,那么选择就蕴藏在开始、当下和未来三重维度之中,在不同阶段,选择具有不同的意蕴。在开始阶段,选择表现为困境中的抉择，是如何获取现代化发展话语权的问题，集中表现为走什么路的问题。在当下，选择意味着如何去规制、把握、调整，是阐释和构建自身现代化话语体系的问题。它涉及自身选择的合法性、合理性。在未来，选择意味着贡献和价值，关乎彰显自身现代化意义的问题，集中表现为成就和话语的匹配。从这一意义上来看，中国式现代化给其他发展中国家提供的智慧和经验主要表现在如下几方面。第一，认清国情是现代化道路选择的首要前提。中国现代化的探索与救亡图存的历史任务相辅相依。各种现代化探索方案的失败，虽其失败表现各有不同，但都未能正确认识中国国情是其相同的原因。中国共产党在领导中国式现代化发展的进程中，综合我国历史文化传统、社会发展实际情况等因素，并以此作为基本依据，推动了中国式现代化道路的生成和目标的演进。第二，整体谋划是推进现代化进程的重要抓手。现代化发展过程中各种矛盾相互交织、任务叠加，中国共产党在现代化理论丰富与创新、现代化实践推进与拓展、现代化目标与任务的分解与阐释等方面，协调推进了现代化探索的进程。第三，文化自信是探索和推动现代化发展的必要条件。不同文化的相互撞击是现代化建设中不可回避的问题。面对文化差异，选择什么样的态度、路径，直接关系现代化目标、道路生成的属性。同样，选择什么样的话语解释体系，事关对现代化选择合法性的阐释和传播。中国共产党不仅在现代化道路选择中激发了文化基因，而且在现代化道路传播中同样注重运用自身文化传统增强现代化发展的凝聚力。对后发现代化国家而言，只有坚定文化自信，才能击破文化霸权对本国发展的影响，提升发展的主体性。

中国式现代化给后发现代化国家展现了多数人现代化的可能。中国人口总量超过全球实现现代化经济体的总人数。中国实现现代化意味着进入现代化进程的人口规模大大提升，在一定程度上，意味着现代化版图的改变。其次,中国式现代化给后发现代化国家呈现了实现现代化的另一种道路。中国式现代化的发展打破了资本主义现代化依靠霸权主义、串联式现代化的垄断,提供了一种遵循非霸权主义价值、采取并联、摒弃依附、独立自主探索现代化的模式。作为社会主义现代化道路,中国式现代化为世界和平发展作出了巨大贡献,展示了现代化发展的自主性。

第五章　中国式现代化目标演进的基本经验

对某一特定对象的研究,无外乎是为了实现对同类事物发展的启发。探究目标演进的基本经验,旨在能更好释放现代化发展的活力。本文从理论指导、方式途径以及现代化主体三方面提炼了目标演进的基本经验。坚持马克思主义的始终在场,不断丰富、发展马克思主义是现代化目标探索的有力思想保障;坚持马克思主义基本原理同中华优秀传统文化相结合,不断推进优秀传统文化赋能现代化目标探索,是目标演进的方法保障;坚持中国共产党领导,是目标演进的主体条件。回顾、梳理和总结中国式现代化目标演进的基本经验,对于推进全面建设社会主义现代化国家具有重要的理论意义和现实意义。

一、坚持科学对待马克思主义

美国学者罗伯斯·查尔斯·卡特认为,第二次世界大战以后,西方社会科学社会观的关键词开始转变为“变化”“发展”“增长”等。现代化成为人们思考社会发展的一种新的结构。尽管马克思、恩格斯著作中没有对现代化给以系统的阐释,但其却是经常出现的高频主题。马克思主义经典作家对现代化的研究要早于西方社会学家近一个世纪。作为一种科学的理论,马克思主义已经深刻改变了世界。

(一)始终坚持马克思主义立场

马克思主义是科学的理论体系,是党和国家的指导思想。对待马克思主义的态度,是准确把握马克思主义本质的关键环节。马克思主义并不仅仅局限于马克思、恩格斯的学说体系,还应包括后人对它的进一步发展。马克思主义的发展与中国式现代化目标的演进和发展紧密联系。前者为后者的历史性出场夯实了理论基础,是解决了后者先决条件的锐利武器;后者进一步丰富和拓展了前者的内涵,激活了其内在动力,推动了“行”和“好”的逻辑契合。要把中国共产党对马克思主义的坚持和发展始终放置在解决问题、变革现实的视域下,充分认识其对于中国式现代化发展的意义。

马克思主义成功解决了中国向何处去的时代课题。鸦片战争之后,面对亡国灭种的危机,无数仁人志士相继登上历史舞台,探寻救国救民的出路,尝试解决中国向何处去的历史问题。各种救国方案轮番登场,因其没有科学理论的指导、没有找到正确的道路和可依靠的社会力量,均以失败告终。俄国十月革命的胜利,促进了马克思主义在中国的出场。在马克思主义的指导下,中国人民找到了革命的新道路。“文化大革命”之后,中国向何处去的时代问题再次被提出。中国共产党人坚持马克思主义基本原理,在总结我国社会主义建设正反两方面经验的基础上,提出了一系列切实可行的方针政策,成功解决了中国社会主义建设面临的一系列问题,推动了中国社会主义事业的进一步发展。进入新时代,面对世界百年未有之大变局，中国共产党人坚持把马克思主义基本原理同中国具体实际、中华优秀传统文化相结合，深刻回答了“世界怎么了”“我们怎么办”的时代之问，准确把握世界大势发展脉络，提出了一系列新思想、新战略，为世界发展提供了中国智慧、中国经验、中国方案，进一步深化了对“三大规律”的认识，开辟了马克思主义新境界。

中华民族完成了救亡图存的历史任务。马克思主义的科学性和革命性，给中国革命提供了科学的理论指导和强大的精神动力。马克思主义把无产阶级当作自己的物质武器，无产阶级则把马克思主义当作自己的精神武器。马克思主义为中国革命指明了革命前途，识别了革命任务、对象、途径等，保证了无产阶级革命的最终实现，完成了救亡图存的任务，使中国人民和中华民族实现了“站起来”的飞跃。

在马克思主义指导下，中华民族实现了从站起来、富起来到强起来的飞跃。马克思主义因其适应了中国社会主义建设的需要，帮助中国找到了国家富强和人民富裕的道路，推动中国社会主义发展取得举世瞩目的成就。进入社会主义革命和建设时期，中国共产党坚持以马克思主义为指导，独立探索适合中国国情的社会主义建设道路，为改革开放后的探索提供了丰富的经验。进入改革开放和社会主义现代化建设新时期，围绕“什么是社会主义，怎样建设社会主义”“建设什么样的党，怎样建设党”“实现什么样的发展，怎样实现发展”，中国共产党人不断更新、拓展现代化建设目标、战略，推动中国特色社会主义建设取得举世瞩目的成就。进入新时代，中国共产党人围绕“坚持和发展什么样的中国特色社会主义、怎样坚持和发展中国特色社会主义”“建设什么样的社会主义现代化强国，怎样建设社会主义现代化强国”“建设什么样的长期执政的马克思主义政党，怎样建设长期执政的马克思主义政党”进行了一系列探索，解决了许多过去想解决但没有解决的问题，办成了许多过去想办但没有办成的大事，助力中国特色社会主义实现“两大奇迹”。

在马克思主义指导下，中华民族伟大复兴进入不可逆转的历史进程。中华民族伟大复兴进入不可逆转历史进程的原因是多维度的，既包括中国共产党的坚强领导，也包括革命、建设、改革和新时代四个历史阶段所取得的重大成就奠定的基础等。归根结底，在于坚持马克思主义，成功探索并不断发展中国特色社会主义道路。走自己的路，是党理论和实践的立足点。中国特色社会主义道路，是不同于西方文明的中国式现代化新道路。这条道路遵循和平主义的文明逻辑、实现了整体性现代化的发展，在“势”和“理”上展现出对既有文明的超越。①

现代化实践的发展，离不开理论的支撑。马克思主义现代化理论为中国式现代化的发展夯实了理论基础。马克思主义与其他现代化理论的不同之处在于其没有从抽象的形式、路径、参考指标出发空洞地谈论现代化的发展，而是讨论了社会形态、社会制度对现代化发展的影响，打破了资本主义和现代化发展的“历史媾和”，开辟了现代化探索和发展的另一种可能。通常情况下，现代化理论家们并不热衷探讨制度、社会形态等因素对现代化发展的影响。比如，罗斯托的代表作《经济成长阶段——非共产党宣言》中，就将人类社会的发展分为传统社会、起飞前的准备阶段、起飞阶段、成熟阶段、群众高额消费阶段，而不认同从社会角度对社会发展的划分。布莱克也曾说，“看来最好不用资本主义和社会主义这些词，而采用功能术语来表达国家或私人所有和控制的作用以及各种政治和经

① 刘慧：《社会革命和现代化双重视野中的人类文明新形态》，载《理论视野》2022 年第 1 期。

济体制的相关方面”①。他们把资本主义文明视为科学技术、理性精神等要素推动的结果，因而回避了社会形态的讨论。

实质上，对社会形态的探讨是现代化发展中不可回避的问题。马克思从社会革命的视角，揭示了社会形态更替的必然性和可能性，强调民族独立是现代化的前提条件。强调印度的殖民地状态，并不能帮助印度真正实现现代化的发展。同样，中国在半殖民地半封建状态下的现代化探索，也同样收效甚微。可以看出，马克思主义在中国的传播进程中，其现代化理论、社会革命理论、社会发展理论等为中国式现代化道路的确立和发展提供了全新的理论视野和坚实的理论支撑。中国共产党坚持辩证唯物主义和历史唯物主义，深化了对中国现代化发展道路、规律的把握。坚持辩证唯物主义，准确把握革命、建设、改革和新时代各个历史时期社会主要矛盾的发展，坚持在实践的基础上，不断推进现代化理论的创新和发展。同时，坚持历史唯物主义，正确认识生产力和生产关系、经济基础和上层建筑之间的关系，全面掌握社会发展的基本方向，实现社会发展和人的全面发展的有机统一。

（二）坚持从实际出发运用马克思主义

如何对待马克思主义，是关系马克思主义发展的根本问题。在理解和把握马克思主义的进程中，主要存在马克思主义过时论和马克思主义危机论两种反对马克思主义的代表性观点。过时论表现为对马克思主义时代价值的否定，危机论表现为对马克思主义科学性价值的质疑。坚持从实际出发运用马克思主义，就是要用发展的眼光、科学的精神对待马克思主义。

① ［美］C. E. 布莱克著，段小光译：《现代化的动力》，四川人民出版社 1988 年版，第 44 页。

马克思主义经典作家本身具有实事求是、与时俱进的理论品格。1843 年,马克思在写给卢格的信中,公开反对树立任何教条主义的旗帜,强调不能教条主义地预料未来,嘲笑那种认为直接拿来、全盘接受的看法和做法,强调要对现存的一切展开无情的批判,包括批判自身。恩格斯在《反杜林论》中也对企图创造最终真理体系的德国大学生们,特别是对杜林进行了激烈的批判。列宁继承和捍卫了马克思主义,坚决反对教条主义地对待马克思主义,强调要从具体情况出发科学推进马克思主义的发展。列宁准确把握马克思主义基本原理的前提下,对其进行了本土化、与时俱进的发展。比如,恩格斯曾提出共产主义革命会在德国、法国、英国、美国等国同时发生。列宁依据《资本论》的原理和方法,在科学分析主要资本主义国家生产、资本等因素的情况下,提出了关于帝国主义的理论,认为帝国主义时代经济和政治发展不平衡,据此得出社会主义将在一个或者几个国家获得胜利的新结论。正是通过对马克思主义与时俱进的发展,赋予其强大的生命力。

马克思主义学说理想的实现需要实践者的积极赋能。马克思主义作为一种科学学说,其真理性、科学性要通过实践者得以展示出来。只有推动实现实践创新、理论创新和理论创造的协调发展,才能促成对科学理论、学说信仰的生成。对马克思主义理想信念的坚持对马克思主义政党的发展至关重要。信仰的坚定程度往往与对待马克思主义的科学性肯綮相连。科学性既包括对其理论本质的准确把握,也内含对理论的丰富和发展。

苏联社会主义实践的失败是教条对待马克思主义的必然结果。作为一种学说,马克思主义科学性的实现与检验,面临着理论如何转化、指导现实的问题。苏联社会主义的失败,并不是马克思主义理论本身的失败,而是教条式对待马克思主义实践的失败。马克思、恩格斯关于社会主义的思想，只是一些关于未来社会发展的设想。苏联社会主义发展过程中，尤其是斯大林执政之后，简单套用经典作家“设想的模板”得到了淋漓尽致的体现。比如，在所有制上实行全面的公有制等，都进一步加速了苏联的解体。教条主义的错误在于，一是将马克思主义绝对化、宗教化。表面上是对马克思主义的推崇，实质上是对马克思主义的丑化。一旦现实脱离了既定的设想，就会将原因归咎于马克思主义，致使人们对其失去信心。二是把坚持马克思主义与人民立场对立化。其结果或是用本本中的内容否定人民的合理化要求，或是忽视人民的现实需求。值得注意的是，教条主义会对无产阶级革命事业、无产阶级政党发展造成严重的损害。1891 年 6 月，恩格斯在写给弗里德里希·阿道夫·左尔格的信中就提到要注意把马克思主义僵化的倾向。由教条主义衍变而成的宗派主义，会成为压制、约束马克思主义创新性发展的重要势力，并不利于政党的健康发展。

(三)坚持从实际出发不断发展马克思主义

马克思主义强大的生命力在于其始终能根据客观环境的变化和发展，实现自身的拓展。中国共产党在领导中国革命、建设、改革的历史进程中，取得了“坚持理论创新”这一宝贵的历史经验。

用坚持和发展相统一的态度对待马克思主义。坚持是发展的前提，发展是坚持的深化。马克思主义永葆生机的奥秘就在于实现了坚持和发展的良性互动。坚持和发展互为前提。背离坚持的发展，容易走向实用主义；脱离发展的坚持，则容易陷入教条主义。中国共产党正是秉持坚持和发展相统一的理念，最大限度地激发了马克思主义的生命力，推动马克思主义改变了中国，同时，又进一步丰富了马克思主义。

同时,也要坚持在批判错误思潮中发展马克思主义。恩格斯本人就是在对各种错误思潮的批判中,捍卫和发展了马克思主义理论。一是批判了“真正的社会主义”思潮。不仅批判“真正的社会主义”得以建立的黑格尔思辨主义哲学和费尔巴哈人道主义哲学,强调马克思主义是建立在现实的基础之上,推动社会主义从空想到科学的发展,而且击破了“真正的社会主义”所依赖的先验的社会主义模式,强调社会主义实现的阶级条件。同时,揭开了“真正的社会主义”的反动本质,阐明了科学社会主义实现共产主义的宗旨。二是批判了“讲坛社会主义”思潮。面对“讲坛社会主义”对马克思主义的指责和批判,恩格斯一方面驳斥洛贝尔图对马克思的指责,坚持了剩余价值理论的科学性;驳斥了洛里亚对马克思主义劳动价值论的攻击,坚持了劳动价值论的科学性。另一方面,驳斥了瓦格纳、施穆勒社会改良措施,强调暴力推翻资产阶级统治的必要性,坚持了社会主义革命理论。三是批判了“青年派”机会主义思潮。恩格斯在批判“青年派”代表恩特斯将杜林对马克思理论的看法等同于马克思主义本身观点的过程中不断阐明了马克思主义的科学性。同时,也在揭示“青年派”错误对待唯物史观中阐发了马克思主义唯物史观。不难发现,在积极主动批判各种错误思潮的过程中,马克思主义的价值不断彰显。

在发展马克思主义的进程中,一是要树立求真务实的科学态度。马克思、恩格斯始终主张从现实问题出发揭示事物的实质,推动事物的发展。在中国式现代化目标的演进过程中,党始终坚持从中国实际出发,更新发展目标,提升目标的针对性、可操作性。二是要树立辩证思维。恩格斯在《自然辩证法》一文中提到辩证法是科学的重要思维形式。我们党在推进马克思主义的过程中,正是从唯物辩证法出发观察历史,寻求解决现实问题的途径,推动马克思主义的不断发展。

对中国特色社会主义的发展而言，就是要不断构建自身话语体系，增强理论传播。我们要不断研究中国特色社会主义话语体系的内容及其表达方式，掌握中国特色社会主义发展的话语权，促进中国话语在全世界的传播，增进世界各国对中国特色社会主义话语体系的认同。一方面，要积极回应和高效利用西方中国研究所形成的话语阐释；另一方面，要增强中国特色社会主义话语体系构建的问题意识，提升中国特色社会主义话语传播的有效性。中国特色社会主义话语体系的构建是一个理论释疑和实践释义相互促进、不断深化的过程。对西方中国研究视域下的话语现状及其形成原因的分析，能够明晰中国特色社会主义话语体系构建的路径，即以多学科的研究增强话语体系构建的科学性、以理论创新获取话语议题设置的主动权、以话语的特殊性回应普遍性相结合的路径。这一路径的明晰，能够为中国特色社会主义话语权的获取提供有力的支撑，对坚定中国特色社会主义自信具有重要的意义。

西方中国研究视域下的话语现状有以下方面。

第一，以西方话语词汇为中心，形成了一个关于中国发展的复杂的话语体系。自 20 世纪 90 年代的中国共产党执政合法性研究开始，西方学者就用西方话语词汇完成了对中国发展图景的勾画。无论是对合法性词汇的认知，还是对合法性执政的理解，基于中国社会与西方社会所具有的不同的发展根基，对于这些问题的理解也就有了不同的意蕴。西方学者利用对中国共产党执政合法性的讨论，顺理成章地从经济领域延伸至意识形态领域，以此获取对中国特色社会主义发展的话语权。比如，德国学者海克・霍尔比格认为经济政绩的合法性日益失效以及不稳定所引发的社会不公平现象，需要从意识形态角度给予阐释和平衡。他将意识形态视为解释社会现实的动态体系,认为中国关于意识形态的宣传未能达成对民众信仰和信念的确立,并且使社会上普遍形成了对意识形态冷嘲热讽的话语。德国学者维尔纳·桑巴特在《为什么美国没有社会主义》一书中提出现代社会主义实质上是对资本主义的一种反应①,没有赋予社会主义发展的独立性。由此可知,西方是以意识形态霸权的形式完成自身模式神圣化洗礼的,并以此作为判断中国特色社会主义发展合法性的主要依据,从而否定中国特色社会主义独立探索的正当性,迫使中国特色社会主义发展屈从于西方模式和西方价值观念。

2015年以来,国外对中国特色社会主义的研究出现了新一轮的热潮,以沈大伟为代表的一批西方学者和以美国外交协会以及卡耐基基金会为代表的组织,对中国特色社会主义的研究由对执政党执政合法性的探讨转向了因经济增速放缓而引发的政治表现的关注,集中体现为"中国崩溃论"话语的再次出场。这一轮唱衰中国的主力人群由以社会人士为主转变为以学术界人士为主。比如,沈大伟的《纠缠的大国——中美关系的未来》、孔诰烽的《中国繁荣:为什么中国不会统治整个世界》等著述都表达了类似的观点。随着"中国崩溃论"的再次复苏,西方中国研究中设置了某些学术陷阱作为理论基础,试图为"中国崩溃论"提供支撑。马修·埃万杰利斯塔、江忆恩、保罗·埃文斯等人认为通过对苏联和东欧国家社会发展的研究可以预测,中国未来的发展势必重蹈这些国家的覆辙。当下的国际关系研究主要受三种理论范式的影响。这三种理论范式是,强调国家权力和安全的现实主义范式,强调经济利益、政治自由和制度秩序的自由主义范式,强调观念作用的建构主义范式。基于此,

① [德]维尔纳·桑巴特著,王明璐译:《为什么美国没有社会主义》,上海世纪出版集团2005年版,第21页。

西方对中国特色社会主义的研究也呈现出了不同的视角，研究覆盖了国家治理、经济结构转型、政治体制改革等方面，形成了一个复杂的话语体系。

第二，西方中国研究者不断拓展话语研究的方式，以国家能力研究为切入点，弱化中国特色社会主义意识形态的功能，稀释中国特色社会主义话语生成的必要性。比如，李侃如认为以市场为导向的改革弱化了中国意识形态的吸引力。[①] 阿斯特利德·诺丁认为中国年轻一代在网络空间中对意识形态词汇的“诙谐”演绎，正是其对意识形态所进行的消极抵制。[②] 他们认为，“在市场经济环境中，忠诚、奉献等意识形态宣教与利益最大化的市场和资本逻辑相脱节，对于干部和群众的吸引力迅速削弱”[③]。由此，中国特色社会主义意识形态在西方传播的各种“主义”中不断受到削弱，中国特色社会主义发展的话语权也面临着被剥夺的境况。任何一种话语的形成都有一定的前提条件，正确认识西方中国研究视域下的话语现状形成的原因，能够为中国特色社会主义话语体系的构建提供重要的借鉴。

一是利益关联导致研究的非客观性。西方中国研究话语形成的前提是西方学者关于中国态度的成型。这些学者关于中国发展话语的转换迎合了其国家发展的客观需求，是其国家利益的体现，因而西方中国研究者的话语往往随着其国家政策的改变而改变，呈现着不稳定性。“中国崩溃论”的再次复燃，乃是西方中国研究者争

① ［美］李侃如著，胡国成、赵梅译：《治理中国：从革命到改革》，中国社会科学出版社2010年版，第142页。

② 国晓光、王彩波：《海外对当代中国国家能力的研究》，载《国外社会科学》2016年第3期。

③ 国晓光、王彩波：《海外对当代中国国家能力的研究》，载《国外社会科学》2016年第3期。

夺中国发展话语权的重要表现。他们试图通过这些话语所勾画出的中国形象来达到如下几个目的:首先,影响国际社会对中国发展的信心,增加中国国际发展的成本;其次,影响外商对中国的投资,阻碍中国经济的发展;再次,误导民众对中国的认知,影响新型大国关系的建设。无论做何阐释,他们的目的都在于扰乱中国的发展进程,为其国家的发展争取有利的时机和动力。

二是发展焦虑状态下的话语紊乱。西方中国研究的话语有两种情态,一方面是以学术为导向的"中国崩溃论"的呼声,另一方面是以政府政策为导向的"中国威胁论"的腔调。"中国崩溃论""中国威胁论"的同时存在,正是西方国家对自身发展不自信、对中国发展恐惧的集中体现。比如,美国政府所推行的亚太再平衡战略就是其发展焦虑的真实写照。美国前国防部长阿什顿·卡特谈到,美国致力于建立一个有原则的、包容的安全网络,而中国模式与亚太国家的目标不合拍……不是美国和很多其他国家希望看到的有原则性的未来。卡特很轻率地说出了"不合拍",但却对其原因只字不提,并且以"很多其他国家"代言人的身份出现,自以为是的态度背后乃是美国对其强行推行数年的亚太再平衡战略局面难以改善的焦虑。因此,当现实状态无法得到改善的情况下,很容易顾不上体面地讲理,既把中国的崛起看作威胁,又自认为可以掌控中国的发展态势,预测中国的发展趋势。这种焦虑导致了学术界充斥着失落感,而急于获取对中国特色社会主义发展的话语权正是其失落感的集中表现,由此也造成了西方中国研究话语的紊乱现象。

三是西方学者站在"西方中心论"的话语立场,用西方价值观对中国进行探讨并形成话语霸权。这种话语场景决定了他们更容易在中国研究中持极端偏激的看法。在西方意识形态霸权的持续外溢下,只要这些学者仍将中国视为其拓展霸权的对手,中国在国际社会的形象和声誉就可能遭受来自其意识形态方面的破坏。持有“西方中心论”的学者将西方现代化路径视为各国实现现代化的唯一正确的路径，凡与之不同的路径，他们便站在道德的制高点上给予谴责。比如，当中国经济发展模式呈现出巨大发展优势之时，西方社会便会利用政治作为控制中国发展的重要手段，以中国政治体制改革是否采用西方民主作为衡量中国共产党执政合法性的重要参照系，并将中国共产党的执政状态与整个中国的发展视为同一话语。另外，从方法论的角度来看，西方中国研究中的大多数学者是以“中国观察者”的身份进行学术研究的。这些学者对中国现状的研究处于观察的状态，对中国现实问题的分析要么是缺乏数据的臆想，要么是研究观点的极端化。他们对中国特色社会主义的研究通常集中在理论预测方面，预测的前提是理论假设。由于西方中国研究者大多以“观察中国”的方式展开讨论，对中国发展的态度容易受到中国社会现实碎片化的影响，因而这种影响往往使其从一个极端转向另一个极端。

当代西方中国研究的话语现状及其形成原因的分析为中国特色社会主义话语体系的生成和发展提供了重要的指向，使我们明确了中国特色社会主义话语体系构建的着力点。为此，我们应着重从三个方面进行中国特色社会主义话语体系的构建。

第一，以多学科研究增强中国特色社会主义话语体系构建的科学性。开展多学科研究是回应西方中国研究的重要理论支撑。当前的西方中国研究是以单一的社会科学理论为支撑的，而这些理论尚未发展定型，因此在理论预测和理论研究中容易出现独断、片面的倾向，以致落入单纯的学术假设。比如，美国近年对中国政策的变更就建立在随着经济的发展，中国中产阶级壮大后对政治民主化的需求会导致中国政治体制的改革而倒向西方民主的学术假设之上。并且,西方中国研究裹挟民族情感。在对中国特色社会主义的描述中,国外学者离不开对爱国主义、民族主义等情感的描绘。罗伯特·劳伦斯·库恩讲到自己与毕大川的一个故事后发出感叹:"中国人民的自豪,为祖国而自豪、为传统而自豪、为国际地位持续提升而自豪、为国防力量不断发展而自豪,这就是中国人的根本特征,你会一次又一次地遭遇到。"①基于这样的情感认识,西方中国研究者更容易做出偏颇的理论分析。据此,中国特色社会主义话语体系的生成应以中国特色社会主义建设实践为基础,通过与社会学、政治学、传播学等学科的紧密结合,全方位为中国特色社会主义发展提供解读,形成对西方中国研究的多方位回应。如此一来,西方中国研究所呈现的波动性就会与中国特色社会主义话语体系的稳定性形成鲜明对比,中国特色社会主义理论也会不证自明。总之,科学而全面地解读中国特色社会主义,能够为中国故事的讲述提供极具说服力的"讲稿",而不是"观察的感性表达"。

第二,以理论创新获取话语议题设置的主动权。理论创新的前提是如何正确看待西方中国研究的事实存在。西方中国研究的现实对中国特色社会主义发展的影响,既不能完全肯定,也不能完全否定,要认识到它是一把双刃剑。一方面,西方中国研究对中国特色社会主义话语体系的构建形成威胁。西方中国研究通过不断解构中国特色社会主义政治、经济、文化等方面建设的成就,进而对我国社会主义制度的合理性提出质疑并加以否定;西方中国研究通过各种术语,如"威权资本主义""普世价值"等,扰乱了民众对中国特色社会主义发展的认识。另一方面,西方中国研究又为中国特色社会主义话语体系的完善提供了素材。西方中国研究中的热点恰好

① [美]罗伯特·劳伦斯·库恩著,吕鹏、李荣山译:《中国 30 年:人类社会的一次伟大变迁》,世纪出版集团 2008 年版,第 18 页。

是中国特色社会主义话语急需表达的内容。话语议题设置是争取话语主动权的前提,而中国特色社会主义话语的回应需要注意以下两点:一是必须针对当前理论宣传中出现的问题加大回应力度,坚守理论宣传阵地。沈大伟在其《中国共产党:收缩与调适》的著述中也谈到,西方社会对中国的认识存在着很大偏差。仅就政治体制改革而言,西方分析家把中国政治体制改革是否实行西方民主作为衡量其成功与否的标准,而没有看到政治体制改革的实质在于其自身的完善。因此,中国特色社会主义话语体系的构建要加大话语传播的力度,要把中国故事讲生动、讲透彻,要先发声、发亮声。二是积极填补西方中国研究中存在的理论创新空白,争取话语主动权,获取中国发展的话语权。回应西方中国研究是中国特色社会主义话语体系构建的重要内容,在话语体系构建中我们不能忽视对总的发展方向的把控。要主动设置话语议题,引导西方中国研究的方向。比如,在中国与美国关系的描述中我们使用了“中美新型大国关系”的话语,之后西方中国研究者对该话语展开了解读,既有积极欢迎成分,也有消极怀疑成分。通过对该话语的关注,我们设置了话语议题,推动了话语的有效传播。然而,西方中国研究者态度的飘忽不定常常在一定程度上形成了对其自身的否定。

第三,以话语的特殊性回应普遍性。话语权争夺旨在解构威胁、获取主动,话语权争夺双方在对中国特色社会主义发展的同一问题上形成了截然不同的观点。从传播学的角度来看,西方话语的侵蚀直接影响了受众对中国特色社会主义话语的认同,由此构成了对中国特色社会主义发展的干扰。因而,中国特色社会主义话语体系的构建不仅是内部话语的简单建立,而且还涉及如何正确处理不同话语之间相互关系的问题。简单粗暴的否定并不能真正增强话语体系的说服力,在中国特色社会主义话语体系的构建过程中我们必须正确处理三个方面的问题:一是针对性。中国特色社会主义话语体系的构建不是自说自话,不是对现实问题的简单回应,而是针对特定问题给出的符合自身特点的解释。对有疑问的解释需要考虑话语双方的话语共振。有效话语沟通的前提在于话语双方能够对某些话语议题达成一致的理解。二是包容性。构建中国特色社会主义话语体系并不意味着对所有西方话语完全否定。这是一个兼收并蓄的过程,要在话语体系构建的过程中及时提出并主动修补话语传播的漏洞。三是契合性。中国特色社会主义话语体系构建的首要任务是确立理论话语,而真正把握话语体系的重点在于能够实现各种不同话语体系之间的契合。中国特色社会主义话语体系的构建是一个不断发展完善的动态发展过程,要尽量减少不同话语衔接的动荡,实现有效而平稳的过渡。要巧用文化软实力,建立东西互通的话语表述方式,避免话语传播过程中可能出现的理解偏差。为此,中国特色社会主义话语体系的构建既要考虑国内受众的特殊情况,也要顾及国际传播时的阻力问题。要尽量使用各种文化主体都能听得懂的语言,正确处理话语特殊性与普遍性之间的关系。

坚持科学的方法论发展马克思主义,推进马克思主义大众化的发展。理论对现实的有力阐释是话语体系建构的基础。恩格斯告诫在美国帮助搞工人运动的德国工人时指出,"我们的理论是发展着的理论,而不是必须背得烂熟并机械地加以重复的教条。越少从外面把这种理论硬灌输给美国人,而越多由他们通过自己亲身的经验(在德国人的帮助下)去检验它,它就会越深入他们的心坎"①。受众的主观感受是决定其态度和行为的重要因素。因此,马克思主

① 《马克思恩格斯文集》第10卷,人民出版社2009年版,第562页。

义大众化的传播效果直接取决于受众对马克思主义理论的态度,而其态度又取决于马克思主义理论对现实的解释力。

正视马克思主义大众化传播的现实话语困境是改善马克思主义传播的首要问题。当前我国马克思主义大众化传播存在以下两方面的突出问题:其一,实际传播话语与受众思维内容的契合度存在差距。对大多数受众而言,马克思主义意味着“高大上”,日常的生活所需要的通俗的马克思主义与我们现有的传播内容是存在偏差的。受众试图以现有的生活状态作为衡量理论优越与否的标准。由于理论基础的匮乏,对马克思主义理论作出片段式的理解,用现实之“矢”射理论未来之“的”,从而导致理论对现实的解释力下降,销蚀了理论的魅力,从而延缓了理论在大众中的传播速度。这一延缓必然导致对理论的反馈率降低、传播话语体系基础的弱化。其二,理论内容与传播形式的协调性较差。“马克思主义是富有创造性的……那种躺在马克思主义书本上的所谓马克思主义者,不是真正的马克思主义者。马克思主义不是教条,而是行动的指南。离开了创造性,就不是马克思主义。”①马克思主义是不断发展的理论体系,马克思主义大众化亦是一个与时俱进的过程。这不仅包含方式方法的创新,更蕴含内容的不断深化与发展。当前的马克思主义大众化传播中关于内容与形式的讨论更多是处于“平行线状态”。内容的创新更倾向于传播者,形式的创新却过度以受众为中心。因此,关于中国化马克思主义成果的大众化传播几乎都是换汤不换药,不能对症下药。马克思主义具有深厚的群众根基,马克思主义不断深化的动力来自民众,依靠民众,而马克思主义的发展则是为了民众。因此,马克思主义在内容的创新方面必须契合民众的需

① 《彭真文选》,人民出版社 1999 年版,第 249 页。

求,反映民众的要求。新兴媒体的发展创造了一个群体传播的时代。群体传播“是群体进行的非制度化的、非中心化、缺乏管理主体的传播行为。传播的自发性、平等性、交互性,尤其是信源不确定性及由此引发的集合行为是群体传播的主要特征。群体传播之所以活跃,正因为其传播主体的群体性——不被约束、自发、平等、匿名,而它的弱点,也恰恰在于它的传播主体是没有中心、没有管理主体的群体,群体的盲从性、群体的感染性可被利用”①。大众传播是中心化的单向传播,群体传播是去中心化的传播。去中心化销蚀了对权力中心的迷恋,消除了阶级差异的不规则信息传递,推动大众平等参与传播过程。马克思主义在大众化的传播中,始终会遭遇大众传播与群体传播的矛盾,二者的交叉点在于对时政问题的处理。对时政热点的关切是当代中国马克思主义提升传播效果的切入点。但是时政传播要求受众对其作出顺从式解读,而群体传播中受众对其的解读往往是协商性或者对抗性的。群体传播中的信息具有明显的碎片化、无序性特点,在信息的传递和意义的解读中充满情绪化和非理性。群体传播会表明其批判精神和对其权利的主张,会选择颠覆某个权威对象。因此,传播方式与传播信息的相融是马克思主义大众化需要解决的问题。

马克思主义大众化的传播首要解决的就是如何来缩小惯有的大众传播与新兴群体传播之间的差距,最大程度地降低受众对马克思主义大众化传播中对权威传播的销蚀。这可以从以下三方面着手:第一,传播语言的转变。准确翻译是科学传播的基础。长期以来,在马克思主义大众化发展的进程中缺乏专业的翻译人员,致使理论本身与国际的衔接出现差距。因此,在马克思主义学科中设置

① 隋岩、曹飞:《论群体传播时代的莅临》,载《北京大学学报(哲学社会科学版)》2012年第9期。

具有相关背景的专业翻译人员是促进马克思主义大众化发展极为有效的方法。第二,传播信息的生活化。当前群体传播对权威传播的销蚀来自群体(受众)对传播信息的质疑,质疑源自对信息不切实际的表述。因此,马克思主义大众化传播需要解决传播信息与受众生活有效衔接的问题。当然,传播的生活化并不意味着庸俗化,而是更加接地气,增强了理论本身的感召力和说服力。第三,在马克思主义大众化的推进过程中,一方面要注重马克思主义中国化最新成果的宣传,另一方面也要运用新兴媒体推进马克思主义经典著作的生活化研读。“马克思主义理论研究是从历史出发研究其现实意义,还是从现实问题和观点出发反观其思想体系?在以往和现在的研究中,从现实观点和立场出发,到马克思文本中寻找论据支持者居多,这无疑使历史文本变为论证现实观点的工具。严肃科学的马克思研究需要把其文本以及相关文献作为最重要的依托和客观对象,以避免把马克思文本中没有的东西加在马克思身上的做法,避免根据文本中的只言片语演绎马克思的做法,避免离开马克思思想精髓孤立地突出某些观点的做法。”[①]对理论的信仰源自对理论的掌握。“当着我们刚才开始研究马克思主义的时候,对于马克思主义的无知或知之不多的情况,和马克思主义的知识之间,互相矛盾着。然而由于努力学习,可以由无知转化为有知,由知之不多转化为知之甚多,由对于马克思主义的盲目性改变为能够自由运用马克思主义。”[②]仅以点断面式的理解显然并不适合马克思主义大众化的传播。认真学习和掌握马克思主义理论,是党的思想理论建设的根本要求。因此,一方面需要注重领导干部的理论修养。习近平指

① 季正矩:《马克思“人类梦”的文本解析——〈马克思人类解放理论的历史轨迹及其当代价值〉》,载《当代世界与社会主义》2014 年第 4 期。

② 《毛泽东选集》第 1 卷,人民出版社 1991 年版,第 325 页。

出,领导干部特别是高级干部要把系统掌握马克思主义基本理论作为看家本领,同时,他还要求广大青年抓好理论学习,通过坚持不懈地学习,学会运用马克思主义立场、观点、方法观察和解决问题,坚定理想信念。

学术话语与政治话语的统一是关乎让受众掌握的马克思主义是什么,是官方的还是学界的?若是官方,那么如何扭转民众对马克思主义学界范式的固有认知?若是学界,民众对这种理论的需求是否能够供给?失学界,官方便丧失理论支撑;失官方,学界便失去实践的最终意义。长久以来,导致学术话语与政治话语分离的根源在于对马克思主义“国家—社会”关系的理解。从“国家主导”角度理解马克思主义往往导致社会对政府、民众对权力的依附关系。在此语境下理解的马克思主义中国化、大众化必然引出权力至上的观点,导致学术话语与政治话语在某种程度上的分离。马克思主义大众化传播效果不佳的部分原因在于传播者职责与定位的错位。马克思主义大众化的传播主体仍然是理论者,部分学者更倾向于单纯的学术研究,而不注意这种平衡的处理,致使倾向民众的宣传缺乏充足的学理支撑,缺乏说服力。学理基础深厚的学院派研究最终不免沦为玄而又玄的经院派。

同时,马克思主义大众化进程中传播内容过于学术化,理论没有实现与受众日常生活的完美对接,使其依然停留在书斋式的话语逻辑层面。在马克思主义中国化最新成果的政治宣传中,话语本身受众易于理解,但是长期以来传播中的灌输手段等在一定程度上脱离了受众的日常实际,加之政治文件式术语本身就使部分受众不愿接受,致使政治宣传常常事倍功半。习近平总书记指出,“准确把握所处时代的根本问题和发展趋势,用融通中外的理论框架和学术话语体系形成对于中国实践、中国道路的解释力、支撑力和引导力,已成为中国理论界学术界需要研究和应对的紧要问题”[①]。因此，我们需要明确马克思主义大众化进程中学术话语的境遇，找准理论本身话语体系在世界话语体系中的位置，以此防止我国和平发展中的理论缺席和学术话语主体性失落。以我国社会主义改革建设的实践为基础，凝聚新的中国话语，准确传播我国马克思主义的发展状况，才能提升理论对现实的指导力。因而论之，要努力推进马克思主义大众化传播由学术性的理论术语和政治性的文件语言向日常生活的大众语言转换。打造中国的学术话语，这一学术话语是我国融入世界的通行证，也是马克思主义大众化的助推力。学术话语与政治话语统一的介质在于当下中国的发展实践。马克思主义大众化的传播，要凸显特色。特色的关键在于理论对现实的解释力。马克思主义作为一种科学的理论，从来就不是书斋里的学问，而是人民群众实践经验的科学总结。马克思主义只有被人民群众所理解、所掌握，才能转化为强大的物质基础。马克思主义大众化传播的现实困境在于受众对马克思主义的理解出现了偏差。这种偏差包括对理论所能实现的指导作用和理论本身应对的策略之间无法实现有效的调和。简单而言，主要是指大多数受众对马克思主义本身的思想来源并不十分明确，对马克思主义的认识更多地停留在一种“药剂”作用的理解上，且企图通过“药剂”的疗效作为自身认同与否的主要标准。而在衡量“药剂”的作用之时，又过分期待未来，致使对其现实观照的把握并不十分恰当。值得注意的是，“药剂”的用量直接取决于对现实的把握，针对现实的需要及时作出调整是提高整个效果的有力途径。就马克思主义大众化而言，真正的落脚点应是现实观照。

① 罗永宽：《以创新的中国话语彰显强大理论生命力》，载《中国社会科学报》2014 年 6 月 25 日。

国际传播与国内传播的融合是新方向。要真正发挥马克思主义理论的指导和引领作用,必须使它为广大社会成员所理解和接受,推动马克思主义大众化。要进一步推动马克思主义中国化最新成果“走出去”。在全面对外开放的条件下做宣传思想工作,一项重要任务是引导人们更加全面而客观地认识当代中国、看待外部世界。着力打造融通中外的新概念新范畴新表述,讲好中国故事,传播好中国声音,其中就包括积极开展思想理论领域的对外交流。中国理论与中国道路紧密相连,要了解中国道路,就必须了解中国理论。对此,应进一步推动马克思主义中国化最新成果“走出去”,促进外部世界对中国理论的认识和了解,增强中国理论在世界思想理论领域的话语权和影响力。

第一,国际传播事关国家形象的塑造,有助于增强理论自信。要增强受众对马克思主义中国化相关成果的理论自信、制度自信,必然要证明理论本身的合理性与优越性。“受传播主体、传播渠道及传播策略的影响,目前国际社会对我国的文化和科技实力普遍比较认可,但在政治层面仍存在较大的认知偏差。”①加强政治信息的传播,尤其是政治理念和政治主张的传播,将成为未来国家形象塑造迫切需要解决的问题。当前,马克思主义理论的发展受到后马克思主义理论的步步威胁。后马克思主义理论对马克思主义理论的阶级、经济基础与上层建筑等核心概念提出质疑,并对其理论展开广泛传播。面对各种非马克思主义思潮的抨击,必然要重视马克思主义理论本身在国际思潮中的竞争力。因此,对马克思主义理论的国家传播成为当前马克思主义理论大众化的前提条件。受众对马克思主义理论的接受与否源自理论本身的合理性。若理论在与其

① 郝日红、张清俐:《塑造打动世界的中国国家形象》,载《中国社会科学报》2014 年 7 月 21 日。

他理论的竞争中失去了理论本身的解释权、定义权和主导权,就会大大削弱理论的说服力。长期以来,关于马克思主义大众化传播注重的是国内的层级传播,较为忽略国际传播。只有使理论本身具有坚实的话语基础、科学的话语体系、有效的话语方式,才能增强理论的感染力。因此,我们应着力从如下几方面提升理论的国际传播:其一,融通中外的话语体系的建立。话语体系的建立,一方面要从我国改革开放的成功实践中提炼新鲜的话语,准确阐释中国精神、中国道路;另一方面,要把握国外受众的思维习惯、表达方式,使我国的对外话语易于被接受和传播。其二,专业翻译人员要主动回应国际社会关切,有针对性地做好对外宣传和阐释工作。要创新对外传播话语体系和叙事方式,积极拓展国际交流平台,最大限度地让国际社会了解当代中国马克思主义的发展。要抓住有利时机,重点抓好讲好重要概念、基本思想、特色表述的对外翻译和传播,介绍好、阐释好新一届党中央的重大战略思想和重要决策部署,为我国当代马克思主义的发展营造良好的国际舆论环境,积极推进当代中国马克思主义大众化传播。

第二,国际传播和国内传播基础上层次传播的精细化。层次传播是我国马克思主义大众化国内传播的主要途径。这一模式主要以不同的受众为对象,自上而下展开理论传播。长久以来,我国的马克思主义的层级传播往往重突击轻基础,重团体传播轻群体传播,致使“马克思主义”“中国化马克思主义”“马克思主义中国化最新成果”等概念在受众的思维体系当中处于彼此分离的状态,降低了马克思主义理论本身的可信性。与此同时,值得注意的是,当前马克思主义大众化传播所面临的差异性。差异性的存在源自载体、客体等要素的转变。尤其是互联网的发展所带来的新兴社交媒体的存在使得受众的存在愈发细化。这就要求马克思主义大众化传播无论是内容、手段等方面都愈加精细化。马克思主义大众化在中国的实现程度实质上是理论对现实的满足程度的生动体现。就新兴媒体为载体的传播路径而言,马克思主义大众化对外传播要注重传统媒体和新兴媒体的结合,形成传播的品牌效应。品牌效应的形成是建立在对目标国家文化特质的了解上,尤其是要对目标国的思维模式作充分的了解上。在此基础上,展开有针对性的传播。针对马克思主义大众化传播的国际传播,需要建立相关的调查研究机构,开展舆论调查,打破西方调查机构的垄断。在此基础上,针对不同的受众、不同的传播载体开展有针对性的传播。针对性的传播主要可以从教育宣传、心理影响、制度规约、政策路径等几方面展开,借助这几种路径充分释放理论的社会性意义和个体价值。同时,也应注意要将层次传播与填补受众社会态度、世界观及社会经验空白,与满足受众的好奇心、好胜心及互惠心相结合,以此吸引受众的理论兴趣,推进马克思主义大众化传播效果的提升。

二、坚持马克思主义基本原理和中华优秀传统文化相结合

中国式现代化的发展蕴含在党对道路的艰辛探索中。在道路的探索中,马克思主义中国化是一个重要的质的规定。中国式现代化目标演进过程中,中国共产党把马克思主义基本原理同中华优秀传统文化相结合,赋予中国式现代化鲜明的民族特色。要准确把握二者的结合,就要从二者结合的缘由(必然性和可能性)、结合的实践展开和目标指向三方面加以阐释。

（一）马克思主义基本原理和中华优秀传统文化结合的缘由

对结合缘由的分析，实质是探讨二者结合的必然性和可能性。可能性和必然性是一种相互作用的结果。二者的结合既是马克思主义理论发展的内在要求，也是中华优秀传统文化现代化的必然要求。从推动二者结合的主体来看，也是马克思主义政党建设的题中之义。

1. 马克思主义发展的内在要求

优秀传统文化是马克思主义理论形成和发展的重要资源。马克思、恩格斯本人就十分尊重和重视传统文化。在马克思主义理论形成的过程中充分借鉴了西方优秀文明成果。其中，马克思主义文化观则为二者的结合提供了基本的遵循。

马克思主义的形成离不开对传统文化的吸收与借鉴。其一，马克思和恩格斯本人十分尊重和重视传统文化。马克思继承了康德批判哲学的传统，主张对之前的、同时代的社会思想进行批判性的考察，但是，马克思并不主张全盘否定传统文化。马克思就是在大量阅读了前人的研究成果的基础上，完成了《资本论》《哲学的贫困》等著作的写作。马克思高度评价了费尔巴哈对旧哲学的超越。马克思在《政治经济学批判导言》中专门谈到了希腊艺术的问题。他认为，艺术的发展与社会发展、物质基础的发展并非完全协调一致，艺术发展呈现出某种独立性。其二，在马克思主义形成过程中，除了吸收德国古典哲学、英国古典政治经济学和法国空想社会主义的经验，也广泛借鉴了古希腊以来西方优秀文明成果，比如，卢梭理性主义思想、歌德浪漫主义思想、亚里士多德哲学、伊壁鸠鲁思想的影响等。马克思在博士论文中曾明确谈到要联系整个希腊思想，详尽阐述伊壁鸠鲁派、斯多葛派和怀疑派哲学。可以说，马克思主义的发展就是继承者们不断吸收优秀文化成果丰富马克思主义理论的过程。列宁在批判"无产阶级文化派"时也曾说:马克思主义之所以具有世界意义,正是因为它吸收、借鉴人类历史上一切文明中的一切有价值的内容。列宁反对把马克思主义视为文化虚无主义。当然,也要格外注意片面强调继承和片面强调批判两种极端的思想。前者否定了马克思主义发展过程中的批判性,后者简单粗暴地隔断了马克思主义与人类文明发展的关系,将其孤立化。其三,马克思主义从社会革命视角出发提出了正确对待传统文化的方法。从社会革命的视角出发,马克思、恩格斯阐明了与传统文化的决裂,认为传统是阻力,作为消极力量的存在,它应该被摧毁。因而,与资本主义、封建主义相适应的上层建筑等也是马克思主义语境中要摧毁的内容。值得注意的是,尽管马克思主义对资本主义、资产阶级进行了深刻的、彻底的批判,但他们并没有否定资本主义社会的积极意义。相反,明确提出要重视上层建筑的反作用。

马克思主义的发展离不开传统文化的推动。其一,马克思主义的实践性和开放性推动其与传统文化的结合。马克思主义只是提供了改变世界的立场、观点和方法,要正确运用这一理论,要激发理论活力使其得以不断释放,就需要将其与具体实际情况建立联系。马克思主义的实践性要求理论运用具体情况具体分析。否则,"一个所谓哲学原理或原则,即使是真的,只要它仅仅是个原理或原则,它就已经也是假的了;要反驳它因此也就很容易"①。其二,传统文化是推动马克思主义大众化的重要载体。任何一个国家的发展,都离不开传统文化的塑造和建构作用。要借助传统文化大众化的特质、形态的多样化和生活化特征,实现为马克思主义赋义的目标。

① [德]黑格尔著,贺麟、王玖兴译:《精神现象学》上册,商务印书馆1979年版,第3页。

只有借助语言的外衣,异域文化的科学性才能得到彰显。黑格尔也强调只有能够运用本民族语言掌握一种理论才算真正掌握。其三,马克思主义的世界性需要民族性的推动。马克思主义辩证法认为,共性存在于个性之中,普遍性寓于特殊性之中。马克思主义的真理性只有同各国的具体实际相结合,才能得到充分的展示。

马克思主义文化观为二者的结合提供了基本的遵循。马克思主义坚持从物质生产实践是一切社会现象基础的根本观点出发,揭示了文化产生、发展的进程,为人们正确认识和把握文化的功能、结构、文化与文明的关系提供了科学的方法论原则。其一,文化是继承性和现实条件性的统一。人们总是在既定的、直接碰到的条件下创造历史。自然也就包括要受到文化传统的影响。从这样的意义上来看,任何文化都是继承性和现实性的统一。因而,人们在推进文化建设的同时,必然面临着如何对待传统文化这一重要问题。文化作为历史的产物,是对社会现实存在状况的历史反映,文化的发展是历史的暂时的产物,它必然会随着现实社会的变化而发生变化。对文化发展,既要考虑其形成的社会历史条件,也要考虑其社会历史条件的新变化和新发展。忽视了现实条件的新变化,文化发展的继承性便无从谈起。其二,历史条件性是文化的普遍属性。文化因其对现实的强大解释力,赋予文化精神具备跨越时空、超越国度、富有永恒魅力、彰显当代价值的特点。任何文化的形成都与其特定的社会生活条件密切相关。任何一种关系、条件、制度的形成,都要从特定的社会生活条件中得到合理的解释。毛泽东强调,无论是革除旧文化,还是建立新文化都离不开对经济、政治要素的分析与把握。其三,文化具有相对独立性。虽然文化不具有独立的外观,但在变化中却呈现了某种不同步性。不同步性具体表现为文化形式的相对独立性和文化运用于政治文化生活时所展现出的过程和特性。主要原因在于社会政治结构和经济发展的变化不总是同步发生,有些时候,政治结构会落后于经济的发展。由于政治形式的相对独立性,因此附着于其上的文化也会呈现出相对独立性,并表现出一定的相对自主性。

2. 中华优秀传统文化发展的必然要求

中华优秀传统文化中蕴藏的丰富的时代价值为二者的结合注入了独特的意蕴。传统文化现代化的迫切要求则进一步加速了二者的结合。中华优秀传统文化鲜明的特性是二者可以结合的重要前提。中华优秀传统文化具有极强的包容性。比如,“道并行而不相悖”的胸怀、“尚和趋同”的传统和吸收外来异质文化的气度等。自古以来,中国文化的发展呈现出多元性的特点。早在春秋时期,就有着不同的地域文化,比如,中原文化、齐鲁文化、巴蜀文化等。及至印度佛教传入之后,虽然与儒、道有冲突,但也仅限于政治经济方面的冲突,而没有形成文化方面的冲突。在绝大多数时间里,都是儒、道、释三者并存的状态。汤一介认为,主要原因一是中国一直主张合而不同,二是中国的制度导致“三教论衡”的状态。这也就为马克思主义与优秀传统文化的结合奠定了文化基因。马克思主义的实践性、世界性和中国传统文化的包容性实现了二者融合相通、共存共荣的状态。我们还要看到,中华优秀传统文化是中国实际的重要组成部分。民族是文化的主体,文化是民族的支柱。中国传统文化的发展与中华民族的命运紧密相连。只有准确了解和把握中华优秀传统文化,才能真正了解全面掌握中国实际。毛泽东更是强调中国共产党党员要结合实际来谈马克思主义,避免把马克思主义抽象化、空洞化。

同时,二者的结合也是实现中华优秀传统文化现代化的迫切要求。其一,文化的发展需要与社会现实的交互。现代社会的发展是传统文化发展和改观的主要途径。新的社会发展阶段对不适应环境的旧文化要通过循序渐进的改造使其发生有利于新社会发展阶段的转变。尽管文化最终是由现实社会生产条件决定的，但其形成过程不是简单的被决定过程，而是与现实社会交互作用的过程。在交互作用中，文化不仅形成了自身发展所需的现实起点和逻辑起点，而且形成了自身发展所特有的内在价值取向。因此，要推动一个社会文化的发展，不是简单地靠社会经济发展就可以实现，而是需要文化与社会现实的交互作用。其二，民族多样性决定了文化发展的多样化。马克思主义认为，承认文化的多样性是历史发展的必然结果，并不能否定文化的统一性。多样性是统一性的前提，统一性是多样性的基础。即便是不同的文化形式，它们也依然可以基于社会生产建立某种统一性。中华传统文化和马克思主义虽属于不同的文化体系，但基于对社会生产追求的同向性，它们仍具有统一性。

中华优秀传统文化时代价值贯穿于世界历史文化思想史的发展中。8 世纪末，尽管人们纷纷皈依西方文化，但西方文化在现代性方面却逐渐出现了各种病症。相反，东亚地区却出现了经济的腾飞，东方智慧进入人们的视野。英国哲学家罗素既看到了东方文明的历史价值，也看到了其未来的存在价值，明确提出，要把西方文明和中华文明结合起来。英国历史学家阿诺德·约瑟夫·汤因比充分肯定了中华优秀传统文化在确立世界主义思想方面所蕴含的价值；斯塔里阿诺斯、李约瑟等都看到了西方文明发展所展现的进步性，也认为其本身蕴藏着潜在的危机，而要消除这样的危机，就必然要寻求另一种文化，即中华传统文化。中华优秀传统文化中所蕴含的天人合一、道法自然、仁者爱人等理念正是破解人类发展整体性“生存还是毁灭”选择困境的不二法则。

中华优秀传统文化蕴含丰富的时代基因。在现代化发展的历史进程中,现代性发展所产生的问题和弊端亟须从文化发展中吸取养分。人类文明的发展,尽管取得了重大进步,但仍然面临很多棘手的问题,比如,贫富差距的悬殊、人与自然紧张的关系、个人主义盛行等。人们不仅需要通过发展解决此类问题,也需要从文化中挖掘智慧和经验来破解相关的问题。

文化发展有其内在逻辑。传统文化本身蕴含着超前性与预见性。超前的思想文化遵循其自身的逻辑不断发展,“当历史上的思想资料的积累足以使现实的思想家形成超越社会发展所提供的可能的思想时,这个社会的思想文化,就可能超前于社会发展。”①超前并不能等同于超越。马克思在分析德国思想超越德国社会发展时指出德国的法哲学和国家哲学,超越了思想家所处的国度,直接把握了时代的发展。文化的发展之所以能够表现出超前性,并不是因为前人的发展为超前性提供了准备条件,而更为重要的是文化本身所蕴含的对未来时代的预见因素。文化对社会发展的总体趋势把握得愈加全面、深刻,预见性就愈发体现得淋漓尽致。文化的超前性和预见性要使其成为推动社会发展的积极力量,就要使其与现实的社会运动紧密结合。而要正确结合,就离不开正确的世界观、方法论的指导。

3. 马克思主义政党建设的题中应有之义

列宁认为,在基本政治制度确立之后,共产党能否成功执政、社会主义事业能否取得胜利,文化发展是其关键因素。中国共产党不仅从苏联社会主义建设中吸取教训,也不断从自身发展中总结正反两方面经验,进而更好地推动文化建设的发展。

---

① 王沪宁:《政治的逻辑:马克思主义政治学原理》,上海人民出版社2016年版,第471页。

文化建设是马克思主义政党建设的重要维度。文化建设与政党建设相辅相成、相互促进。列宁认为，如果不能夯实执政的文化基础，那么共产党人即便获取了政权也会面临着从军事的征服者变为旧文化的被征服者的危险。无产阶级代表的是最广大人民的利益，它所处的历史地位、历史使命决定了其要推翻以往一切剥削阶级。但这并不意味着其要与以往的历史完全割裂开来，全面抛弃和否定传统文化。相反，是要在发展自身的过程中，积极吸收人类一切优秀文化成果。

文化自觉为政党发展提供了强大的精神支撑。文化自觉是人们在认可文化传统的基础上，通过挖掘、汲取文化资源，反省和思考发展过程，从而实现对发展趋势科学预测、准确把握的实践。人们对政治实践的批判通常也以文明、文化的批判为主要表现。中国共产党作为马克思主义政党，只有把文化自觉镌刻在政党的精神世界，才能激发政党实践的自主性，提升对党和国家建设、社会发展的把控能力，推动文明创新和发展。

推动二者结合是中国共产党吸取苏联社会主义建设教训的必然结果。其一，“马克思主义俄国化”提供了借鉴。马克思、恩格斯所生活的年代，民族主义主要服务于资产阶级，因而其理论主张中表现出对民族主义的批判。而俄国民族主义在其发展中却呈现出积极的历史作用。“马克思主义俄国化”本身要解决的就是用马克思主义激发俄国民族主义的积极作用，抑制其消极作用。但是，这一问题却没有受到足够的重视。相反，由于没能正确处理马克思主义与民族主义的问题，致使后者出现了扭曲。尽管列宁一直呼吁俄国社会主义发展和建设的特殊性，但其有关马克思主义与民族主义之间良性互动的主张并未得到有效拓展和落实，最终导致马克思主义发展的教条化，使“马克思主义俄国化”进程遭受严重挫折。其二,没能始终正确处理马克思主义与传统文化的关系问题是苏联解体的重要原因之一。俄国传统文化中的弊端未得到始终如一的重视和纠正。俄国传统文化中始终渗透着浓厚的弥赛亚精神和世界中心主义意识。列宁对传统文化中的弊端和消极影响有充分的认识,明确提出弊端集中体现在对传统的固守上。在他看来,马克思主义的开放性正是解决这种弊端的重要手段。因而,他主张马克思主义与传统文化的互动。但是,列宁的思想并未得到延续。苏联共产党在社会主义建设进程中,虽然重视科技、教育等文化建设,但是对于传统文化、习惯、心理等因素长期忽视。这导致马克思主义未能实现与俄国传统文化的有效结合,更无法推进其传统文化的现代转型。其三,未能充分发挥文化建设在政权巩固中的作用。一是落后的文化侵蚀了政党肌体。苏联建立社会主义政权之后,旧文化影响了苏联共产党的执政。比如,俄国官僚主义文化影响了政党利益代表的先进性和纯洁性。二是落后的传统文化影响了政策制定。比如,受大国沙文主义的影响,1922 年年底,在筹备建立苏联时,以斯大林为首的委员会拟定的要求乌克兰等民族作为自治共和国“加入俄罗斯联邦”的草案获得通过。

二者结合是中国共产党总结正反两方面历史经验的必然结果。其一,传统文化实际功能的反思贯穿党的百年奋斗征程。为了使自身的目的得以合理化的阐释,就会出现向传统文化寻求说明,从而或是把传统思想、传统文化价值观念永恒化,或是借助传统思想、文化为其统治扫清障碍。一是中国共产党对传统文化价值的认知经历了从工具理性向工具理性和价值理性统一的转变。中国共产党对传统文化的态度从“用”逐渐转向“体”,尤其重视中华优秀传统文化在培养核心价值观方面的影响力。二是中国共产党对二者的结合实现了从相通到互补的转变。早期马克思主义的传播,更为凸显其与传统文化的相通之处。比如,改革开放之初,邓小平把中国的现代化目标定义为“小康社会”。党的十八大以来,习近平总书记在不同场合多次强调了中华优秀传统文化的独特性,主张把中华传统文化的创新成果更好地传播出去。三是中国共产党不断推动二者结合路径的演进。马克思主义与中华优秀传统文化的结合经历了从策略、制度到理念层面的演进。其二,马克思主义与中华传统文化的碰撞。在中国最早提到马克思、恩格斯的名字可以追溯到《万国公报》。虽然梁启超、朱执信也介绍过马克思的学说,但并没有形成对马克思主义真正的了解。十月革命之后,1919 年五四运动推动了马克思主义与中国工人运动的结合,中国共产党成为马克思主义思想武器的倡导者和组织者。马克思主义传入中国后,首先面对的就是中华传统文化,总体上经历了一个由依附到抵御的过程。一是寻求马克思主义与中华传统文化的相通之处。比如,梁启超认为社会主义在中国早已有之,“孔子讲的‘均无贫、和无寡’,孟子讲的‘恒产恒心’,就是这主义最精要的论据”。“讲到国计民生,社会主义自然是现代最有价值的学说……但我的意见,提倡这种主义,精神和方法不可并为一谈。精神是要绝对采用的,这精神不是外来,原是我固有的”①。孙中山也指出:“考诸历史,我国固素主张社会主义者。井田之制,即均田主义之滥觞,而累世同居,又共产主义之嚆失。足见我国人民之脑际,久蕴蓄社会主义之精神,宜其进行之速,有一日千里之势也。”②可以说,面对外来文化的撞击,本土传统文化总会呈现出某种抗拒性。外来文化要想生存下来,必然通过最先与传统文化中相同或相近的部分发生共振,随后,不同的部分开始逐渐渗透,最终达到传播的目的。二是传统文化对马克思主义

① 《梁启超全集》第 1 册,人民出版社 1999 年版,第 160 页。
② 《孙中山全集》第 2 卷,中华书局 1982 年版,第 507 页。

的抵御。1921 年中国共产党成立之后,马克思主义的传播成为一种自觉。梁启超在《五十年中国进化概论》中曾指出,“马克思差不多要和孔子争席”,“确为从前四千余年所未尝梦见”。[①] 1927 年之后,“唯物辩证法风靡了全国,其力量之大,为二十二年来的哲学思潮中所未有。学者都公认这是一切任何学问的基础……任何顽固的旧学者,只要不是甘心没落,都不能不拭目以观马克思主义的典籍,任何能于创新的敏锐的思想家也不得不向《资本论》求助”[②]。马克思主义著作的大量传播影响到了中国传统文化特殊表现形态——封建文化的生存,引起其抵御反应。一些非马克思主义者站在“文化本位主义”的立场,反对传统文化吸收马克思主义的必要性。比如,这一时期《中国本位的文化建设宣言》《东西文化及其哲学》等著作的问世。其三,把马克思主义与中华传统文化结合是逐渐发展的过程。张申府就曾提出“列宁、罗素、孔子三流合一”的思想,张岱年进一步继承和发展了张申府把马克思主义与中国传统文化、西方逻辑思维结合起来的主张,甚至一些教条主义者也逐渐意识到马克思主义民族化的重要性。张闻天在《中国革命是中国人民自己的事情》中指出:“中国共产党一切改造中国社会的主张与方法的基本出发点,是中国的实际状况和中国人民的需要。一切中国共产党的政纲与策略,都是同中国的实际状况,和中国人民的需要相符合的。”[③]

(二)马克思主义基本原理和中华优秀传统文化结合的实践展开

基于二者结合的缘由,激发了二者结合的具体实践。中国共产

① 吴嘉勋、李华兴:《梁启超选集》,上海人民出版社 1984 年版,第 833 页。
② 《艾思奇文集》第 1 卷,人民出版社 1981 年版,第 66 页。
③ 《张闻天年谱》上卷,中共党史出版社 2000 年版,第 115 页。

党作为结合的主导力量，以马克思主义辩证法方法和价值诉求作为契合关节点，为二者的结合不断赋能，推动二者结合呈现出曲折发展、递进融合的路线。

1. 二者的结合是曲折发展、递进融合的过程

二者的结合是由浅入深、由表及里逐渐向前发展的过程。马克思主义和中华优秀传统文化虽有明显的区别，但其作为人类生产方式的反映形式，又具有相通性。学者陈卫平把马克思主义对资本主义文化的批判视作一个否定之否定的过程，认为其最终表现为对前资本主义文化的复归。从存在状态来看，中华传统文化是前近代文化，因而就这一状态来看，二者具有明显的相通性。当然，这种相通只是时间、空间层面的考量。更为重要的是要从两种文化的内容、本质层面加以说明。二者的相通之处，为其结合的实现奠定了基础。其二，依据不同时期的历史任务，呈现出不同侧重的结合。有学者①认为，这种结合是不同历史任务（革命和执政）和不同文化内容（墨家思想、儒家思想）的结合。有学者②认为，这种结合是马克思主义与特定文化（儒家政治文化、法家政治文化、民间政治文化）的结合。

二者的结合表现出逐渐觉醒、走向自觉的鲜明特征。马克思主义与中国具体实际相结合，贯穿马克思主义中国化的全过程。马克思主义与中华优秀传统文化的结合内蕴于“马克思主义与中国具体实际结合”之中，是马克思主义中国化的本质规定之一。但是，马克思主义与中华优秀传统文化的自觉结合经历了一个曲折的发展过程。

---

① 郑林华：《马克思主义与中国传统文化相融合新论》，载《党的文献》2010 年第 2 期。

② 陈强、刘兴均：《马克思主义中国化的一种新解读——马克思主义与中国传统政治文化的关系辨析》，载《毛泽东思想研究》2012 年第 1 期。

中国具体实际作为一种空间存在,从时间维度来看,包括现实和过去两个维度。作为一种发展的态势,现实和过去都内蕴着马克思主义与中国传统文化的结合。五四新文化运动具有鲜明的反传统性。中国早期马克思主义者都曾经历过五四新文化运动的洗礼。在推进马克思主义与中国具体实际相结合的过程中,他们大多对传统文化持激烈批判的态度,比如,陈独秀、梁漱溟等人。20 世纪 20 年代初,中国共产党成立之后,党面临的主要任务是实现民族独立和人民解放,马克思主义与中国革命具体实际的结合,寻求救国救民的出路成为主导,而与中华优秀传统文化的结合则尚未凸显。20 世纪 30 年代,民族危机唤醒了民众的民族意识,文化的民族性问题也得以显现。比如,新启蒙运动就力图纠正五四新文化运动对中华传统文化的简单否定。新启蒙运动的发起人陈伯达提出新旧启蒙思想家的重要区别在于是否区别对待传统文化。这些实践都为中国共产党把马克思主义与中华优秀传统文化的结合奠定了思想基础。1938 年,中共六届六中全会,毛泽东明确提出了“马克思主义中国化”的概念,提出要把马克思主义与中华优秀传统文化相结合,至此中国共产党将二者结合的自觉意识形成。但是,这一意识的发展并非一帆风顺。尤其是在新中国成立之后,还经历了“文化大革命”这样的曲折。改革开放之后,《关于建国以来党的若干历史问题的决议》再次重申了发展文化古为今用、洋为中用,为重新确立结合的自觉意识提供了思想前提。此后,党的十二大、十四大、十五大、十六大、十七大、十八大、十九大都论及了马克思主义与中华传统文化的关系,进一步强化了结合的自觉意识。

2. 中国共产党的领导是实现二者结合的主体条件

面对两种文化的冲突,如何正确处理它们之间的关系是政党要面临的重要问题。两种文化不会也不可能会自动解决冲突、自发实现有机融合。“在实现马克思主义与中国传统文化相结合的具体过程中，作为创新主体的中国马克思主义者，只有具备足够的学养，立足当下的实践，具有高度的自觉和把握飞跃的时机，才能顺利实现二者的有效结合。”[①]中国共产党既是马克思主义坚定的支持者和践行者，也是中华优秀传统文化的继承者、弘扬者，保障了二者结合的同体性。

中国共产党是“赋义”马克思主义的能动作用的发挥者。其一，中国对“卡夫丁峡谷”的实际跨越，需要中国革命积极发挥主体能动性。马克思主义、中华优秀传统文化为其提供了丰富的文化资源，源源不断地为中国革命注入能动性。这种能动性既体现在对客观因素的尊重，更体现在对主体精神因素的重视。马克思主义对中国革命的指导，就集中体现为中国共产党发挥能动性，通过革命实现对历史的能动建构。其二，中国共产党以人民为中心的价值立场是结合的方向保障。以人民为中心的价值立场赋能其对各种错误倾向强大的辨别力。自马克思主义传入中国以来，就面临如何处理二者关系的问题。中国共产党既纠正了西化的倾向，回答了“中国社会向何处去”的问题，也解决了对待传统文化的方法问题，扮演着中华传统文化继承者、传播者、弘扬者的重要角色。

中国共产党的主体能动性是马克思主义“行”的关键。马克思主义“行”既是其自身科学性的彰显，也是中国共产党能动性的生动体现。党的十一届三中全会之后，党恢复并发展了实事求是的思想路线和“百花齐放、百家争鸣”的文化方针，为马克思主义与中华优秀传统文化的结合确定了正确的政治方向。邓小平在《在中国文学艺术工作者第四次代表大会的祝词》中明确提出，“坚持百花齐放、

① 黎康：《论马克思主义与中国传统文化的结合条件——基于主体视角的分析》，载《江西社会科学》2011 年第 4 期。

推陈出新、洋为中用、古为今用的方针,在艺术创作上提倡不同形式和风格的自由发展,在艺术理论上提倡不同观点和学派的自由讨论"①。随后,在《党和国家领导制度的改革》讲话中指出,"必须把肃清封建主义残余影响的工作,同对于资产阶级损人利己、唯利是图和其他腐化思想的批判结合起来"②,阐明了封建残余思想的弊端。党的十二大提出了建设社会主义精神文明的要求,但是并没有明确传统文化在精神文明中的作用。党的十二届六中全会提出了"中国文明的复兴",并强调文明的复兴既表现在能够为传统文化的发展提供强大的动力,也体现在通过文明的复兴创造一种新的高度发达的文明。复兴本身就强调历史发展的延续性,蕴含着对历史发展的肯定。

马克思主义是一种现代文明,中华传统文化是前现代文明。如何运用现代文明来改造传统文化成为摆在中国共产党面前必须要解决的重要问题。党坚持用马克思主义立场、观点、方法对中国传统文化进行整体性分析和把握,就能准确把握传统文化的本质,推动其现代化转型。中国共产党人能够赋予中国传统文化某些概念新的符合时代需求的解读,对中国传统文化的特定概念、范畴、命题进行诠释和创新性解读。比如,"实事求是""小康社会""有的放矢"等。中国共产党坚持以马克思主义为指导,不仅仅表现在运用马克思主义对中国传统文化的整体性把握、批判性分析和创新性解读,更为重要的是创造出了具有中国风格、中国气派、中国特点中国化的马克思主义,并将其转化成人民群众认识世界、改造世界的实际行动。

---

① 《邓小平文选》第 2 卷,人民出版社 1994 年版,第 210 页。

② 《邓小平文选》第 2 卷,人民出版社 1994 年版,第 338 页。

3. 马克思主义辩证法和价值诉求是实现二者双向互动结合的契合关节点

从某种角度来看,马克思主义强调的是阶级斗争和夺取政权,而以儒学为代表的中华传统文化强调的是稳定的、既成的社会关系。二者的相通之处是实现结合的前提。但是,如何把握相通,使相通更好地发挥合力的作用,就需要在充分把握价值诉求的基础上,准确把握二者结合的方法。

从整体性角度来看,辩证唯物主义为二者的结合提供了科学的方法论指导。其一,二者的结合是探寻普遍性与特殊性统一的进程。马克思主义基本原理和中华优秀传统文化的结合要警惕两种错误倾向,即,一是对中华优秀传统文化的特殊性估计不足,二是对中华优秀传统文化的特殊性做过度诠释。就前者而言,忽视中华优秀传统文化的特殊性,对其缺乏认真的思索和深入的把握,容易导致文化虚无主义;就后者而言,把中华优秀传统文化的特殊性阐释成超越任何普遍理论制约的绝对的特殊性,容易导致文化复古主义倾向。毛泽东看到了对待传统文化的简单粗暴的做法,1944 年在同美国记者冈瑟·斯坦因谈话时明确提出,继承并不等于照搬,要根据现实条件,实现符合自身条件的发展。因此,尽管中华优秀传统文化的特殊性是我们思考二者结合的起点和重点,但对特殊性的把握要紧紧控制在适度性的范围之内。其二,二者的结合要"形""神"兼备。二者的结合有"形""神"两种状态。简单地为了"中国化"而"中国化"并不能取得实质的进展。在马克思主义译介和传播的过程中,就曾出现过此类现象。一是试图简单用中国传统文化解释马克思主义。比如,蔡尔康译著的《大同学》称马克思为"百工领袖",马克思的学说是"养民之学"等。这种用中国传统文化解读马克思主义的做法,因其没能准确把握理论的原则和基本思想,曲解了马克思主义的原意,并不利于理论的传播。二是不考虑“形”,直接把马克思主义理论生搬硬套。比如,土地革命时期,“左”倾教条主义者不考虑中国的具体国情和文化特点,照搬苏联的做法,造成了中国革命的巨大损失。

价值诉求的相通性是二者深层结合的基础。马克思主义与中华传统文化在时代性、地域性、思维方式上都具有明显的差别。其一,承认马克思主义与传统文化的差别是准确把握二者结合的前提。从时代性来看,前者是资本主义高度发达基础上的无产阶级的意识形态,具有鲜明的开放性;后者代表的是小农意识,具有明显的保守性。从地域性来看,前者是西方文化,后者是东方文化。在思维方式上,前者突出实践性,后者突出悟性。其二,两者的相通之处是结合可能性的前提。一是文化本身就是对人类生产和生活的一种反映形式,从根本上看,必然具有高度的相通性。二是马克思主义的形成本身就是吸收人类文明成果的产物。文化的相通减少了马克思主义在中国传播的阻力,奠定了大众接受马克思主义的心理基础,为马克思主义中国化提供了深层的理论契机。其三,二者在世界观、历史观的相通是结合的重要前提。马克思主义从地域空间来讲,虽是来自西方的文化,但是究其文化本质来说,它并非普通意义上的西方文化。一是其并非是代表资产阶级利益的西方文化,二是贯穿其中的核心的价值理念与既有西方文化具有显著差别。因而,虽然20世纪初中国面临强烈西化的文化氛围,中国先进人物也认识到西方资产阶级民主主义文化的先进性,但是学习西方并没能避免西方的侵略。“学习西方”和“西方侵略”的相悖逻辑导致资产阶级文明在中国人民心中的破产。相反,马克思主义传入中国之后,很快和中国文化融为一体,表现出鲜明的实践性特征。毛泽东将中华文化的复兴和对马克思主义的接受视为同一位阶的概念。

但是对于这样一种外来文化，毛泽东感到遗憾的是理论本身并没有提供给中国具体的实践策略。这种困惑实质上是方法论层面的疑惑，要走出这种疑惑必然需要探寻一种新的路径。1938 年六届六中全会上，毛泽东提出了“马克思主义中国化”的概念就是对这一问题的破解。

（三）马克思主义基本原理和中华优秀传统文化结合的目标指向

二者的结合并不是要用一种文化取代另一种文化，相反，是要让马克思主义基本原理和中华优秀传统文化实现从内容到形式的有效融合。二者的结合经历了从碰撞到融通的发展过程，其最终目标指向是增强结合持续性的重要推动力。因而，科学把握二者结合的目标指向，对于更好地实现二者的结合具有重要意义。

1. 马克思主义中国化理论创新成果是二者结合的理论形态

为了让一种异域文化更好地被接受和理解，让其说“中国话”不失为一种选择。作为马克思主义中国化的飞跃的三种理论形态，毛泽东思想、中国特色社会主义理论体系和习近平新时代中国特色社会主义思想呈现出鲜明的创新性。马克思主义基本原理和中华优秀传统文化的良性互动是其创新性形成的重要途径，其理论形态是重要呈现。理论创新成果不仅表征了二者结合的优良状态，而且为更深层次的结合提供了理论指导。

马克思主义中国化第一次历史性飞跃——毛泽东思想是二者结合的发端。毛泽东珍视历史文化遗产，十分重视民族文化的独特性，坚持马克思主义的历史观，坚持文化发展的历史继承性和现实性的统一。他强调要正确区分中国传统文化中的精华和糟粕、封建因素和反封建因素。早期马克思主义的传播必然面临与传统文化的碰撞问题。针对从尖锐对立的政治形势出发,以文化的民主性和封建性作为区分依据的观点,毛泽东明确提出了自己的观点,强调发展民族新文化要注意批判性前提下的兼收并蓄。更为重要的是,二者的结合要体现中国作风和中国气派。毛泽东思想的显著特点是赋予了马克思主义“亚洲形式”。施拉姆评价毛泽东时提出,毛泽东非常重视用民族的、优秀的思想去丰富和发展马克思主义,而不是用马克思主义来“取代”优秀传统的、民族的。斯诺也提到毛泽东著作中经常用本土语言、民间故事来阐释马克思主义。以毛泽东思想活的灵魂——实事求是为例,实事求是出自东汉班固所著的《汉书·河间献王传》,书中用“修学好古,实事求是”称赞刘德的治学态度。毛泽东在《改造我们的学习》一文中,从哲学高度赋予实事求是新的理论意蕴。其中,“实事”指客观事实,“求”指研究,“是”指规律性。

马克思主义中国化新的历史飞跃——中国特色社会主义理论体系是二者结合的强化。改革开放初期,邓小平重新确立了实事求是的思想路线,强调马克思主义的精髓是实事求是,恢复和坚持“百花齐放、洋为中用、古为今用”的文化政策。

进入改革开放和社会主义现代化建设新时期,围绕中国特色社会主义,党坚持马克思主义的科学精神、创新精神,充分挖掘中华优秀传统文化的智慧,形成了一系列时代性创造成果,为改革开放注入强大精神活力。比如,邓小平充分运用传统文化中“小康”的感召力和凝聚力指代“中国式的现代化”。江泽民强调社会主义现代化建设要拒绝民族虚无主义、全盘西化等倾向,提出“与时俱进”的时代命题。胡锦涛挖掘我国历史上有关社会和谐的思想,提出了“和谐社会”的理念。这一时期,党始终坚持推动马克思主义与中华优秀传统文化价值融通的时代创造。

作为马克思主义中国化新的历史飞跃，习近平新时代中国特色社会主义思想将马克思主义基本原理和中国传统优秀文化的结合推向新的发展高度。这一思想从治国理政的角度赋予二者结合新的时代意蕴。比如，《礼记》中提到“大道之行，天下为公”。习近平汲取优秀传统文化的精华，倡导共产党人要有天下为公、心系民众的博大情怀。要以世界眼光关注人类前途命运，要始终牢记“民为邦本，本固邦宁”，要求党员“不忘初心，方得始终”。这一思想始终坚持“守正”与“创新”相结合，既推动二者的深层次结合，又推动了中华优秀传统文化制度层面、文化层面、价值观层面、历史观层面的创造性转化和创新性发展，夯实了中国道路的基础。

2. 人类文明新形态是二者结合的实践形态

习近平总书记在庆祝中国共产党成立100周年大会上的重要讲话中提出“人类文明新形态”的重要论断。人类文明新形态是对既有文明形态的内在超越。这种超越本身就涉及对待文明的态度。文明表征了一种进步。不同文明之间的交流促进了人类文明的发展。汤因比认为在分析两种文明发生密切的文化接触时，“侵略性”的文明总是从文化、宗教等角度把处于弱势的文明贬低为低劣文明。面对两种文明之间的张力，简单粗暴的对立或者防御都不能从根本上解决问题。只有积极地吸取对方的进步要素、进行调整，才能实现二者的共生、共存。从马克思主义与中国传统优秀文化结合的角度理解人类文明新形态，亟须准确认识承载二者的介体。

马克思主义哲学革命必然带来文明的革命。康德从理性出发将中国文化和西方文化根本区分开来，而黑格尔将康德所谈到的绝对自由与绝对权利归属于绝对精神的内容，导致了绝对的西方中心主义立场。基于这样的立场，黑格尔进一步否认了中华文明的合法性，将中国置于文明之外，并在其著作《历史哲学》中完成了对人类文明阶段性的划分。他鼓吹绝对精神,关于人类文明的划分从物回到了精神,因而只能解释世界,并不能真正改变世界。马克思主义实践论揭开了人类历史的本质,实现了真正的哲学革命,从人的现实的关系中确立了文明的尺度。康德把中华文明视为"普遍的实践性人世智慧",认为是其在生活世界中生成的经验。事实上,中国传统哲学也十分重视和强调实践的重要性。这是马克思主义哲学能够激活中华传统文化的前提和基础,二者的结合孕育了现代性的新意涵。马克思主义的实践性既表现在对现实的人的生成的考察,也体现在对资产阶级革命实践中对人本身的确定。因而,中国共产党也正是在实践中,确定了自身作为先进力量的存在,并进一步完成了对中国特色社会主义实践的领导。哲学革命的发展,必然带来人类文明形态新的认知。因而,也可以说,马克思主义哲学的革命性、实践性为中国特色社会主义建设扫清了认知障碍,是文明新形态形成的重要前提。

中国共产党百年文明观的演进推动了人类文明新形态的形成。资本主义工业文明一方面创造了巨大的生产力,另一方面却又因其反文明性陷入对自身的否定。马克思主义在科学揭示资本主义基本矛盾的基础上,阐明了建立新的文明形态的必要性。中国共产党在领导中国革命、建设、改革、新时代的历史进程中,文明观也经历了确立新目标、奠定文明制度基础、推进社会主义文明建设和推进文明交流互鉴四个阶段。这既实现了对西方文明的超越,也为当代世界文明的发展作出了积极贡献。

中华文化当代价值的不断挖掘是人类文明新形态发展的动力。马克思主义从社会发展理论角度,揭示了人类文明的演进,提出了奴隶社会文明、封建社会文明、资本主义文明和社会主义文明。中国特色社会主义文明属于社会主义文明的范畴。中华文化是中国特色社会主义道路形成和发展的历史渊源。道路是历史化、立体化、系统性的表达，贯穿中国共产党百年奋斗征程，其形成和发展的过程就是实践和推进马克思主义中国化的过程。“道路”中蕴藏的“特色”是中华文明超越时空、不断创新的具体呈现，同样，中国特色社会主义道路的不断发展是文化的发展的现实基础，为其发展注入源源不断的动力。中国共产党秉持文明共存的理念，挖掘中华传统文化的真精神，强调中国文化的发展，推动人类文明的发展。

三、党的领导是中国式现代化目标演进的坚实保障

现代化的过程，就是主体发挥主观能动性、开展实践探索的过程。作为马克思主义政党，中国共产党的历史出场满足了现代化实践的需求。西欧国家现代化的发展，意味着国家发展的转型。我国的现代化探索，则以国家的全面建设和高度发展为目标。中国共产党历史出场和近代以来国家发展目标的内在一致性，催生了目标演进的中国逻辑。因而，我国现代化的发展程度和历史进程，与政党发展建设程度、发展状态密切相关。具体而言，党的领导对现代化目标演进的保障作用主要源于党的主体自觉性、价值追求的人民性以及自我革命的主动性的内在驱动。

（一）中国共产党是中国式现代化发展的主导力量

现代化作为社会发展的表征，必然需要一定的主体来执行。西方资产阶级学者认为资产阶级和现代化的发展密切相关，资产阶级就是现代化发展的主体。马克思、恩格斯在充分肯定资产阶级历史作用的基础上，揭示了资本主义制度的反文明性，将现代化的希望

寄托于无产阶级身上。在中国现代化历史进程中,作为无产阶级政党的中国共产党,自然要承担起现代化的主体责任。

1. 中国共产党的主体道路自觉

西方资本主义大工业推动了近代化的发展,使人类历史逐渐走向了“世界历史”。在资本主义现代化的全球扩张中,在千年未有之大变局中,近代中国开启了走向现代的历史变革。中国在这一时期面临着在现实所提供的古今中外的时代场域中选择的问题。大批仁人志士探寻各种方式融入现代文明进程,其中,与现代化相裹挟的西方资本主义道路在国家危亡的境遇下逐渐被解构。西方资本主义只是希望通过侵略,使中国成为殖民附属地,而非独立意义上被纳入工业文明时代。道路选择事关国家和人民的前途命运。中国现代化的发展要跳出非此即彼的困境,就需要明确“往哪走”“怎么走”,其核心就是回答怎样才能实现民族复兴的问题。能否建立先进的社会制度是实现中华民族伟大复兴的关键。制度要符合我国发展实际,充分考虑中国特点,彰显民族性。这就亟须处理好道路选择中的普遍性和特殊性的问题。中国式现代化的探索,突破了西方主导现代化的叙事结构。中国共产党带领人民走出了一条农村包围城市、武装夺取政权的新民主主义革命道路,通过革命建立现代化国家的道路。

2. 中国共产党的主体理论自觉

中国共产党对现代化道路、目标的探索,是在充分吸收,正确把握马克思主义社会发展理论基础上不断创新的结果。马克思主义关于未来社会发展的理论,包括现代化建设的一般原理。比如,有关社会生产力充分发展的理论。马克思认为,共产主义社会建立在生产力高度发达的基础之上,其社会生产不仅满足了人对物质生活的需要,也有利于人的全面发展。又比如,人和自然和谐发展的观点。马克思、恩格斯强调社会生产发展和自然资源、环境肯綮相连，认为人和自然的关系、人和人的关系是辩证统一的。自然条件是经济社会发展的重要因素。中国共产党在领导中国现代化建设的进程中，在牢牢坚持和把握马克思主义有关现代化发展的基本原理基础上，中国共产党形成了一系列理论创新成果。

3. 中国共产党的主体实践自觉

中国共产党结合中国具体实际，在探索、建立和建设社会主义现代化国家的进程中，发挥主体自觉，取得了举世瞩目的成就。世界历史的普遍性催生道路的抽象性的问题。对普遍性问题的回答，并不意味着要用抽象统一性来解答。相反，它更考验着主体对于实践条件因素（比如，经济、文化、历史）的判断。中国共产党是实现现代化探索与马克思主义二者互动的支点，推动二者本质关联的实现，具体表现为道路的探索。新民主主义革命时期是围绕民族解放道路形成的现代化道路。毛泽东曾强调指出，中国共产党领导人民进行的革命包括实现政治、经济和文化三重目的，其中，经济建设要避免被少数人掌控。一旦违背了这个原则，革命就会遭受挫折。在社会主义革命和建设时期，党带领人民确立了社会主义制度，推进了我国工业化的进程，建立了相对独立和完整的工业体系，明确提出了“四个现代化”战略目标。改革开放新时期，党进一步坚持、丰富了“四个现代化”目标，提出了“建设有中国特色的社会主义”，提出了“小康社会”战略目标。党的十三大提出了党在社会主义初级阶段的基本路线问题，为改革开放和社会主义现代化建设明确了时间表和路线图。党的十六大提出了“全面建设小康社会”的目标，这一目标“是中国特色社会主义经济、政治、文化全面发展的目标，是与加快推进现代化相统一的目标”，强调“有条件的地方可以发展得更快一些,在全面建设小康社会的基础上,率先基本实现现代化"[1]。党的十七大强调了并进一步丰富了我国现代化建设的内涵。进入新时代,党的十八大提出要全面建成小康社会的奋斗目标,明确提出在全面建成小康社会的基础上建成"富强民主文明和谐美丽的社会主义现代化国家"。党的十九大进一步指出,要"在全面建成小康社会、实现第一个百年奋斗目标的基础上,开启全面建设社会主义现代化国家新征程",提出了"两步走"的现代化战略。

总而言之,在党的百年奋斗征程中,党围绕不同历史时期主要任务,对建立现代化国家革命道路、目标内涵以及战略和理念、道路等进行了创新,实现了对现代化建设的接续探索,为丰富马克思主义关于现代化的理论和实践作出了积极贡献。

(二)中国共产党的价值追求是中国式现代化目标演进的价值遵循

政党是国家和社会的重要桥梁,是现代政治的核心力量。政党的价值立场、价值追求直接关系现代化的价值取向。中国共产党始终坚持以人民为中心的价值立场,以实现人的全面发展为追求,不断推动社会历史进步。这是党的初心和使命的必然结果,也是初心和使命的彰显。

以人民为中心的价值理念既是对马克思主义唯物史观的继承和发展,也源自对传统民本思想的借鉴。唯物史观视野中的社会发展,是人的能动的创造过程,是含有价值理想的由低级到高级的前进性、上升性的过程。对社会发展结果的衡量,主要依据其结果对主体的价值来判断。马克思主义的社会发展理论,就是以人的全面

① 《改革开放三十年重要文献选编》下,中央文献出版社 2008 年版,第 1250 页。

发展为追求。对社会发展内在矛盾和规律的探索,实质上是寻求人的解放的路径。满足人的发展的需求,并不能停留在简单、基础的层面。人的发展的需求对社会发展提出了多维度的要求。人的能动的创造过程,就是一个不断出新的过程。马克思主义认为,人们的实践创造过程,不仅推动了客观环境、条件、对象发生变化,而且人作为实践主体,实践活动本身对其自身也产生了作用(比如,观念、语言、交往方式等)。并且,新的交往方式、新的生产关系等,推动了社会的快速发展。党从"现实的人"出发,坚持系统性原则、历史主义原则,推动马克思主义人学理论的创新和发展。比如,党在领导革命和建设的过程中,毛泽东就强调要重视人的作用,十分重视人民的主体性、人民主权的实现。中国共产党对以人民为中心价值理念的践行,集中表现为追求中国式现代化发展的进程中紧紧围绕人民关心的重大问题,解决人民所需、所盼,进而牢牢把握现代化主体力量的过程。比如,在新民主主义革命时期,围绕民族独立和人民解放,主要是储备现代化的重要力量。总的来看,对人的本质、人的需求的关注,反过来又促进了社会物质生产、精神生产和科技的进步等。人们在正确处理实现个人需求和社会发展的关系中,进一步明晰了个人在社会发展中的使命和职责。以人民为中心的价值立场,有助于确立国家、社会和人民群众发展的价值共同体,可以最大限度地发挥政党的组织力,调动人民群众的参与性,提高国家治理的水平。

中华传统文化中的民本思想为中国共产党以人民为中心价值理念的生成提供了有益的借鉴。前者也强调人民的重要性,但其目的是缓和阶级矛盾,实现统治阶级的统治需要。中国共产党在百年奋斗征程中,既借鉴了民本思想中以民为本的合理因素,也在实践中始终坚持人民在场,从人民群众的实际问题出发,不断满足人民群众的需求,并以人民是否满意作为衡量工作的重要标准。

中国共产党在践行以人民为中心价值理念的进程中,进一步明确了人民和发展的辩证关系,把人民作为发展的出发点和落脚点,规定了发展的取向和路径,丰富了现代化建设的内涵,正确处理了人的现代化和中国现代化建设的关系问题,明确了人的现代化既是中国式现代化的重要组成部分,也是中国式现代化建设成效的重要衡量指标。以人为本是唯物史观的重要内容。马克思主义哲学从社会实践的角度实现了人性认知的具体性,是对西方人本主义抽象人性的超越。中国式现代化多重维度、整体性的发展,是人的能动的创造的结果,其必然包括人的自身的全面性的发展。人的全面性依赖于社会关系的全面发展。根据社会关系历史发展和人的发展之间的内在联系,马克思把人的发展过程分为“人的依赖”“物的依赖”和“人的全面发展”三个阶段,并阐明了人的解放的具体路径、主体等内容。人的需求是人的本性的反映,是人的主体性地位的存在。而资本主义生产恰恰压抑了人的本性的实现。在马克思看来,人性是自然、社会和精神三种属性的统一体,因此,人的需求也会依次分为生活需要、享受需要、发展需要等不同种类。随着人的生存状态的不断变化,人的发展也处于动态构建之中。人的现代化可以分为类的现代化和个体的现代化两种类型。前者是后者的前提,后者是前者得以实现的基础。如何认识人的现代化和整个社会现代化的关系关乎现代化内涵的界定。人是在社会生产的实践中实现了自我塑造。人的全面的发展,需要社会生产力的快速发展和社会文明水平的整体提升,人的全面发展的状况又通过社会对人的利益的维护和实现程度得以呈现。二者的耦合依据历史条件、社会条件的变迁,表现为动态的、过程性的演进。中国式现代化赋能人的全面发展与社会发展的良性互动,其关键在于中国共产党始终贯彻了以人民为中心的发展理念。以人民为中心的发展理念以人民的底色和逻辑夯实了现代化追求的人民逻辑，超越了西方现代化探索的资本逻辑。人民逻辑的生成和发展，也是中国共产党结合我国发展实际情况，正确处理现代化特殊性和普遍性的过程。基于对现代化建设中人口因素的考量，中国共产党对现代化的探索就集中表现为对数量和质量二者的兼顾。能否满足数量对现代化建设的需求，关乎现代化建设优越性的发挥问题；能否实现质量的要求，关乎现代化建设的属性问题。数量本身标识了现代化建设内涵的拓展；质量则与人的现代化的实现密切相关。

（三）中国共产党历史主动精神是中国式现代化目标演进的动力保障

《中共中央关于党的百年奋斗重大成就和历史经验的决议》明确提出中国共产党的百年奋斗从根本上改变了中国人民的前途命运，百年党史中蕴含的“历史主动精神”，既是百年奋斗取得重大成就的重要经验，也是新征程中实现更大进步和发展的保障。习近平从党的建设的视角出发，强调党的历史主动精神的重要意义，深刻揭示了在领导伟大社会革命的进程中，中国共产党“能”与“行”之间的内在原因。深刻把握历史主动精神的内涵、生成逻辑及实现路径，对于进一步提升中国共产党的执政能力具有重要的理论和现实意义。

1. 科学理解中国共产党历史主动精神的理论意涵

“历史主动精神”的形成是一个动态的发展过程。如何认识精神对于政党建设的重要作用？如何认识历史主动的特殊内涵？这两个问题是界定“历史主动精神”内涵的两重重要规定。

界定历史主动精神需要明确几个前提问题。什么是精神？思维和存在、物质和精神的关系问题是哲学要解决的根本问题。思维和精神是人类特有的属性。人们往往把精神和思维、理想、意识等概念混同起来使用。一般来说,这是合理的。在这种使用语境中,精神意味着观念认知、主观意识、理想信念等。思维和存在、精神和物质的关系问题是哲学的最重大的基本问题,对基本问题不同态度的回答形成了不同的哲学体系。马克思主义哲学主张物质的第一性,认为精神是对物质存在的反映,精神对物质具有能动的反作用,精神的力量可以转变为强大的物质力量。马克思主义十分强调精神的作用,突出了“批判的武器”的作用,认为人民群众正是在科学理论和精神的指引下,才实现创造历史的。精神要转化为客观现实,主要通过思想活动和物质性生产活动实现。历史主动精神能够激发人民群众最大限度地释放主体力量。

精神对政党而言意味着什么?当把精神赋予政党、国家时,就形成了不同的价值意涵。与政党相结合的精神,强调政党的自觉、执着的意志性力量,凸显精神的实践性指向,而非纯粹主观性的内容。因而,政党精神的建设也就包括理想信念和行为意志建设两方面。政党是集体性的存在。要将分散的个人凝聚起来,就需要将共性的精神意志上升为集体的组织意志。这种精神意志能够有效地引导、凝聚、约束成员的行为。马克思主义政党要将其远大的理想目标、优良的工作作风外化为强大的行动力,必然需要精神的支撑和指引。对政党来说,精神的作用显而易见。战争不仅仅比拼物质,更是精神的较量。对于社会主义建设而言,没有精神的支撑,是很难成功的。正如李大钊所说:“历史的道路,不全是坦平的,有时走到艰难险阻的境界,这是全靠雄健的精神才能够冲过去。”①

---

① 《李大钊全集》第4卷,人民出版社2013年版,第487页。

主动包含两层含义：一是能够按照自己的意思把控；二是能够不靠外力，依靠自身实现变化。实践的过程中，孕育了各种可能性。能否发挥主观能动性，关乎可能性向现实性、必然性转变的概率。主动是掌握规律、把握大势之后展现的自觉与自信，是解决问题的积极态度，是主体发挥主体性的表现。主体描述人在自然和社会中的主体性地位和作用。作为集体概念的政党，马克思主义政党的主动性就是其在社会发展中的主体性，是政党能动性的体现。因而，中国共产党的历史主动精神是理论样态和方法论的双重存在，是中国共产党执政能力的重要体现。历史主动精神是中国共产党人在历史唯物主义和辩证唯物主义指导下，以实事求是为原则，通过对过去的自觉反思，进而实现对现实的准确把握和对未来的合理预测及展望。

历史主动精神命题的提出是一个逐步清晰的过程。党的十八大以来，习近平在讲话中多次提到或涉及“历史主动精神”的相关概念。

2013 年 1 月 5 日，习近平在学习贯彻党的十八大精神研讨班的讲话中最早提到了“历史的主动性”，要求全党同志发挥历史的主动性，不断推进理论创新、实践创新和制度创新。随后，4 月 29 日，在同全国劳动模范代表座谈时谈到要充分调动工人阶级的历史主动精神。2021 年 2 月 28 日，在党史学习教育动员大会上强调掌握党和国家事业发展的历史主动。2021 年 7 月 1 日，习近平在庆祝中国共产党成立 100 周年大会上的讲话中提到把握历史主动。2021 年 9 月 30 日，习近平在中央政治局第三十一次集体学习时指出中国共产党人展现出的历史主动精神和精神谱系的关系。2021 年 10 月 9 日，在纪念辛亥革命 110 周年大会上的讲话中，再次谈到要在实现中华民族伟大复兴历史进程中掌握历史主动的重要性。2021 年 11

月,《中共中央关于党的百年奋斗重大成就和历史经验的决议》中提出“伟大的历史主动精神”这一重要命题。不难发现,在习近平的相关论述中,历史主动精神既指人民群众作为历史创造者的主动,也指中国共产党作为中国社会主义事业领导核心的主动。

中国共产党作为中国社会革命的领导者,其历史主动精神始终贯穿革命、建设、改革和新时代的历史进程。只有准确把握中国共产党历史主动精神形成和发展的脉络、内在特质才能更好理解中国式现代化推动人类文明新形态发展的历史必然性。历史主动精神是中国共产党政党精神的具体表现之一。共性是事物本质特征的表现,表现为理性思维的认知。中国共产党的政党精神是党集体面貌的表现。它并非个体意识简单叠加,而是抽象并超越了个体意识的共性。政党精神摒弃了个体意识中落后、消极的内容,实现了对正能量的凝聚。政党精神尽管在理论上具有极强的抽象性,但却能在实际行动中产生强大的价值凝聚力。

在把握中国共产党历史主动精神的基础上,正确认识其内在特质是深刻理解历史主动精神的发展脉络和实现路径的先决条件。中国共产党历史主动精神表现出鲜明的延续性、本源性和整体性的内在特质。中国共产党历史主动精神具有延续性的特质。中国共产党历史主动精神贯穿于新民主主义革命时期、社会主义革命和建设时期、改革开放和社会主义现代化建设时期、中国特色社会主义新时代四个历史时期,是中国共产党历史延续性的彰显,是对总结、继承和借鉴革命实践和世界社会主义运动的产物。其一,承继近代中华民族和无数仁人志士精神的结果。鸦片战争以后,面对国家蒙辱、人民蒙难、文明蒙尘的境遇,无数仁人志士奋起反抗,探索救国救民的出路。尽管这些探索均以失败而告终,但却粉碎了帝国主义瓜分、灭亡中国的图谋,这一时期的“反抗精神”就是历史主动精神的具体表现。其二，延续国际共产主义运动精神的结果。马克思、恩格斯站在人类社会发展的高度，为推翻旧世界建设新世界而不懈奋斗。他们领导创建了世界上第一个无产阶级政党，领导了世界上第一个国际工人组织，支持了工人阶级夺取政权的巴黎公社革命。在马克思主义影响下，马克思主义政党建立和发展起来。列宁领导的十月革命的胜利，推动了社会主义从理论到实践的转变、从一国到多国的发展。马克思主义经典作家所展示出的革命精神就是历史主动精神的同义语。其三，承继和发展中华优秀传统文化的结果。中华优秀传统文化中的“匹夫有责”“齐家治国平天下”的家国情怀正是历史主动精神的具体表现。与中华优秀传统文化的价值融通，是马克思主义能够生根发芽的重要原因。

中国共产党历史主动精神具有本源性。中国共产党历史主动精神的源头要从马克思主义政党属性中加以探索。政党的精神只有通过科学理论的指引才能得到充分的展示。马克思主义揭示了人类社会的发展规律，深入历史的深层维度透视了中国特色社会主义道路的规律性问题。这一理论本身的实践性、革命性、人民性、开放性，彻底的说服力和魅力，赋予马克思主义政党健康的精神气质。马克思主义推动中国人民精神实现从被动转向主动。由被动转入主动后，“近代世界历史上那种看不起中国人，看不起中国文化的时代应当完结了。伟大的胜利的中国人民解放战争和人民大革命，已经复兴了并正在复兴着伟大的中国人民的文化。这种中国人民的文化，就其精神方面来说，已经超过了整个资本主义的世界”①。

中国共产党历史主动精神具有整体性。历史主动精神是一个动态的概念。作为政党能力的集中展现，它在多维度得以呈现。中

① 《毛泽东选集》第4卷，人民出版社1991年版，第1516页。

国共产党的政党能力是一个整体性命题,包括政治领导力、思想引领力、群众组织力和社会号召力,具体表现为政治维度、思想维度、组织维度和社会维度。政党能力作为中国共产党历史主动精神的重要承载体,一方面为历史主动精神的发挥提供了平台,另一方面又成为政党能力最直接的检验,促成党的历史主动精神作为复合型命题的生成。党的历史主动精神集中表现在政治领导、思想引领、群众组织和社会号召方面的主动性。

2. 准确把握中国共产党历史主动精神的生成逻辑

对中国共产党历史主动精神生成逻辑的探讨,旨在通过阐释这一政党品格生成的历史逻辑、理论逻辑和实践逻辑,展示历史主动精神的必然性。

第一,历史逻辑:历史主动精神是中国共产党诞生、发展、壮大的产物。对历史主动精神历史逻辑的考察,就是对中国共产党发展、壮大历史进程逻辑的梳理。历史主动精神既熔铸在中国共产党的血液里,也贯穿在其百年奋斗的历史进程之中。

顺应历史发展大势是中国共产党的重要政党品格。早期革命家李大钊曾明确谈到俄国十月革命对世界发展潮流的引导,并断言,“试看将来的环球,必是赤旗的世界”①。1919 年毛泽东在《湘江评论》发表的“民众大联合”的系列文章中所表达的对未来发展的坚定,实质是历史主动精神的体现。正是在主动顺应世界历史发展大势的进程中,中国共产党成为历史和人民的选择,成为中国社会革命的领导核心。中国共产党是通过马克思列宁主义同中国工人运动相结合而产生的,并从这个世界大势中产生出来,走在了时代前列,成为时代的弄潮儿。在马克思主义唯物史观的科学指引下,

① 《李大钊全集》第 2 卷,人民出版社 2013 年版,第 367 页。

中国共产党在领导革命、建设和改革的进程中，深刻洞察时代发展潮流，善于抓住并利用各种历史机遇，完成了成立中华人民共和国、建立社会主义制度的目标，作出了实行改革开放的历史决策，实现了从赶上时代到引领时代的伟大跨越，成为世界最大的马克思主义政党，提升了人民群众的获得感、幸福感和安全感。

初心和使命是中国共产党始终保持历史主动精神的内驱力。历史主动是中国共产党担当精神的集中展现。中国共产党始终代表最广大人民的根本利益，并始终围绕实现民族复兴、人类进步的命题，开展历史实践活动，推动中国人民精神上从被动转向主动。党的初心和使命激励中国共产党始终保持革命精神，校正发展过程中的各种错误。中国共产党领导革命、建设、改革的历史进程，除了社会基本矛盾的作用贯穿其中之外，更为重要的是中国共产党自觉的革命精神。在领导社会革命的进程中，不断推进党的自我革命是党不断从胜利走向新胜利的关键。党的自我革命包括自我净化、自我完善、自我革新、自我提高四部分。以“四个自我”的高度自觉不断推进自我革命，是提升中国共产党执政能力的重要途径。三是社会革命最终要实现人的价值。党的初心和使命激励中国共产党不断通过自觉、自省，达成自信。四是党的初心和使命推动中国共产党不断实现从感性认识向理性认识的飞跃，完成在实践基础上对事物的准确把握。

第二，理论逻辑：辩证唯物主义和历史唯物主义的科学指引的结果。马克思主义是中国共产党的灵魂和旗帜。没有马克思主义的指引，没有马克思主义对历史规律的揭示，对历史方向的阐明，就不可能诞生把握规律、掌握历史方向的中国共产党。辩证唯物主义和历史唯物主义是马克思主义哲学的重要组成部分，也是中国共产党人的世界观和方法论。

历史主动精神是马克思主义政党学哲学、用哲学的必然要求。马克思主义是中国共产党从被动走向主动,实现认识世界和改造世界的关键。在马克思主义理论的科学指导下,中国共产党摆脱了以往政治力量追求自身特殊利益的束缚,以辩证唯物主义和历史唯物主义为指导,坚持真理,修正错误。

马克思主义本身具有批判性、革命性。马克思主义经典作家从未把自己的理论视为一种完结状态,而是主张通过自身的否定达成发展的目的。习近平总书记多次强调领导干部要多读马克思主义哲学基本著作,掌握科学的方法论,以此提升工作的预见性。

大历史观是历史主动精神形成的基础。唯物史观是大历史观形成的前提,唯物史观的根本任务是研究规律。马克思主义唯物史观实现了社会历史观的重大变革。中国共产党的大历史观就是在马克思主义唯物史观的指导下,立足世界百年未有之大变局和中华民族伟大复兴战略全局,形成的新时代治国理政的政治智慧。“大历史观”是马克思主义唯物史观的时代化表达。

如同唯物史观的出场解决了历史发展基点的问题,大历史观的出场也旨在探求新时代历史发展规律的问题。习近平总书记提出的大历史观主张在纵向时间维度和横向空间维度,认识和把握历史发展,并从中总结历史经验教训,发现历史规律和历史大势。近年,历史虚无主义试图消解历史的客观性、规律性,以达到否定马克思主义、否定中国共产党领导的政治目的。大历史观的提出,就是通过探求历史发展规律、社会主义建设规律,厘清历史发展主流、主题和主线,在历史发展普遍性中把握特殊性,提升发展的科学性。

历史主动精神是一个动态生成、不断丰富的过程。大历史观实现历史和现实的贯通,用宏大的历史视野观照现实世界,提升了把握历史的科学性。中国特色社会主义新时代是大历史观出场的具体时空场域。大历史观从纵横两个视野审视中国和世界的发展，为中国共产党历史主动精神的生成提供了重要的方法指导。

准确把握中国共产党历史主动精神的辩证意蕴。历史主动精神作为政党的自觉意识，具有丰富的辩证性质，在辩证关系中呈现出理论价值和现实价值的统一。掌握历史唯物主义和辩证唯物主义方法论是发挥历史主动精神的方法保障。其一，感性认识和理性认识的统一提升了把握事物的准确性和前瞻性。通过梳理历史发展过程，总结历史经验，概括历史规律，弄清历史逻辑，才能实现从感性认识向理性认识的转变。其二，矛盾分析法（主题思维）。辩证法的灵魂是具体问题具体分析，社会主要矛盾是具体分析的重要依据。运用这一方法能够从全局出发，通过对社会主要矛盾的判断，实现对时代趋势和潮流的把握。新民主主义革命时期，毛泽东从中国革命实际出发对新民主主义革命的范畴做了科学界定。正是通过抓住新民主主义革命时期的主要矛盾，对时代主题作出了正确判断，把握了时代发展的方向。无独有偶，改革开放以后，邓小平在对我国社会主要矛盾把握的基础上，紧紧抓住“什么是社会主义，怎样建设社会主义”这一根本问题，大力发展生产力。其三，准确把握历史主动精神的不变性和表现形式的可变性之间的关系。

历史主动精神深深烙印在中国共产党的理论建构中。历史主动精神本身具有内在的稳定性、不变性。但这种不变性主要通过理性思维、抽象地得以把握。而任何抽象的、本质的东西都要借助一定的形式表现出来。因此，历史主动精神就在不同历史时期具有不同的表现形式。人们正是在中国共产党历史主动精神多样化的表现中，提升了政党认同。历史主动精神的具体表现形式呈现为抽象（使命、战略、目标等）和具体（精神谱系）两种类型。从抽象层面来看，中国共产党的历史主动精神就是围绕和肩负不同时期的主要任务开展历史实践。比如,新民主主义革命时期围绕主要任务夺取新民主主义革命的伟大胜利,在实践中表现为对革命道路的选择、对革命力量的整合以及对革命形势的判断;社会主义革命和建设时期围绕主要任务而完成社会主义革命和推进社会主义建设,在实践中表现为对社会主义建设的规划;改革开放和社会主义现代化建设时期围绕主要任务而进行的历史实践,在实践中表现为对时代主题的准确判断、对社会主义的创新性探索与认知;新时代围绕主要任务而进行历史实践,在实践中表现为对短期目标与远景目标的统筹能力。从具体层面来看,中国共产党的历史主动精神就是精神谱系的开展。比如,新民主主义革命时期的"井冈山精神""长征精神""延安精神"等革命精神;社会主义革命和建设时期的"大庆精神""北大荒精神"等创业精神;改革开放新时期的"抗洪精神""汶川精神"等改革创新精神;新时代的"抗疫精神""脱贫攻坚精神"等历史担当精神。具体精神带有鲜明的时代特征,是中国共产党历史主动精神的外化。

第三,实践逻辑:历史主动精神为中华民族伟大复兴注入强大动力。历史主动精神作为精神性的存在,主要通过哲学思维及其基本的思想和行为的方式而彰显出来。因而,中国共产党的历史主动精神可以表现为精神品格、意志品格、价值取向等。

中国共产党的百年历史进程也是赓续党的精神谱系的进程。中国共产党的历史主动精神与中华民族伟大复兴的历史进程紧密相连,其中中国共产党对中华民族伟大复兴的历史担当是历史主动精神实践逻辑的生成起点,贯穿其中的中国共产党精神谱系是历史主动精神的具体表征。一定程度上,时代精神就是中国共产党历史主动精神的表现。正如黑格尔所说,精神"并不是一尊不动的石像,而是生命洋溢的，有如一道洪流，离开它的源头愈远，它就膨胀得愈大”[①]。中国共产党的历史主动精神在动态生成中，必然依附于各个历史阶段的时代精神之中。从“变”与“常”的角度看，中国共产党的历史主动精神是“常”，而时代精神则是“变”。

中国共产党对中华民族伟大复兴的历史担当是历史主动精神实践逻辑生成的起点。中华文明在历史长河中领先了数千年，政治制度、经济发展、科学技术、思想文化、政治制度等曾遥遥领先，威震四方。鸦片战争爆发后，西方帝国主义的入侵，给中国社会、经济、政治、文化带来了巨大的灾难，中国逐渐沦为半殖民地半封建社会。

中华文明遥遥领先的秩序被打破，民族能否实现从衰落到强盛的复盘成为摆在中国人民面前的历史难题。值得注意的是，中华文化的传承却没有随着民族的衰落而断裂。正是源于历史发展的延续性，文明在民族复兴过程中提供了不竭的动力和可能。无数仁人志士为探求民族独立、人民解放奔走呼告，提出了救国救民的各种方案。民族复兴的探索首先要解决的是道路的问题。从复兴的视角来看，自近代以来的探索可以分为民主主义道路和社会主义道路两种路径的探索。

而中国共产党就是在民主主义道路探索的历史征程中为民族复兴带来了新的转机。新民主主义革命道路为中华民族的伟大复兴奠定了政治前提，社会主义改造推动了中国共产党领导的民族复兴从民主主义道路向社会主义道路的转变。在社会主义道路探索中华民族伟大复兴的历史进程中，中国共产党积极推进理论创新、理论创造和实践创新的结合，推进中国特色社会主义道路的发展。对中华民族伟大复兴历史任务的担当构成了中国共产党历史主动

① ［德］黑格尔著，贺麟，王太庆译：《哲学史讲演录》第 1 卷，商务印书馆 1959 年版，第 8 页。

精神生成的逻辑起点。

中国共产党人在实现民族复兴中构建的精神谱系是历史主动精神实践逻辑的表征。中国共产党在领导中国人民革命、建设和改革的历史进程中,依据不同历史时期社会主要矛盾的变化,围绕主要任务开展历史实践活动,并在历史实践中逐渐形成集时代问题、行动特征和价值指向于一体的精神谱系。这些精神连缀成中国共产党的精神谱系。中国共产党的精神谱系是由众多精神所构成的有机系统。在这个精神系统中,有具体的精神、一般的精神、本质的精神和起支配作用的精神等。中国共产党的历史主动精神就是贯穿于各种精神之中的起到支配和制导作用的基本的、一般的、本质的精神。

历史主动精神是中国共产党坚持目标导向和把握问题意识良性互动的结果。中国共产党的历史主动精神生成于实现中华民族伟大复兴目标的实践诉求。中国共产党在领导革命、建设和改革的历史进程中,面临着多重艰难考验,既需要科学理论的指导,也迫切需要中国共产党形成与政党本质相契合的精神支撑。同时,中国共产党的历史主动精神也生成于解决现实问题的现实需要。中国共产党的历史主动精神发展于中国共产党解决中国社会发展现实困境的实践需求。围绕不同历史阶段主要矛盾、社会主要任务等,中国共产党进行了一系列实践探究。

3. 深刻认识中国共产党历史主动精神的实现路径

中国共产党的历史主动精神不是一个固态的概念,而是一个不断展开的实践命题。那么,对历史主动精神的探讨就离不开对其实现路径的探讨。马克思主义中国化、时代化、大众化是中国共产党历史主动精神的重要载体。

第一,以不断推进马克思主义中国化、时代化、大众化洞察历史规律，强化中国共产党历史主动精神。理论创新是中国共产党历史主动精神的一重规定。理论创新是解决实践发展新问题、新情况的必然选择。社会发展的动态性和马克思主义理论的相对稳定性之间的矛盾，只有借助理论新样态才得以解决。而理论创新的重要前提在于对时代课题的回答。马克思主义之所以能展示并保持强大的生命力，就在于其始终坚持对不同时期时代课题的准确回答。

马克思主义中国化是中国共产党实现“认知中国”的关键。社会主义事业的命运与党对马克思主义理论的认知密切相关。马克思主义具有鲜明的实践性。这一特性决定其必然要求理论随着实践的发展而不断发展。中国共产党百年征程中出现的“左”和右的错误，都与不能正确对待马克思主义精神的错误思潮相关。中国共产党的历史出场是马克思主义中国化的逻辑起点。作为马克思主义中国化的主体，中国共产党不断赋能马克思主义的时代表达，形成了马克思主义中国化的三次飞跃，即毛泽东思想、中国特色社会主义理论体系和习近平新时代中国特色社会主义思想，推进马克思主义不断展现出其科学的力量，解决中国社会所面临的实际问题。

马克思主义时代化是中国共产党“胸怀天下”、为人类文明进步作出更大贡献的关键。人类的存在是一种社会历史性存在。人类生活是物质生活和精神生活的统一体。人类的精神生活要通过一定的物质过程得以实现。中国共产党的历史主动精神表现为主体对客体的把握。这种把握可以分为观念的把握和实践的把握两种方式。实践的把握是基础性阶段。观念的把握是对实践的把握的提升，是主体对客体更高层次的认知和把握。既包括对客体当下的认识，也涵盖了对客体未来发展可能性的预测和引导，集中表现为精神生活对物质生活的超越。精神生活可以超越现实，但不能脱离现实。而要实现对现实的超越，就要能回答、解决现实的问题。精神生活所创造出的精神产品,通过共享得以提升其价值。马克思主义时代化是中国共产党成功实现历史主动的关键所在。不仅强调要适应中国国情的时代特征和发展趋势,而且强调要顺应世界的时代特征和发展趋势,从而使马克思主义时代化具有更能引领中国走向世界潮流前列的伟大指导意义。特别需要注意的是,马克思主义中国化的过程实质上就是时代化的过程。二者表现的侧重点有所不同。时代化凸显鲜明的问题导向,是基于对时代特征的准确把握和分析。

马克思主义大众化是中国共产党历史主动精神的内在规定之一。精神活动与实践活动紧密相连。历史主动精神要更好地成为实践的指导力量,就要最大限度地掌握群众,激发人民群众的创造力。二者的结合程度表征了中国共产党的执政能力和执政水平。

第二,深化自我革命,增强使命担当,赓续中国共产党的历史主动精神。《中共中央关于党的百年奋斗重大成就和历史经验的决议》明确了习近平新时代中国特色社会主义思想的核心内涵为"十个明确",其中全面从严治党是重要组成部分。习近平更是明确提出,我们只有勇于自我革命才能赢得历史主动。这一论断既阐明了自我革命和历史主动之间的关系,更是从深层上回答了如何建设先进的、长期执政的马克思主义政党的问题,实质上阐述了中国共产党历史主动精神的赓续问题。通过解答长期执政的问题,间接回应了历史主动精神的保持问题。政党政治运行有清晰纲领、方向和目标,通过对自身内部关系的调整与校正,才能提升实际行动的科学性。政党对自身内部关系的处理是政党自觉性的体现。恩格斯认为,社会发展和自然界的不同之处在于前者发展具有明显的自觉性。政党只有在正确认识经济基础、把握内部关系、理解政治发展历史文化因素的基础上,才能探索出政党运行的具体规律、主要内容和发展趋势。

中国共产党作为马克思主义政党，其领导地位是历史和人民的选择。从中国共产党诞生之日起，就十分重视党的自身建设。从延安时期的“窑洞对”，到新中国成立之初的“赶考说”，从“打江山”“坐江山”到“坐稳江山”，如何跳出历史周期率始终是中国共产党面临的重要课题。从“从严治党”到“全面从严治党”，从“党的自我革命”到“以伟大自我革命引领伟大社会革命”，正是始终坚持真理，修正错误，才锻造了始终走在时代前列的中国共产党。

面对世界百年未有之大变局，中国共产党面临更为严峻的挑战和要求。新时代中国共产党人发挥历史主动精神，以政治建设为统领，不断提高党的建设质量，推动党的建设全面进步。自我革命就是以高度的历史自觉，坚持马克思主义政党革命性，调整自身发展与客观要求、政党属性不符的内容，把握历史规律，促成合规律性和合目的性的统一。自我革命的历史自觉发端于中国共产党的初心和使命。坚持以人民为中心，是中国共产党治国理政的逻辑遵循和价值追求。党紧紧围绕“中国共产党是干什么的”这一重要命题，坚持人民立场，必然催生自我革命，使其具有鲜明的目标针对性和价值趋向性。这是党作为马克思主义政党合目的性的体现。

党在深化马克思主义政党执政规律的过程中进一步催生了自我革命。这是党不断探索自身建设合规律性的重要表现。马克思主义哲学认为，矛盾存在于一切事物之中。任何事物的发展都是一个复杂的矛盾体系。政党建设包括政党对其发展规律的准确把握。规律蕴藏在政党对内部、外部关系和矛盾的处理之中。从内部发展来看，主要涉及政党如何处理党内组织关系、工作关系等；从外部发展来看，主要涉及如何处理政党与政府、其他党派、群团组织的关系、政党与社会的关系等。事物内部的矛盾决定事物的发展方向。

唯物辩证法认为,矛盾的斗争性只有在新事物战胜旧事物后才能实现真正的发展。党在深化执政规律的过程中,自身内部关系与矛盾需要借助自我革命的方式才能实现更为彻底的解决。

党的历史发展进程中,通过不断完善党的建设的制度体系、夯实群众路线、加强纪律建设的方式,深化和拓展自我革命具体实践路径,构建起自我革命的实践框架,彰显了中国共产党历史主动精神的关键精要所在。制度既是政党价值理念的集中展示,也是规范政党成员行为的依据,是政党成员将政党价值理念转化为行动的重要载体。对成员行为的规范,从有所为和有所不为两个方面展开。有所为是制度对历史主动精神的激发,有所不为是制度对历史主动精神的规范。党的百年奋斗征程中,就十分注重以自我革命的方式推进制度建设。比如,新民主主义革命时期,对党员入党条件提出了明确的要求。社会主义革命和建设时期,毛泽东把党员领导干部的贪污腐败作为一场斗争处理。改革开放和社会主义现代化建设新时期,党进一步强调党规党法的建立。进入新时代,党在自我革命的视域下,把制度建设和党的建设紧密相连,在制度建设中不断加强党的纯洁性、先进性建设。可以看出,各个历史时期,党始终坚持通过制度开展自我革命,使自我革命和党的制度建设实现了良性互动,从而为自我革命提供制度保障。在坚持完善制度不断推动自我革命的进程中,党也十分注重群众路线在自我革命中的贯彻。党的十八大以来,党开展了一系列群众路线教育活动。同时,也在党史学习教育活动、“不忘初心,牢记使命”主题教育活动中,贯彻执行了群众路线,赋予新时代自我革命鲜明的时代特征,进一步夯实了自我革命的社会基础。

第三,以学习运用党史的历史自觉,谋划历史宏图,积极发挥中国共产党的历史主动精神。中国共产党的历史主动精神,源自自觉的历史反思和高度的历史自信。百年党史为中国共产党启航新征程提供了丰富的治国理政、资政育人的经验。党对历史的反思与总结，集中表现为党史学习教育活动和作出的历史决议中。

学习运用党史是中国共产党百年奋斗征程中应对危局、困境的经验总结，也是中国共产党以“赶考”的清醒和坚定实现第二个百年奋斗目标的现实需要。重视党史学习是中国共产党本来的品质和禀赋。早在中国共产党诞生前夕，李大钊、陈独秀等人就组织了专门的马克思主义理论学习组织，为党的成立准备了条件。从大革命时期开始，党就十分重视用党的发展的伟大成就和伟大历程鼓舞斗志，用党的优良传统凝聚力量，用党的历史经验启迪智慧。每当历史发展的关键时刻，党总是把学习运用党史作为应对危局、困境的有力抓手。其一，新民主主义革命时期，如何正确对待马克思主义成为摆在中国共产党面前的重大问题。毛泽东选择学习和讨论党史问题作为突破口，发起了延安整风运动。经过这一时期的党史学习教育，全党辨清了路线，统一了思想。其二，社会主义革命和建设时期，如何建设新中国成为党面临的重大问题。1951 年中央发布的《关于加强理论教育的决定(草案)》指出:“党正面临着建设新中国的复杂任务，全党有系统地学习理论，比较过去任何时候都有更好的条件，也更加迫切需要。”[①]这种理论学习主要包括学习政治常识，学习理论常识和学习马克思、恩格斯、列宁、斯大林的理论著作和毛泽东的理论著作。其中，在学习理论常识中，明确提到了学习中国共产党历史的问题。通过学习教育，党员干部的文化结构、领导水平得到了迅速提升，为社会主义建设提供了有力保障。其三，改革开放初期，如何看待新中国成立后党的历史、如何评价“文化大

① 《建国以来重要文献选编》第 2 册，中央文献出版社 1992 年版，第 123 页。

革命”、如何评价毛泽东思想,成为政治生活中的一个重大问题。党的十一届六中全会审议通过了《关于建国以来党的若干历史问题的决议》,运用马克思主义观点对新中国成立以来的历史进行了实事求是的评价,统一了全党认识,加强了党的团结。

开展党史学习教育是党立足百年党史新起点,着眼于开创事业发展新局面的重大战略决策,将党史学习作为一门必修课。其一,学习运用党史有助于推进中国特色社会主义发展历史逻辑和现实逻辑的高度统一,实现对现实问题的深入分析,增强做好改革发展稳定各项工作的自觉性,进一步深化对社会历史发展规律的认识和把握,找准前进的方向。其二,在迈向第二个百年奋斗目标的征程中,只有把对历史的认识和对新形势的研判、新情况的把握、主要矛盾的解决有效结合起来,才能把对历史的学习运用、思考落到研究、解决中国特色社会主义现代化建设的重大理论和实践问题上来。为期一年多的党史学习教育活动使广大干部群众接受了政治教育、思想淬炼、精神洗礼,党史学习教育活动取得了显著成效和重大成果。

党的历史决议实现了对党的认识的统一,是中国共产党历史主动精神的重要实现载体。回顾历史本身,才能获得把握现实的力量。中国共产党人就是在对历史经验的吸取中,逐渐认清了革命、建设和改革的道路。比如,毛泽东就曾深刻提出,通过民主革命时期对革命的比较,党逐渐把握了客观实际。正确理论、路线、方针的提出,对革命规律的准确把握,是以吸收借鉴历史的经验为基础的。党的历史决议就是党在总结历史经验的基础上,形成理性认识的具体展现,是党的历史主动精神在理论创新角度的表现。党的百年奋斗征程中,先后形成了《关于若干历史问题的决议》《关于建国以来党的若干历史问题的决议》《中共中央关于党的百年重大成就和历史经验的决议》三个历史决议。历史自觉是历史主动形成的重要前提。李大钊认为历史自觉是“研究历史的趣味的盛行，是一个时代正在生长成熟、正在寻求聪明而且感奋的对于人生的大观的征兆”，“在历史中发见了我们的世界，发见了我们的自己，使我们自觉我们自己的权威”①。历史自觉的重要意义在于：“一、整理事实，寻找它的真确的证据；二、理解事实，寻出它的进步的真理”②。党的历史决议就是党在历史发展中，寻求“真理”“真确证据”的重要途径。历史主动精神的确立离不开正确唯物史观的指导。基于历史发展连续性和阶段性的统一，才能正确认识历史成就，总结历史经验，认清历史问题，把握历史规律，判断历史趋势。党的历史决议就是通过对党的历史的整体性的梳理和总结，回应时代之问，对历史问题作出正式结论，统一全党认识，提升思想权威性、政治权威性和理论权威性。

学习运用党史就是用历史经验增强历史自觉，提升擘画蓝图的能力。在实践中，党员个人的意识要转变为集体的政党精神，要表现出历史主动精神，就要不断清除自身意识与共性精神相背离的内容，不断进行自我完善。同时，政党本身也要不断进行多层次、多视角的宣传、教育和引导，帮助党员将个人意识归属于整体意识，实现政党历史主动精神向个体主动意识的转变。其中，开展党史学习教育活动是重要的方法。学习运用党史是确立正确党史观的前提。习近平总书记曾意味深长地说：“我们从哪里来？我们走向何方？中国到了今天，我无时无刻不提醒自己，要有这样一种历史感。”③

① 《李大钊全集》第4卷，人民出版社2013年版，第568页。

② 《李大钊全集》第4卷，人民出版社2013年版，第466页。

③ 《阔步走在中华民族伟大复兴的历史征程上——记以习近平同志为总书记的党中央推进全方位外交的成功实践》，载2016年1月5日《人民日报》。

历史不仅蕴藏我们“从哪里来”的密码,也标定我们“走向何方”的路标。

(四)中国共产党协同推进社会革命和自我革命是中国式现代化目标演进的组织保障

协同推进社会革命和自我革命贯穿中国共产党百年奋斗历史。这种协同的生发具有一定的历史必然性和强烈的现实可能性。二者协同的历史实践演绎出了自我革命布局破解社会革命困局、社会革命变局塑造自我革命格局、自我革命先局引领社会革命新局的动态均衡内在契机,彰显出了协同的丰富内涵。始终坚持以人民为中心的协同立场,强化党的领导的协同保障作用,掌握马克思主义中国化的协同思想武器,发挥革命精神的协同力量,揭示了二者相映生辉、互为因果的协同定律,为新时代进一步协同推进社会革命和自我革命提供基本遵循,体现了协同推进二者的价值所在。

1. 协同推进社会革命和自我革命的历史必然性和现实可能性

革命性既是镌刻在马克思主义创始人血液里的精神底色,也是马克思主义的鲜明特征。巴黎公社和俄国十月革命扛起革命的旗帜,探索出一条无产阶级政权建设和发展之路。但由于无产阶级在领导社会革命的进程中,没能始终如一地正确处理好社会革命与自我革命的关系,导致这样的探索和实践均以失败告终。中国共产党自诞生之日起,始终坚守为中华民族谋复兴、为中国人民谋幸福的初心和使命,这份初心和使命为社会革命和自我革命的协同注入源源不断的动力。新时代中国特色社会主义发展面临新的机遇和挑战,亟须把协同推进社会革命和自我革命作为重要抓手,擘画发展蓝图、续写伟大奇迹。

第一,对马克思主义经典作家有关社会革命思想和建党学说的继承和发展。马克思主义经典作家自身对社会革命的发生条件、形式、政党建设的要求和二者辩证关系等内容的探讨,为中国共产党协同推进社会革命和自我革命提供了坚实的理论支撑。革命性是马克思主义的鲜明特征。马克思主义具有鲜明的科学性、革命性、实践性、人民性和发展性,这些鲜明特征既体现了马克思主义的本质和使命,也展现出马克思主义的理论形象。其中,革命性建立在其科学性基础之上,与科学性高度统一,集中表现为它彻底的批判精神和鲜明的无产阶级立场。其一,马克思、恩格斯本身就是伟大的革命家。恩格斯曾这样评价马克思:"马克思首先是一个革命家。……斗争是他得心应手的事情。而他进行斗争的热烈、顽强和卓有成效,是很少见的。"[①]马克思、恩格斯通过不断自我清理、批判,在同蒙昧的宗教信仰和虚幻的唯心主义决裂的过程中,实现了阶级立场、思想观点和政治态度的根本转变。其二,马克思主义的昭然出世、应运诞生是不断推进革命斗争的结果。马克思指出,"哲学家们只是用不同的方式解释世界,而问题在于改变世界"[②]。马克思、恩格斯在批判继承德国古典哲学、英国古典政治经济学和英、法等国空想社会主义以及同资产阶级和小资产阶级等错误思想做斗争的进程中,创造了马克思主义。这一崭新的革命理论成功指导了无产阶级解放斗争,推动了社会主义实践从一国到多国的演进、社会主义运动从理论到实践的转变。

马克思主义经典作家提出了社会革命发生的条件,明确了革命的形式。他们把革命视为解决矛盾、冲突的方式,指出当"社会的物质生产力发展到一定阶段,便同它们一直在其中运动的现存生产关系或财产关系(这只是生产关系的法律用语)发生矛盾。于是这些

① 《马克思恩格斯全集》第19卷,人民出版社1963年版,第375页。
② 《马克思恩格斯文集》第1卷,人民出版社2009年版,第506页。

关系便由生产力的发展形式变成生产力的桎梏。那时社会革命的时代就到来了”①。在这一语境中,革命意味着对旧事物的否定、超越和扬弃,它与政权紧密相连,集中表现为一种暴力革命。1848 年,马克思、恩格斯在《共产党宣言》中指出,无产阶级革命就是“无产阶级用暴力推翻资产阶级而建立自己的统治”②。同时,马克思主义也认为,革命并非只有暴力一种形式。“环境的改变和人的活动或自我改变的一致,只能被看作是并合理地理解为革命的实践。”③因而,任何“使现存世界革命化”的实践都属于革命的范畴。

马克思主义建党学说为中国共产党自我革命提出了具体的原则要求。马克思主义经典作家并没有明确提出“自我革命”这一概念,但却在诸多思想中蕴含着无产阶级政党自我革命的观点。马克思、恩格斯十分重视无产阶级的斗争精神和革命精神。1844 年,马克思在同卢格辩论德国西里西亚纺织工人起义的意义和根源时,高度评价了德国无产阶级的革命精神。1848 年在《共产党宣言》中进一步指出,“在当前同资产阶级对立的一切阶级中,只有无产阶级是真正革命的阶级”④。伴随无产阶级革命运动的发展,无产阶级政党要及时进行自我调整,“还因为推翻统治阶级的那个阶级,只有在革命中才能抛掉自己身上的一切陈旧的肮脏的东西,才能胜任重建社会的工作”⑤。列宁也高度肯定了自我批评的价值,指出“自我批评对于任何一个富有活力、朝气蓬勃的政党来说都是绝对必要的”⑥。

---

① 《马克思恩格斯全集》第 31 卷,人民出版社 1998 年版,第 412—413 页。
② 《马克思恩格斯文集》第 2 卷,人民出版社 2009 年版,第 43 页。
③ 《马克思恩格斯选集》第 1 卷,人民出版社 2012 年版,第 134 页。
④ 《马克思恩格斯文集》第 2 卷,人民出版社 2009 年版,第 41 页。
⑤ 《马克思恩格斯选集》第 1 卷,人民出版社 2012 年版,第 171 页。
⑥ 《列宁专题文集　论无产阶级政党》,人民出版社 2009 年版,第 351 页。

第二，对中国共产党革命实践历史经验的总结和世界社会主义发展教训的借鉴。协同推进社会革命和自我革命既离不开理论的支撑，也不能缺少对实践的反思。中国共产党革命实践历史经验和世界社会主义发展教训充分昭示，只要社会革命和自我革命协同，革命事业的发展就生机盎然；任何偏废一方的做法，都会导致各种重大问题。

社会革命和自我革命的协同是贯穿中国共产党百年奋斗历史的主旋律。在新民主主义革命时期，面对各种挑战，党及时采取措施，提升对社会革命的领导力。经过28年浴血奋战，从自我革命的成果来看，中国共产党成为一个全国范围的、广大群众性的、思想上政治上组织上完全巩固的马克思主义政党。从社会革命效果来看，实现了民族独立、人民解放，建立了新中国。在社会主义革命和建设时期，党通过自我革命，巩固和加强了同人民群众的血肉联系，真正成为全国人民的领导核心，完成了中华民族有史以来最为广泛而深刻的社会变革。在改革开放新时期，党的伟大觉醒孕育了党从理论到实践的伟大创造，改革开放作为中国人民和中华民族发展史上的一次伟大革命，推动了中国特色社会主义事业的伟大飞跃。回顾中国共产党百年发展史，不难发现，正是因为党在团结带领中国人民开展艰苦卓绝的斗争进程中，不断开展自我革命，才确保党始终成为社会革命的领导核心，实现了中华民族从站起来、富起来到强起来的伟大飞跃。正如习近平总书记所言："把党的建设作为一项伟大工程来推进，是我们党的一大创举，是我们党领导人民进行伟大社会革命的重要法宝。"①

世界社会主义实践曲折历程提供了深刻的教训。巴黎公社是

① 习近平：《推动党的建设的伟大工程要一以贯之》，载《求是》2019年第19期。

工人阶级领导的、推翻资产阶级统治的一次伟大社会革命,是无产阶级建立人民当家作主政权的一次伟大尝试。马克思说:“英勇的三月十八日运动是把人类从阶级社会中永远解放出来的伟大的社会革命的曙光。”[1]巴黎公社推翻了资产阶级政权,打破了资产阶级国家机器,并在政法、文教、社会建设等方面进行了一系列有益探索。但在存在了72天后,公社就被反动势力所扼杀。关于公社短暂存在的原因,学界展开了多重角度的探讨。其中,缺乏强有力政党的领导是公社政权戛然而止的重要原因。强有力政党领导的缺失,直接影响了权威的生成。由于忽视对权威的运用,公社内部组织性和纪律性严重缺失,对一些基本的原则性问题始终没能达成共识,为后期公社内部的分裂埋下隐患。毛泽东在纪念巴黎公社55周年的讲演中指出:“当时巴黎公社,因为没有一个统一的政党,以致内部意见分歧,势力分散,而予敌人以可乘之机。”[2]巴黎公社失败的教训表明,无产阶级政党的自身革命、自身领导核心作用的发挥至关重要。

苏联建立了社会主义政权后,进行了一系列有益的探索,为其他落后国家提供了可资借鉴的苏联模式。但苏共在执政后期逐渐弱化党的领导、忽视党的建设,最终走向亡党亡国的境地。其一,在思想意识领域,忽视思想建设,放弃了马克思主义政党的理论武装。列宁主义是马克思主义与俄国具体实际相结合的产物。联共(布)十八大党章首次把列宁主义写入党章。但从斯大林时期开始,苏共领导人逐渐僵化,丧失了对马克思主义的信仰、对社会主义和共产主义的信念,消解了马克思主义政党应有的先进性。其二,在价值立场方面,脱离群众,背离了马克思主义政党的初心。面对党内不

① 《马克思恩格斯全集》第18卷,人民出版社1964年版,第61页。

② 《毛泽东文集》第1卷,人民出版社1993年版,第35页。

正之风的滋生，官僚主义、形式主义、享乐主义的蔓延，苏共未能通过自我革命防范和化解其所面临的重大风险，反而使问题愈演愈烈，继而丧失了执政的基础。其三，在组织建设方面，违背民主集中制，破坏了马克思主义政党的领导力。斯大林继承并发展了列宁关于执政党建设的理论，形成了苏联社会主义建设模式。但他逐渐抛弃了列宁时期关于党内民主的认识，走向了个人专权。党内民主遭到破坏，致使党的各项政策不能表达和实现人民的利益、要求。尽管赫鲁晓夫、勃列日涅夫、安德罗波夫、契尔年科也先后进行了执政党建设的探索，但都没能触动政党建设的根本性内容，缺乏以自我革命的勇气解决社会革命建设中党所面临的各种问题，最终积重难返，丧失了领导社会革命的能力。

第三，对中国共产党初心和使命的践行与坚守。中国共产党的初心、使命与社会革命和自我革命的协同相互渗透、相得益彰。中国共产党的初心和使命是协同推进社会革命和自我革命的内驱力，而协同社会革命和自我革命是中国共产党初心和使命外化于行的具体表现。

中国共产党的初心和使命促使其肩负起改变客观世界，即领导社会革命的重任。马克思主义哲学把世界分为主观世界和客观世界两部分。社会革命的过程就是通过推动生产力和生产关系、经济基础和上层建筑的变革和调整改变客观世界的过程。1840 年鸦片战争以后，为改变中国积贫积弱、落后挨打的面貌，无数仁人志士前赴后继，探索救国救亡的出路。由于没能找到科学的理论、正确的道路和可依靠的社会力量，各种探索一次又一次地失败。中国共产党自诞生之日起，就始终把为中国人民谋幸福、为中华民族谋复兴作为初心和使命。党围绕不同历史时期社会主要矛盾的变化，赋予初心和使命不同的时代内涵。从建党初期寻求民族独立和人民解放,新中国成立后开展社会主义建设、满足人民对于先进工业国建设和经济文化迅速发展的需求,改革开放以后破除思想、体制障碍大力发展生产力,到新时代满足人民日益增长的美好生活需要,解决社会主要矛盾的过程,就是中国共产党人坚守初心和使命,勇挑时代重担、攻坚克难推进社会革命的过程。

中国共产党的初心和使命激发其改变主观世界,即不断进行自我革命。社会革命是一个漫长的历史过程。中国共产党在领导人民开展革命、建设和改革的社会革命进程中,始终无法回避如何看待自身错误的问题。列宁指出:“一个政党对自己的错误所抱的态度,是衡量这个党是否郑重,是否真正履行它对本阶级和劳动群众所负义务的一个最重要最可靠的尺度。公开承认错误,揭露犯错误的原因,分析产生错误的环境,仔细讨论改正错误的方法——这才是一个郑重的党的标志。”①中国共产党作为马克思主义政党,作为有机生命体,要始终代表最广大人民的根本利益,就需要及时拿起“手术刀”,通过“自切”行为,革除病症,实现自我净化。

中国共产党的初心和使命链接了社会革命和自我革命的协同。马克思主义认为,客观世界和主观世界是对立统一的,二者具有不同的存在方式,不具有完全同步性,但二者的运动规律具有同一性。只有认真改造主观世界,才能更好地改造客观世界;只有改造好客观世界,才能更深入地改造主观世界。中国共产党的初心和使命使改造客观世界的社会革命和改造主观世界的自我革命,实现了同步发展,推动党从革命自觉向革命自信的转变。

第四,新时代中国特色社会主义发展的客观要求。新时代中国特色社会主义发展取得了令人瞩目的成就,也面临着许多新的矛

---

① 《列宁专题文集　论无产阶级政党》,人民出版社 2009 年版,第 352 页。

盾、新的问题、新的挑战。而协同推进社会革命和自我革命，是解决新时代中国特色社会主义面临矛盾、问题、挑战的有力抓手。

一是应对百年未有之大变局的现实需要。百年未有之大变局下外部环境的大发展、大变革、大调整增加了中国特色社会主义发展的不稳定性和不确定性。同时，党所面临的"四大危险"长期存在，"四大考验"仍十分严峻。从百年未有之大变局中提出世界向何处去的重大问题，必然要通过中国共产党向何处去得以解答。中国共产党只有通过自我革命，提高自我净化、自我完善、自我革新、自我提升的能力，通过领导社会革命，增强中国特色社会主义发展引领力，才能有效应对百年未有之大变局的冲击。

二是统揽"四个伟大"的必然要求。党的十九大报告明确提出了"必须进行具有许多新的历史特点的伟大斗争""党的建设新的伟大工程""中国特色社会主义伟大事业""实现中华民族伟大复兴的伟大梦想"。"四个伟大"相互联系，不可分割，是社会革命和自我革命在"新时代党的历史任务"层面的另一种表达。党的建设新的伟大工程在"四个伟大"中具有决定性作用。它为其他三者的发展提供了坚强的政治领导力、思想引领力、群众组织力、社会号召力。只有协同推进社会革命和自我革命，才能实现"四个伟大"的相互贯通。

三是新时代一以贯之推进党的建设的内在要求。政党在领导社会革命的过程中，都会或多或少有一些自我革命的行动，"但自我革命的广度、力度决定了不同政党所能达到的境界"①。"什么时候我们党自身坚强有力，什么时候党和人民事业就能无往而不胜。"②

① 《习近平新时代中国特色社会主义思想基本问题》，人民出版社、中共中央党校出版社 2020 年版，第 400 页。

② 习近平：《在党的十九届一中全会上的讲话》，载《求是》2018 年第 1 期。

在推进党的建设的伟大工程的历史进程中,"既要培元固本,也要开拓创新,既要把住关键重点,也要形成整体态势,特别是要发挥彻底的自我革命精神"[①]。这不仅是党在自身发展空间内对能否长期执政问题的解答,也是在国家发展空间内,对能否实现社会主义现代化国家建设目标的解答。

2. 协同本质:透视社会革命和自我革命动态均衡的内在契机

回顾中国共产党百年奋斗历史可以清晰地看到,协同从本质上来讲,就是中国共产党顺应历史发展潮流和革命发展规律的过程。在革命、建设和改革三场伟大革命中,依据不同阶段所面临和要解决的社会矛盾,社会革命和自我革命实现主导权的有序变化,二者相映生辉,演绎出独特的、动态均衡的内在契机。

第一,自我革命布局破解社会革命困局。中国共产党的领导是历史的选择、人民的选择。在新民主主义革命、社会主义革命和改革开放伟大革命的历史进程中,党从思想、组织、制度层面逐步开展自我革命探索和实践,形成的革命思想、凝聚的革命力量、生成的革命思维为社会革命的发展提供了强有力的政治保障,助力社会革命实现了从几千年封建专制向人民民主的伟大飞跃,实现了中华民族由不断衰落到根本扭转命运、持续走向繁荣的伟大飞跃,实现了中国人民从站起来到富起来、强起来的伟大飞跃。

从思想层面来看,通过与各种错误思想的斗争,保障了社会革命发展的方向性。在新民主主义革命时期,以毛泽东为主要代表的中国共产党人在同党内存在的右倾机会主义错误、"左"倾错误、把马克思主义教条化和苏联经验神圣化的错误倾向的斗争中,解决了中国革命的一系列难题,创造性地提出了新民主主义革命道路。

① 《习近平谈治国理政》第3卷,外文出版社2020年版,第71页。

“如果说，在过去的革命战争年代，党的建设关系着革命事业的进退与成败；那么新中国成立后，中国共产党的建设状况就更直接决定着国家民族的存亡和5亿人民的命运。”①在领导社会主义革命的伟大实践中，党不断肃清主观主义的错误，加强理论与实际相统一的教育，完成了中国有史以来最为深刻而广泛的社会变革。党的十一届三中全会后，党果断停止使用“阶级斗争为纲”的错误路线，作出以经济建设为中心、实行改革开放和拨乱反正、平反冤假错案的伟大决策，开创了改革开放和社会主义现代化新时期。正是因为党坚持不懈同自身存在的问题和错误作斗争，用马克思主义理论武装自身，才推动社会革命实现一次次历史性飞跃。

从组织层面来看，通过巩固党组织，增强了社会革命领导力量的稳定性。一方面，十分重视发挥党组织的作用。井冈山革命根据地时期，党就提出“支部建在连上”；抗日战争时期，党又明确把党支部和游击战密切结合。另一方面，始终重视党员的质量建设。早在新民主主义革命时期，毛泽东就指出，“党更加布尔什维克化，党就能、党也才能更正确地处理党的政治路线”②。他破除了党内关于党员成分的错误认识，提出了正确的发展党员的路线。对破坏党的团结，从事各种危害活动的党员进行了严肃斗争甚至驱逐出党。新中国成立后，为了解决“公开建党”过程中出现的党员鱼龙混杂的现象，中共中央先后发出《关于在全党全军开展整风运动的指示》《中共中央政治局扩大会议决议要点》《关于“三反”运动和整党运动结合进行的指示》《关于在“三反”运动的基础上进行整党建党工作的指示》等文件，开展整风、整党运动。这些革命实践最大限度地凝聚了社会革命的力量，提高了党组织的纯洁性和战斗力，提升了党员

① 张荣臣：《马克思主义党的学说史》，中共中央党校出版社2016年版，第160页。

② 《毛泽东选集》第2卷，人民出版社1991年版，第605页。

在思想上政治上行动上同党中央保持一致的自觉性。

从制度层面来看,通过制度建设,保障了社会革命的科学性。是否具有健全的制度,是党内生活,乃至整个国家政治生活能否正常发展的关键因素。党的制度建设的根本规定性在于探索和摸索出一条适合中国国情的发展道路,这与党领导的社会革命的目的是一致的。党的制度建设经历了革命年代的初步探索,新中国成立初期的重点突破、曲折发展和改革开放以后的全面推进、深入发展等阶段,为不同时期社会革命的发展保驾护航。在新民主主义革命时期,党通过完善党的章程,逐步确立了民主集中制,并在思想、组织、纪律、监督等方面进行了一系列制度探索;社会主义革命和建设时期,党进一步完善了集体领导制度和民主集中制,提出了党的代表大会常任制,初步确立了党管干部的人才制度,成立了中央和地方监察委员,推动了党的监督组织化、制度化建设。“文化大革命”时期,社会主义建设探索遭受重大挫折,与制度意识淡薄、制度建设懈怠不无关系。改革开放后,突出了制度建设对社会主义制度优势的极端重要性,推动了党和国家领导制度和其他制度的改革,加速了现代化事业的发展。进入新时代,党的十八届三中全会首次明确提出了“深化党的建设制度改革”的重大课题。党的十九届四中全会进一步提出,建立“不忘初心,牢记使命”的制度,把它放在坚持和完善党的领导制度体系的首要位置,为走好新时代长征路提供有力保障。

第二,社会革命变局塑造自我革命格局。社会革命的过程注定不是一帆风顺的。每场社会革命的紧急关头,都对中国共产党提出新挑战、新要求。在异常艰险的社会革命实践中,党始终直面自身问题和短板,把马克思主义基本原理和中国具体实际相结合,不断推动理论创造,强肌健体,助力社会革命转危为安。

新民主主义革命时期，社会革命的目标是要改变中国半殖民地半封建的社会性质，实现民族独立和人民解放。与之相应，党的自我革命面临着实现从弱小幼稚的马克思主义政党向坚强有力的、群众性的马克思主义革命党转变的任务。党的自我革命直接关系党是否“能够制定出适合中国情况的、符合中国人民利益的纲领、路线、方针和政策，为中国人民的斗争指明正确的方向”①。在领导社会革命的历史进程中，中国共产党始终英勇地站到斗争的最前线，不断作出自我调整，克服前进道路上的各种困难和风险。比如，第五次反“围剿”的失败，迫使中国共产党开始独立思考，为自我革命的开展提供了契机。遵义会议“真正开启了一种以自我革命方式纠正党内错误的新起点”②。党勇敢揭露和承认了党存在的错误，果断否定原有的军事路线，在错误中教育了自己，在极端危险的情况下，挽救了红军，挽救了党。遵义会议后，党更加自觉地运用马克思主义立场、观点、方法分析问题和解决问题，提出了符合中国革命特点的战略战术，也为成功开展自我革命积累了宝贵的经验。

社会主义革命和建设时期，伴随社会革命任务的变化，自我革命的重心开始转向执政党建设的新课题。近代以来，民族独立和人民解放的任务完成之后，实现国家繁荣富强和人民共同富裕成为新的历史任务，中国共产党的历史随之也揭开了新篇章。党从局部执政转向全国范围内执掌政权，由过去长期秘密状态转向公开建党，工作重心由乡村转移到城市。“如何更加适应党的地位的这种历史性转变，怎样建设一个以马克思列宁主义、毛泽东思想为武装，领导

① 《中国共产党的九十年》（新民主主义革命时期），中共党史出版社、党建读物出版社 2016 年版，第 348 页。

② 田克勤：《自我革命：遵义会议精神研究的一个新视角》，载《红色文化学刊》2018 年第 3 期。

中国顺利地走向社会主义、走向现代化的合格的执政党,将成为中国共产党需要不断探索的一个重大课题。”[①]毛泽东明确指出,“如果国家,主要的就是人民解放军和我们的党腐化下去,无产阶级不能掌握住这个国家政权,那还是有问题的”[②]。为此,以毛泽东同志为核心的党的第一代领导集体对中国共产党从“打江山”“坐江山”到“坐稳江山”展开深入思考。在党的七届二中全会上,毛泽东提出“两个务必”的思想,警告全党要警惕“资产阶级糖衣炮弹的攻击”,强调了党的思想作风建设、工作作风建设和执政能力建设的重要性。随后,又以“进京赶考”,“决不当李自成”,敲响了自我革命的“警钟”。新中国成立后,中国共产党先后四次围绕端正领导干部作风、密切党群关系、整顿基层组织、清理党员队伍等内容开展党内整风运动,将“赶考”心态、意识深深注入中国共产党自我改造、管党治党的血液中。

改革开放和社会主义现代化建设新时期,随着党的十一届三中全会开启了改革开放的伟大革命,如何“以崭新的姿态,站在改革和现代化建设的前列,成为一个勇于改革、充满活力的党,纪律严明、公正廉洁的党,选贤任能、卓有成效地为人民服务的党”[③],就成为中国共产党自我革命的新任务。改革开放作为社会革命的更高阶段,激发了自我革命的新发展。党不仅完成了思想路线、政治路线、组织路线的拨乱反正,重新确立了实事求是的思想路线,而且高度重视党风廉政建设,突出了制度建设的重要性,使制度建设成为党的自我革命的鲜明特点。围绕改革开放中出现的新问题,持续深入

① 《中国共产党历史(1949—1978)》第2卷(上册),中共党史出版社2011年版,第172页。

② 《建党以来重要文献选编(1921—1949)》第26册,中央文献出版社2011年版,第197页。

③ 《十三大以来重要文献选编》(上),人民出版社1991年版,第54—55页。

推进自我革命，形成了思想建设、组织建设、作风建设、制度建设和反腐倡廉建设“五位一体”的布局，为党的建设新的伟大工程奠定了坚实基础。

第三，自我革命先局引领社会革命新局。党的十八大以来，以习近平同志为核心的党中央对新时代怎样推进社会革命这一问题给予解答。不仅在理论上明确提出，“要把新时代坚持和发展中国特色社会主义这场伟大社会革命进行好，我们党必须勇于进行自我革命”[①]，而且在实践上以自我革命的系列“组合拳”，对新时代党要管党、从严治党作出新注解，进一步开拓了社会革命发展新境界。

以壮士断腕的自我革命力度推动社会革命迈向新高度。习近平总书记明确指出，“马克思主义政党夺取政权不容易，巩固政权更不容易；只要马克思主义执政党不出问题，社会主义国家就出不了大问题”[②]。中国共产党人一直在探究用自我革命破解社会革命困境的路径，以此跳出“其兴也勃焉，其亡也忽焉”历史周期率。从“民主新路”“两个务必”“初心使命”到“自我革命”概念的提出，对自我革命的认识、实践不断实现新突破。新时代中国共产党以猛药去疴、重典治乱的决心，以刮骨疗毒、壮士断腕的勇气，聚焦伟大社会革命的深层内核——领导核心，持续推进党风廉政建设和反腐败斗争，推动全面从严治党取得显著成效，凝聚社会力量，“解决了许多长期想解决而没有解决的难题，办成了许多过去想办而没有办成的大事，推动党和国家事业发生历史性变革”[③]。

以反腐防腐体制机制创新的自我革命程度助推社会革命的高

① 《习近平谈治国理政》第3卷，外文出版社2020年版，第515页。

② 习近平：《推动党的建设的伟大工程要一以贯之》，载《求是》2019年第19期。

③ 《决胜全面建成小康社会　夺取新时代中国特色社会主义伟大胜利——在中国共产党第十九次全国代表大会上的报告》（2017年10月18日），人民出版社2017年版，第8页。

质量发展。自我革命具有鲜明的“外溢性”。党的十八大以来,面对重大风险考验,党以顽强的意志品质正风肃纪,反腐惩恶,在政治、思想、组织、作风、制度方面进行了一系列实践,消除了党和国家内部存在的严重隐患,使“党在革命性锻造中更加坚强,焕发出新的强大生机活力,为党和国家事业发展提供了坚强政治保证”①。党的十九大明确提出,“增强党自我净化能力,根本靠强化党的自我监督和群众监督”②。党的十九届四中全会将构建一体推进不敢腐不能腐不想腐的机制作为坚持和完善党和国家监督体系的重要内容。“三不”反腐体制机制创新是自我革命的新境界,它有助于党完成从里到外的深度自我重塑,同时将自我革命嵌入国家治理体系,带动新时代中国特色社会主义这场伟大社会革命的高质量发展。

以监督执纪“四种形态”的自我革命效度提升社会革命的效能。党的领导是中国特色社会主义制度的最大优势。党的自我革命是中国特色社会主义制度优势向国家治理效能转变的重要介质。党的十八大以来,习近平总书记进一步深化对管党治党规律的准确把握,提出并实践监督执纪的“四种形态”,推动“使纪律真正成为带电的高压线”,把党的领导落实到“五位一体”总体布局和“四个全面”战略布局的全过程,推动制度优势向国家治理效能的有序呈现。

3. 实践向度:把握社会革命和自我革命的协同定律

在准确把握社会革命和自我革命的协同本质的基础上,从协同的根本立场、主体作用、思想武装、力量支撑四方面探寻二者互为因

① 《决胜全面建成小康社会　夺取新时代中国特色社会主义伟大胜利——在中国共产党第十九次全国代表大会上的报告》(2017 年 10 月 18 日),人民出版社 2017 年版,第 9 页。

② 《决胜全面建成小康社会　夺取新时代中国特色社会主义伟大胜利——在中国共产党第十九次全国代表大会上的报告》(2017 年 10 月 18 日),人民出版社 2017 年版,第 67 页。

果、相映生辉协同定律，有助于为新时代进一步协同推进社会革命和自我革命提供基本遵循，揭示协同推进两者的价值所在。

第一，以人民为中心是协同推进社会革命和自我革命的根本立场。协同内含着调整和调适，即是围绕某一核心问题“同点聚焦”，不断调整“同心半径”，以此实现同向发力、同步推进的契合状态。什么时候二者都以人民为中心，什么时候就能实现协同；什么时候任何一方放弃了以人民为中心的立场，什么时候协同就会遭到破坏。

人民群众的支持和拥护是社会革命和自我革命得以顺利开展的首要条件。毛泽东指出：“一切群众的实际生活问题，都是我们应当注意的问题。假如我们对这些问题注意了，解决了，满足了群众的需要，我们就真正成了群众生活的组织者，群众就会真正围绕在我们的周围，热烈地拥护我们。”[①]党之所以能够成为社会革命的领导力量，就是因为始终为人民的利益而奋斗。新民主主义革命时期，打土豪分田地，推翻“三座大山”的压迫是为人民的利益而奋斗；开展社会主义革命、探索社会主义建设，实行改革开放是为人民的利益而奋斗；新时代满足人民对美好生活的向往同样也是为人民的利益而奋斗。正是因为从人民利益出发，让人民切身感受到社会革命和中国共产党自我革命带来的成效，不同阶段的社会革命和自我革命才得以有序展开。

坚持以人民为中心推动社会革命和自我革命实现同点聚焦。依靠人民，为了人民是我们党全部工作的出发点和落脚点。“共产党人必须随时准备坚持真理，因为任何真理都是符合于人民利益的；共产党人必须随时准备修正错误，因为任何错误都是不符合于

① 《毛泽东选集》第1卷，人民出版社1991年版，第137页。

人民利益的。”[1]只有坚持以人民为中心的价值取向,才能实现以社会革命的丰富性、延展性强化自我革命的多维度建设,才能以自我革命的自觉性、纯洁性增强社会革命的先进性和彻底性。

保持党同人民群众的密切联系是协同推进社会革命和自我革命的关键一招。“群众路线是我们党的生命线和根本工作路线,是我们党永葆青春活力和战斗力的重要传家宝。”[2]只有坚持从群众中来,到群众中去,才能把党的正确主张变成群众的自觉行动,增强群众对社会革命和党的自我革命的认同感、获得感,从而激发群众的主动性、创造性,为协同推进社会革命和自我革命注入源源不断的活力。

第二,党的领导是协同推进社会革命和自我革命的根本保障。同点聚焦之后,由谁来领导革命,成为关键问题。社会革命和自我革命是同体革命,坚持党的领导实质是回答协同主体的问题。主体的一致性,保障了社会革命和自我革命目标的一致性,确保二者实现同向发力、同步协调。党的领导是社会革命和自我革命历史实践的选择、人民的选择。党的领导是战胜协同进程中一切困难和风险的前提。正是在对社会革命和自我革命的全面领导中,党才能始终走在时代前列,成为中国人民和中华民族的主心骨。这是社会革命的根本所在,是自我革命的命脉所在,是人民群众的利益所在。

维护党中央权威和集中统一领导是协同推进社会革命和自我革命的有力抓手。社会革命和党的自我革命的历史实践表明,要治理好党和国家,维护党的团结和统一至关重要。维护党的团结和统一与坚持民主集中制是一致的。党的历史充分说明,“必须有一个在实践中形成的坚强的中央领导集体,在这个领导集体中必须有一

① 《毛泽东选集》第3卷,人民出版社1991年版,第1095页。

② 《习近平关于全面从严治党论述摘编》,中央文献出版社2016年版,第156页。

个核心。如果没有这样的领导集体和核心，党的事业就不能胜利”[①]。离开集中搞民主，必然会导致无政府状态和极端民主化；离开民主搞集中，必然会出现个人独断专行，二者都会断送伟大社会革命的前程。坚持民主集中制，维护党中央权威和集中统一领导，能够保证政令畅通，推动党中央治国理政各项路线方针政策贯彻执行，为革命、建设、改革不同时期社会革命的顺利开展凝心聚力。

思想建党和制度治党的结合是提升协同效率的基本途径。思想建党和制度治党具有目标同向性，二者聚焦于从严治党，即自我革命。思想建党解决的是思想认识、价值观念层面的问题，制度治党涉及的是党员行为规范层面的问题，二者的结合是自律和他律、同时发力和同向发力的结合。自律层面的思想建党，可以不断强化为实现中华民族伟大复兴奋斗的自觉性。而他律层面的制度治党，将制度建设融汇贯穿于党的思想、作风、组织建设等各个方面，通过不断建立健全以党章为根本，以民主集中制为核心的党的制度体系，进一步规范和健全为人民执政、靠人民执政的各项制度，使党的生命线和根本工作路线得到更好地落实，提升党对社会革命的领导力。

第三，马克思主义中国化是协同推进社会革命和自我革命的思想武器。要发挥好党的领导的保障作用，思想理论的武装必不可少。马克思主义中国化的进程中形成的毛泽东思想、邓小平理论、“三个代表”重要思想、科学发展观和习近平新时代中国特色社会主义思想既是协同推进社会革命和自我革命的理论成果，也是协同推进社会革命和自我革命的思想武器。马克思主义中国化理论成果中关于党的建设的学说本质上就是协同推进社会革命和自我革命

① 《十四大以来重要文献选编》中，人民出版社 1997 年版，第 962—963 页。

关系的学说。

马克思主义理论旗帜关乎社会革命和自我革命的前进方向。马克思主义是关于自然界、人类社会、人类思维发展一般规律的理论体系,具有鲜明的实践性。“世界社会主义实践的曲折历程告诉我们,马克思主义政党一旦放弃马克思主义信仰、社会主义和共产主义信念,就会土崩瓦解。”[①]作为马克思主义政党,中国共产党要坚定社会革命和自我革命协同的方向,就要始终坚持马克思主义指导地位。与时俱进的理论成果保障了社会革命和自我革命的统一。“没有先进的理论武装的党,不可能是先进的党;没有先进理论武装的共产党员,不可能发挥先进战士的作用。”[②]中国共产党是一贯重视理论指导和勇于进行理论创新的马克思主义政党。党自成立之日起,就探索把马克思主义与中国具体实际相结合,在革命、建设和改革的历史进程中,不断推动马克思主义中国化时代化,用马克思主义中国化理论成果统一思想、统一意志和统一行动。以马克思主义中国化最新理论成果指引协同推进社会革命和自我革命的新实践。习近平新时代中国特色社会主义思想是马克思主义中国化的最新理论成果。这一理论创造性地提出了“自我革命”的概念,阐明了社会革命和自我革命的辩证关系,并指导社会革命和自我革命协同推进取得重大进展。只有深入学习习近平新时代中国特色社会主义思想,才能准确把握协同推进社会革命和自我革命的现实意义和实践要求,才能把党的理论创新成果转化为协同推进的强大动力,指引中国特色社会主义向第二个百年奋斗目标迈进。

第四,革命精神是协同推进社会革命和自我革命的强大力量。革命本身就是党始终围绕怎样协同推进社会革命和自我革命这一

① 《习近平谈治国理政》第2卷,外文出版社2017年版,第326页。

② 《十三大以来重要文献选编》中,人民出版社1991年版,第811页。

问题超越陈规、吐故纳新、革故鼎新、不断探索的过程。既表现为党发现问题，以科学的态度看待错误，以积极的态度改正错误的自我修复，也表现为在新发展理念、布局、手段等方面实现的开拓创新和与时俱进的自我反思。能否始终保持革命精神事关中国共产党的兴衰成败。中国共产党之所以能够在各种政治力量的反复比较中脱颖而出和能够始终走在时代前列，成为中国人民的主心骨，根本原因就在于党始终保持了革命精神，保持了承认错误并改正错误的勇气。因而，越是长期执政，越不能丧失革命精神。如同毛泽东所说，“要保持过去革命战争时期的那么一股劲，那么一股革命热情，那么一种拼命精神，把革命工作做到底”①。革命精神事关社会革命的持续性。“精神是一个民族赖以长久生存的灵魂，唯有精神上达到一定的高度，这个民族才能在历史的洪流中屹立不倒、奋勇向前。”②一段时期内，由于对革命概念的狭隘理解、歪读或误读，导致革命话语与执政话语呈现水火不相容的状态，“告别革命”“革命党向执政党转变”的讨论，在一定程度上削弱了人们对革命的认识，仿佛革命已经远离了当前中国特色社会主义的发展，影响了人们革命精神的坚持和弘扬，影响了中国特色社会主义事业这场社会革命的长期性、稳定性。只有继续保持彻底的革命精神，迎难而上，担当尽责，改革创新，才能交出新时代中国特色社会主义发展的合格答卷。

以革命精神打通社会革命和自我革命的协同命脉。习近平总书记指出：“马克思主义产生和发展、社会主义国家诞生和发展的历程充满着斗争的艰辛。建立中国共产党、成立中华人民共和国、实行改革开放、推进新时代中国特色社会主义事业，都是在斗争中诞

① 《毛泽东文集》第7卷，人民出版社1999年版，第285页。

② 《习近平谈治国理政》第2卷，外文出版社2017年版，第47—48页。

生、在斗争中发展、在斗争中壮大的。”①革命精神既推动社会革命意旨由单一暴力形式向建设、改革等多种形式的延展,也实现了自我革命从自省、自警到自觉的层级推进。只有始终以革命精神面对社会革命发展和政党建设中存在的问题,敢于亮剑、主动亮剑,才能实现社会革命和自我革命协同的联动和畅通。

① 《习近平在中央党校(国家行政学院)中青年干部培训班开班式上发表重要讲话》,载2019年9月4日《人民日报》。

结　　语

“中国式现代化”正日益成为学界研究的热点问题。学者们尝试从整体视域、阶段特点、世界意义、民族价值等不同视角对这一问题给予解读和阐释。探讨中国式现代化目标的逻辑演进，实质上是从中国现代化探索的整体性视域中，通过对革命、建设、改革和新时代四个历史时期中国现代化探索的阶段性目标的梳理和考察，系统总结蕴含其中的特点和经验，以此推动社会主义现代化强国建设。

目标演进本身就是对道路探索的一种反映。在某种程度上，它是各个历史时期、历史阶段道路实践的具体表现和实施。当然，目标最终呈现为一种静态的文本和话语。但是，对其分析必然是以社会历史的动态实践为基础和前提的，因而对中国式现代化目标的深入探讨，仍需坚持历史和现实、过去和未来相贯通，国际和国内相关联，动态和静态相统一的研究方法。

中国式现代化道路是中国共产党把马克思主义与中国具体实际、中华民族优秀传统文化结合的典范，是中国共产党理论创新、理论创造和实践创新相统一的重大成果。从某种意义上来说，中国式现代化道路的进一步发展就是对中国共产党执政能力和执政水平的新的更高的考验。因而，对中国式现代化道路、目标的深层次的把握和理解，就需要将其和党的建设紧密结合。这是保持中国式现代化超越逻辑的不二法则,也是深化人类文明新形态的重要途径。坚持中国共产党的领导是中国式现代化目标演进和道路发展的重要经验。习近平新时代中国特色社会主义思想对“建设什么样的社会主义现代化强国,怎样建设社会主义现代化强国”的重要时代课题提出了一系列原创性理念、思想和战略。理论创新每前进一步,理论武装就要跟进一步。要深入推进中国式现代化的发展,就要坚持用习近平新时代中国特色社会主义思想武装全党、教育人民。

纵观中国式现代化目标演进,不难发现,民族性、特殊性、独立性、超越性贯穿这一目标演进始终。这是中国式现代化道路之所以能呈现出鲜明的民族价值和世界意义的关键所在,也是理解中国式现代化发展逻辑的重要抓手。通过对中国式现代化目标的梳理,要进一步挖掘和阐释其道路、目标发展的世界意义,这是我们理解中国式现代化重大理论和实践突破的着力点。

马克思在《中国革命和欧洲革命》一文中借用黑格尔的“两极相连”的思想论证中国革命对文明世界的影响。中国式现代化道路的发展,正在逐渐验证这一理论。固然一个国家的历史道路是本国历史发展的产物,但是,我们对历史的认知不能无故割裂或悬空某一部分的影响。如同在对现代化的认知中,要充分认识到现代化虽然起源于西方,但却不是西方独有的产物。事实上,西方与现代化是作为历史耦合的结果,是人类文明相互促进、相互交流产生的结果。

西方与现代化的历史耦合,导致其对现代化话语的垄断和西方中心论话语的生成,并进一步表现为历史观上的“优越”。事实上,从20世纪60年代后期开始,西方就已经出现了对现代性后果进行反思的各种后现代主义思潮。习近平总书记对“中国式现代化道路”与“人类文明新形态”关系的论述,实质就是以高度的历史自觉、文化自觉审视中国现代化发展的路径，是对既有话语的超越和突破。

中国式现代化道路对人类文明新形态的贡献源自中华优秀传统文化深层的文化滋养。中华传统文化中的文化基因强调“己所不欲，勿施于人”，“各美其美，美美与共”，“和而不同”。这种文化基因赋予中国式现代化和平的发展基因。同时，中华传统文化是在尊重文化、文明差异基础上看待异域文化。中国式现代化道路是以古老中国的智慧击破了西方现代化进程中由资本逻辑所导致的各种悖论。中国优秀传统文化赋予中国式现代化独特的智慧及价值。党的十八大以来，习近平新时代中国特色社会主义思想提出的一系列新思想新理念新战略，赋予这一道路更加清晰的理论逻辑。

当然，也要放置在世界科学社会主义运动史的角度认识中国式现代化的意义及价值。中国式现代化取得的巨大成就用事实击碎了“社会主义失败论”“中国威胁论”“中国崩溃论”等错误言论，并正在不断给出人类发展的中国答案。因而，对中国式现代化发展的意义认知和进一步探索，要将其放置在更为宏阔的历史视野和时空之中加以把握。对中国式现代化目标演进逻辑的探讨还应从政党治理能力现代化的角度进行深入研究和探讨。对中国式现代化目标的探讨，仅是对这一理论单一角度的分析和阐释。在新发展阶段，如何实现以中国式现代化推动中华民族伟大复兴成为摆在我们面前的、需要解决和深入阐释的重要问题。

参考文献

经典类

1.《马克思恩格斯选集》(第1—4卷),人民出版社2012年版。

2.《马克思恩格斯文集》(第1—10卷),人民出版社2009年版。

3.《列宁选集》(第1—4卷),人民出版社1995年版。

4.《毛泽东文集》(第1—8卷),人民出版社1999年版。

5.《周恩来选集》(上、下卷),人民出版社1984年版。

6.《刘少奇选集》(上、下卷),人民出版社1982年版、1985年版。

7.《邓小平文选》(第1—3卷),人民出版社1994年版、1994年版、1993年版。

8.《江泽民文选》(第1—3卷),人民出版社2006年版。

9.《胡锦涛文选》(第1—3卷),人民出版社2016年版。

10.《习近平谈治国理政》(第1—4卷),外文出版社2018年版、2017年版、2020年版、2022年版。

11. 习近平:《在庆祝中国共产党成立100周年大会上的讲话》,人民出版社2021年版。

12.《建党以来重要文献选编》(第1—26册),中央文献出版社2011年版。

13.《中国共产党的九十年》,中共党史出版社、党建读物出版社 2016 年版。

14.《建国以来重要文献选编》(第 1—20 册),中央文献出版社 1992—1998 年版。

15.《三中全会以来重要文献选编》(上、下),人民出版社 1982 年版。

16.《十二大以来重要文献选编》(上、中、下),人民出版社 1986 年版。

17.《十三大以来重要文献选编》(上、中、下),人民出版社 1991 年版。

18.《十四大以来重要文献选编》(上、中、下),人民出版社 1996 年版。

19.《十五大以来重要文献选编》(上、中、下),人民出版社 2003 年版。

20.《十六大以来重要文献选编》(上、中、下),人民出版社 2004 年版、2006 年版、2008 年版。

21.《十七大以来重要文献选编》(上、中、下),人民出版社 2009 年版、2011 年版、2013 年版。

22.《十八大以来重要文献选编》(上、中、下),人民出版社 2014 年版、2016 年版、2018 年版。

23.《十九大以来重要文献选编》(上、中),人民出版社 2019 年版、2021 年版。

24.《中共中央关于党的百年奋斗重大成就和历史经验的决议》,人民出版社 2021 年版。

25. 习近平:《加强政党合作　共谋人民幸福——在中国共产党与世界政党领导人峰会上的主旨讲话》,人民出版社 2021 年版。

26. 习近平:《在党史学习教育动员大会上的讲话》,人民出版社 2021 年版。

27. 习近平:《在全国脱贫攻坚总结表彰大会上的讲话》,人民出版社 2021 年版。

著作类

28. [法]奥古斯特·科尔纽著,王瑾译:《马克思的思想起源》,中国人民大学出版社 1987 年版。

29. [英]伯尔基著,伍庆、王文扬译:《马克思主义的起源》,华东师范大学出版社 2007 年版。

30. [英]阿诺德·汤因比著,D. C. 萨默维尔编,郭小凌等译:《历史研究》,上海人民出版社 2010 年版。

31. [德]黑格尔著,王造时译:《历史哲学》,上海书店出版社 2021 年版。

32. [德]于尔根·哈贝马斯著,曹卫东译:《现代性的哲学话语》,译林出版社 2021 年版。

33. [以]S. N. 艾森斯塔特:《现代化:抗拒与变迁》,中国人民大学出版社 1988 年版。

34. [美]塞缪尔·P. 亨廷顿著,王冠华等译:《变化中的政治秩序》,上海人民出版社 2015 年版。

35. [美]施拉姆著,田松年、杨德等译:《毛泽东的思想:典藏本》,中国人民大学出版社 2013 年版。

36. [美]C. E. 布莱克著,景跃进、张静译:《现代化的动力——一个比较史的研究》,浙江人民出版社 1989 年版。

37. [美]罗伯特·海尔布罗纳著,俞新天,邓新裕译:《现代化理论研究》,华夏出版社 1989 年版。

38. [英]特里·伊尔顿著,李杨等译:《马克思为什么是对的》,重庆出版集团、重庆出版社 2017 年版。

39. [美]阿历克斯·英克尔斯著,曹中德译:《人的现代化素质探索》,天津社会科学院出版社 1995 年版。

40. [美]雷迅马著,牛可译:《作为意识形态的现代化:社会科学与美国对第三世界政策》,中央编译出版社 2003 年版。

41. [美]吉尔伯特·罗兹曼著,国家社会科学基金"比较现代化"课题组译:《中国的现代化》,江苏人民出版社 1995 年版。

42. 陈方刘:《马克思主义与中国传统文化相结合研究》,上海人民出版社 2014 年版。

43. 王沪宁:《政治的逻辑:马克思主义政治学原理》,上海人民出版社 2016 年版。

44. 李敬煊:《中国现代化与马克思主义中国化互动关系研究》,华中师范大学出版社 2005 年版。

45. 张静等:《现代化新路——马克思主义中国化与中国特色社会主义现代化》,南开大学出版社 2009 年版。

46. 孙利天:《让马克思主义哲学说中国话》,武汉大学出版社 2010 年版。

47. 汤一介:《中国传统文化特质》,上海教育出版社 2019 年版。

48. 罗荣渠:《从"西化"到现代化》,北京大学出版社 1990 年版。

49. 罗荣渠:《现代化新论:中国的现代化之路》,华东师范大学出版社 2018 年版。

50. 冯友兰:《三松堂自序》,三联书店 2009 年版。

51. 金耀基:《从传统到现代》,中国人民大学出版社 1999 年版。

52. 陈先达:《马克思主义十五讲》,人民出版社 2017 年版。

53. 袁贵仁:《马克思主义:人学理论研究》,北京师范大学出版集团、北京师范大学出版社 2017 年版。

54. 薄一波:《若干重大决策与事件的回顾》(上、下),中共党史出版社 2008 年版。

55. 林尚力:《党的执政能力建设》,重庆出版集团、重庆出版社 2009 年版。

56. 费孝通:《中国文化的重建》,华东师范大学出版社 2014 年版。

57. 丰子义:《现代化的理论基础:马克思现代社会发展理论研究》,北京师范大学出版集团、北京师范大学出版社 2017 年版。

58. 殷陆君编译:《人的现代化》,四川人民出版社 1985 年版。

59. 钱乘旦:《世界现代化历程(总论卷)》,江苏人民出版社 2012 年版。

60. 郭根山:《毛泽东与中国现代化道路——以世界现代化进程为视角》,中央文献出版社 2005 年版。

61. 虞和平:《中国现代化历程》(1—3 卷),江苏人民出版社 2001 年版。

62. 郗戈:《超越资本主义现代性——马克思现代性思想与当代社会发展》,中国人民大学出版社 2014 年版。

期刊类

63. 李慎明:《坚持马克思主义和发展马克思主义的高度有机统一》,载《世界社会主义研究》2022 年第 2 期。

64. 刑云文:《中国式现代化道路的世界历史意义》,载《天津社会科学》2022 年第 1 期。

65. 李海青:《现代化视域中的百年党史》,载《天津社会科学》2022 年第 1 期。

66. 李敬煊、黄平森:《新时代中国式现代化话语体系的建构与发展》,载《社会主义研究》2022 年第 1 期。

67. 刘慧:《社会革命和现代化双重视野下的人类文明新形态》,载《理论视野》2022 年第 1 期。

68. 范希春:《中国共产党人对社会主义现代化的探索与追求》,载《中共杭州市委党校学报》2022 年第 1 期。

69. 陈先达、臧峰宇:《学术自觉与马克思主义哲学中国化的百年探索》,载《马克思主义与现实》2021 年第 11 期。

70. 方世南、马珊珊:《从“五位一体”的文明协调发展把握中国式现代化新道路和人类文明新形态》,载《思想理论教育》2021 年第 11 期。

71. 燕继荣:《中国共产党领导的中国现代化:探索、成就与经验》,载《人民论坛·学术前沿》2021 年第 11 期。

72. 何中华:《马克思主义中国化的历史意蕴再思考》,载《哲学研究》2021 年第 10 期。

73. 刘占虎:《中国共产党与中国式现代化的主导逻辑》,载《学习与实践》2021 年第 10 期。

74. 韩振峰:《深刻理解实现中华民族伟大复兴主题》,载《前线》2021 年第 10 期。

75. 顾海良:《“人类文明新形态”的理论意蕴和思想智慧》,载《中国党政干部论坛》2021 年第 9 期。

76. 李松龄:《中国特色社会主义能够发展中国的逻辑及意义》,载《经济问题》2021 年第 9 期。

77. 荆克迪、逄锦聚:《中国共产党关于现代化建设的理论实践创新和基本经验》,载《经济学家》2021 年第 7 期。

78. 吴晓明:《世界历史与中国道路的百年探索》,载《中国社会科学》2021 年第 6 期。

79. 汪信砚:《百年大党马克思主义中国化的再出发》,载《武汉大学学报(哲学社会科学版)》2021 年第 6 期。

80. 李宁:《马克思主义基本原理同中华优秀传统文化相结合:百年思想演进》,载《东南大学学报(哲学社会科学版)》2021 年第 6 期。

81. 李腊生:《中国式现代化战略目标体系的历史演进及其启示》,载《江汉大学学报(社会科学版)》2021 年第 6 期。

82. 杨德山、葛雯:《百年来中国共产党关于现代化建设目标的探索》,载《马克思主义理论学科研究》2021 年第 6 期。

83. 俞祖华:《百年以来中国共产党国家现代化话语的建构》,载《山东师范大学学报(社会科学版)》2021 年第 6 期。

84. 杨光斌:《中国共产党与人类文明新形态》,载《中国人民大学学报》2021 年第 6 期。

85. 陈金龙:《人类文明新形态的四重意蕴》,载《广东社会科学》2021 年第 6 期。

86. 姜辉:《"两个结合"是马克思主义中国化的必然途径》,载《当代中国史研究》2021 年第 5 期。

87. 李捷:《"马克思主义行"与马克思主义中国化的根本经验》,载《现代哲学》2021 年第 5 期。

88. 陈志刚:《中国式现代化及其规律性和多样性》,载《马克思主义理论学科研究》2021 年第 5 期。

89. 田鹏颖:《全面建成小康社会的世界历史意义》,载《马克思主义研究》2021 年第 4 期。

90. 刘洪森、李昊天:《中国共产党“小康”话语百年演进的历程、逻辑与价值》,载《思想理论研究》2021 年第 4 期。

91. 王韶兴:《现代化国家与强大政党建设逻辑》,载《中国社会科学》2021 年第 3 期。

92. 李文:《中国的现代化史:中国共产党的一场接力赛》,载《山西大学学报(哲学社会科学版)》2021 年第 3 期。

93. 黄群慧:《中国共产党领导社会主义工业化建设及其历史经验》,载《中国社会科学》2021 年第 2 期。

94. 赵坤、刘同舫:《从“文明优越”到“文明共生”——破解“西方中心论”》,载《理论视野》2021 年第 2 期。

95. 赵建建、李佃来:《中国共产党百年文明观演进历程及现实启示》,载《学习与实践》2020 年第 8 期。

96. 王清涛:《中国道路对传统文明观的继承和发展》,载《哲学研究》2020 年第 7 期。

97. 姜丹溪、陈金龙:《“小康社会”概念演变的历史考察》,载《当代中国史研究》2020 年第 6 期。

98. 甄占民:《传承和弘扬恩格斯崇高科学精神　为坚持和发展马克思主义作贡献》,载《马克思主义与现实》2020 年第 6 期。

99. 张雷声:《恩格斯在批判错误思潮中发展马克思主义理论》,载《马克思主义理论学科研究》2020 年第 4 期。

100. 李包庚:《世界普遍交往中的人类命运共同体》,载《中国社会科学》2020 年第 4 期。

101. 王增福:《道路独立与文化自主:中华传统文化与现代化协力共进的基本要求》,载《山东师范大学学报(社会科学版)》2020 年第 1 期。

102. 刘林元:《教条主义是马克思主义的大敌》,载《中共南京市委党校学报》2019 年第 2 期。

103. 王绍兴:《现代化进程中的中国社会主义政党政治》,载《中国社会科学》2019 年第 5 期。

104. 刘同舫:《构建人类命运共同体对历史唯物主义的原创性贡献》,载《中国社会科学》2018 年第 7 期。

105. 黄兴涛、陈鹏:《民国时期“现代化”概念的流播、认知与运用》,载《历史研究》2018 年第 6 期。

106. 李海青:《中国共产党:马克思主义的使命型政党》,载《江西社会科学》2018 年第 2 期。

107. 吴晓明:《“中国方案”开启全球治理的新文明类型》,载《中国社会科学》2017 年第 10 期。

108. 叶险明:《马克思超越“西方中心论”的历史和逻辑》,载《中国社会科学》2014 年第 1 期。

109. 梁树发:《中国特色社会主义事业总体布局演变的逻辑与意义》,载《马克思主义研究》2014 年第 1 期。

110. 李艳艳、朱继东:《西方文明中心论的演变、本质和应对》,载《国外社会科学》2012 年第 4 期。

111. 张琳:《马克思主义的中国化与中国的现代性建构》,载《马克思主义与现实》2012 年第 6 期。

112. 孙宏云:《中国“现代化”观念溯源——〈申报月刊〉的“中国现代化问题”讨论》,载《郑州大学学报》(哲学社会科学版)2007 年第 2 期。

113. 朱佳木:《中国工业化与中国共产党》,载《当代中国史研究》2002 年第 6 期。

114. 汪青松:《论中国共产党对社会主义建设规律认识的深化》,载《当代中国史研究》2002 年第 5 期。